人类的探索

Beyond the Known

走出非洲，
迈向太空的冒险之旅

How Exploration Created the Modern World and Will Take Us to the Stars

[加] 安德鲁·雷德——著　崔传刚——译

Andrew Rader

中信出版集团 | 北京

图书在版编目（CIP）数据

人类的探索 /（加）安德鲁 · 雷德著；崔传刚译
. -- 北京：中信出版社，2023.1
书名原文：Beyond the Known
ISBN 978-7-5217-4942-7

Ⅰ．①人… Ⅱ．①安… ②崔… Ⅲ．①世界史－通俗读物 Ⅳ．① K109

中国版本图书馆 CIP 数据核字（2022）第 211730 号

人类的探索
著者：　[加] 安德鲁·雷德
译者：　崔传刚
出版发行：中信出版集团股份有限公司
（北京市朝阳区惠新东街甲 4 号富盛大厦 2 座　邮编　100029）
承印者：　北京盛通印刷股份有限公司

开本：787mm×1092mm 1/16　　印张：20.75　　字数：262 千字
版次：2023 年 1 月第 1 版　　印次：2023 年 1 月第 1 次印刷
京权图字：01–2020–1353　　书号：ISBN 978–7–5217–4942–7
定价：69.00 元

唯敢于行至远，方可达人生之极限。

——T.S. 艾略特

目录

3 现代世界的形成

从征服北极到奔向太空，科学让世界联系得比以往更紧密，也开启了人类探索故事的新篇章，等着我们去书写。

4 星际穿越

如今，人类来到了宇宙的十字路口，拥有了离开地球、移民太空的能力。也许在不远的未来，环境、人口和资源等问题的答案，就在浩瀚的宇宙之中。

序　言

探索是我们对未来的投资

2015年12月21日，SpaceX（太空探索技术公司）的可重复利用火箭成功将一颗卫星送入轨道，之后平稳着陆。这是我们首次完成这一壮举。如今，猎鹰9号火箭雄赳赳地矗立在公司位于加州霍桑的总部之外，每次我上班时都会从它旁边经过。

你会问："这件事情有什么重要的？"不妨让我换个角度问个问题。1492年发生了什么？1492年1月，曾经对整个欧洲构成威胁的末代摩尔王朝覆灭，穆斯林对西班牙长达781年的占领寿终正寝。同年3月，苏格兰和法国再续已有两百年历史的抗英同盟。同月晚些时候，西班牙宣布驱逐境内的所有犹太人，超过10万人因此流离失所。5月，荷兰的一场暴乱导致232人死亡。8月，一名贪婪的候选人通过贿赂的方式登上了教皇之位，但随即爆出丑闻，说他拥有多个情人，是好几个孩子的父亲。10 月，主导对欧洲大陆发动侵略的英格兰国王亨利七世与法国缔结和平协议。11 月，一颗陨石击中了法国的一片麦田，巨大的火球在 100 英里[①] 外都清晰可见。

以上这些事件曾对无数人产生影响，但如今我们提到 1492 年，想到的是什么？是哥伦布航行在蓝色的大洋上。从历史的长期视角来看，我们知道 500 年后，今日的那些琐碎政治争吵、名人八卦，以及股票市场的波动都无甚重大意义。但探索却事关重大，哥伦布的重要性并不在于他个人的成就，而在于他开创了一个将全世界联结起来的发现新时代。他拓展了“已知”的边界。

2015 年 12 月，SpaceX 的工程师们也在做同样的事情，最起码，他们已经迈出万里征途的第一步。火箭着陆之所以重要，是因为我们生存在一个具有强引力的巨大岩质行星上，飞向太空着实是一件艰难的事。火箭飞行必须遵循严格的技术可行性，携带的燃料至少达到自身总重量的 90%。出于性能最大化的目的，这个行业的惯例是使用一次性运载火箭。但使用一次性运载火箭就好比是每次飞行后都把飞机扔掉。可重复利用火箭让太空飞行变得便宜，也是让人类活动进一步向宇宙拓展的诸项创新之一。

归根结底，所有的探索都是对我们未来的投资。探索太空的绝大多数益处都将归属于我们的后人，过往人们不断超越已有边界的历史已经证明了这一点。问我们为什么要飞到地球之外，就像问我们的祖先为什么要冲破东非大裂谷的藩篱。既然大多数需求得到了满足，他们为什么还要选择离开？兴许山外还有其他的食物来源或者解决问题的方法，而如果不敢于探索未知世界，一切就都不会有答案。

① 1 英里≈ 1.6 千米。——编者注

最为关键的是，当我们置身于探究一切可能的最前沿时，我们也创造了一种激励机制，以使得我们可以用各种未曾预见的方式解决那些之前未能解决的问题。哥伦布驾驶着单薄的近海船出海，尽管这些船只并不适于在汹涌的大西洋上航行，但当时远洋舰还没有被发明出来，而且若不是发现了新大陆，远洋舰就永远不会问世。如果没有海洋，我们就不会发明客轮或者洲际航空运输。冷战伊始，美国并不知道如何才能把人送上太空，但在寻找这一问题的答案的过程中，美国国家航空航天局（NASA）发明了生命维持技术、水过滤系统、无线电力工具、防火服、无线数据传输、太阳能电池板、胰岛素监控器、远程控制系统、天气预报、医疗扫描技术，以及其他两千多种副产品。

探索如何成就了我们，这正是本书的主旨。发现与冒险，财富与征服，偏见与宽容，这些就是本书要讲述的故事。

本书第一部分会从人类的第一波扩张谈起，我们会讲述从波利尼西亚人到埃及人再到希腊人的古代旅行事迹，最后一直讲到罗马帝国的衰亡。我们会从中发现，这些文明都深刻认识到，要想保持繁荣，探索、贸易以及思想交流都至关重要。

本书第二部分承接前文，先从维京人的崛起谈起，然后我们会谈到麦哲伦的环球探险。正是在这个“探索时代”，我们星球的大多数地方被联为一体，构成了我们的现代全球体系。

在本书第三部分，我们会进行一次人类太空科学发现之旅。我们会从人类如何掌握飞行、太空竞赛一直谈到当代。如今的世界联结得比以往任何时代都要紧密，我们可能会问，还有没被我们发现的东西吗？答案当然是肯定的。开普勒太空望远镜等开展的行星搜寻任务传回的数据显示，仅在我们银河系就存在数十亿颗类地行星，此外还有数千亿个星系。大部分的探险故事尚未写就，它们在等着我们去书写。

在本书第四部分，我会试着描绘一下未来“超越地球”探险的样子。我会试着回答如下问题：为什么短期内火星是我们最为重要的目标，我们如何能到达火星，在那里生存繁衍？火星之后，我们的目标是什么？我们真的能实现星际旅行吗？人类的终极目标是什么？

无论这些问题的答案是什么，很明显，我们的文明正处在一个十字路口。在近 10 万年的时间里，我们人类生活在一个狭小的范围内，对周遭环境之外的事情一无所知。人类大家庭只是在过去的几个世纪里才开始萌生出共同意识。今天，我们正在齐心协力应对人口、环境以及资源等方面的巨大挑战，我们最具价值的工具也始终如一，那就是好奇心、驱动力、集体合作以及想象力。我相信我们会有一个美好的未来。我们还有很多未竟的探索。

1

最初的探索

从波利尼西亚人、埃及人、希腊人

到古罗马帝国的衰亡，

人类的第一次扩张告诉我们，

要想保持繁荣，

探索、贸易以及思想交流都至关重要。

第 1 章　走出摇篮

人类并非地球上的普遍原生物。我们只是一小群灵长类动物的后代，在东非大裂谷进化了数百万年。在大约 10 万年前，我们通过对技术的掌握，获得了在全球范围内扩张的能力。可以确定的是，早期的原始人类就有迁徙活动。在大约 150 万年前，直立人最早开始走出摇篮，实现了跨欧亚大陆的迁徙。我们的这群近亲是最早到达中东、中国以及东南亚，并且最早学会用火的人科动物。直立人也最先开始猎杀大型动物，制造出复杂的工具。他们甚至学会了制作木筏，穿越了大片水域。但他们走出摇篮之后，便再也没能回来。他们的故事并没有成为我们的故事。

大约在 80 万年前，一个被称作先驱人的群体走出非洲。这群流浪者可能不仅仅是我们的祖先，也是我们的另一个近亲尼安德特人的祖先（这方面还存在一些争论）。先驱人的长相已经和我们近似，但更为矮壮，头骨和大脑也比我们的略小。大脑体积小有不少好处：它消耗的能量远远少于我们丰富的灰质消耗的能量，而且它可以让人更早地发展和成熟。现代人类到 12 岁左右才能生育后代，而一个典型的先驱人到了八九岁就已经成年。

约 60 万年前，先驱人进化为海德堡人。海德堡人或许是第一个发展出复杂文化的人种，他们有完整的口头语言、埋葬死者的惯例（原始宗教？）以及洞穴艺术（我们发现了剩余的染料，但没有发现图画）。利用更为先进的技术（工具、火以及兽皮衣服），海德堡人的队伍到达了欧洲和西伯利亚的寒冷地带。当海德堡人在欧亚大陆扩张时，他们可能遇到过生活在那里的直立人及其后代。事实上，在历史的大部分时间里，地球上存在着许多种人类，而我们现在这个只有一种人类的时代，实则是非常稀罕的。这种情况也就刚刚存在 3 万年，还占不到人类历史的 1%。毫无疑问，过去的不同人种之间会有很多交流。这些交流都是什么样子的呢？

不同的人类物种之间既可能毫无交集，也可能存在合作和贸易。往极端一点说，他们甚至可能互相残杀。黑猩猩会袭击、杀戮甚至吃掉其他的灵长类动物，包括其他的同类黑猩猩，这一点可是出了名的。有一些证据显示，早期的人科动物之间存在人食人的情况（当然，一些现代人类也是如此）。不同的人类物种之间如何看待彼此？他们是把对方当成“人”还是某种“动物”？可能都不是。各种不同的动物经常会聚集在一个水塘边，相安无事。或许早期的人科动物也是如此，只不过会相互多出几分好奇心而已。

就在海德堡人和直立人在欧亚大陆邂逅之时，我们直系祖先的活动范围仍然仅仅囿于东非的一小块地方。下次要是有人问你从哪里来，你可以说，图尔卡纳湖附近。那时我们的人数不算多，差点儿没能存续下来。我们的总人口数时常会降到几千人。我们向外扩张的瓶颈之一可能是苏门答腊岛上的多巴超级火山。大约 75000 年前，火山喷发令大量灰烬进入大气，出现了一个长达 6 年的火山冬季。[①] 诸类瓶

① 火山冬季是指大规模火山喷发之后大气温度异常降低的现象。——译者注

颈使得人类成为地球上基因多样性最低的生物之一。伴随着时间的推移，人类群体开始四散，但我们从测量人类线粒体 DNA（脱氧核糖核酸）差异的基因研究中得知，尽管世界各地的人类存在着各种浅层差异，但实际上极度近似。[①]

现代人类到底是何时出现的，这一点并没有一个准确的界限。与现代人类几无区别的最古老的化石大约来自 19.5 万年前，是在 1975 年的肯尼亚发现的。但文化或许是一个更好的指标。南非的布隆伯斯洞穴可追溯到 10 万年前，是最早全面展示现代人类行为的遗址之一。来自那里的证据显示，当时就存在多样化资源的使用，多步骤和复合材料的工具制造，复杂的艺术、社会组织以及仪式行为。具体的遗迹发现包括贝类、鸟、乌龟、鸵鸟蛋、赭石染料、刻骨、精细的石器以及用于装饰的贝壳珠（洞穴居住者的“现代性”主要在于他们食用的各种动物以及他们的虚荣心）。

为了与之前的其他人科动物相区别，我们这一族中部分人自非洲向外的迁徙有时被称为“走出非洲Ⅱ”。但我们不要把迁徙想象成一种成群结队听从号令的行为，因为迁徙的时间是不固定的，迁徙人数非常少，而且迁徙范围非常广。有很多的证据还颇具争议。多数科学家认为实际上有两波智人出非洲潮。第一波大概出现在 12 万年前，但他们至多走到了中东附近。第二波更具决定性的迁徙出现在 5 万年后。在 12 万年前到 7 万年前之间，还有一些小规模的现代人类群体离开了非洲，并且再也没有回来。到了 5 万年前，一些探险者抵达了澳大利亚。他们兴许是通过低海平面时期的大陆桥到达了那里，也可能是从印度尼西亚乘船而至。大约 4 万年前，人类足迹已经深入欧洲和西伯利亚等地。这些人

---

① 与从父母双方获得的细胞 DNA 不同，线粒体 DNA 只通过母亲遗传。由于它的代际变化较小，因此能提供极佳的历史传承记录。

有的来自中东地区，有的则通过直布罗陀海峡进入西班牙。大约 1.4 万年前，人类从西伯利亚进入阿拉斯加，第一次踏上了美洲大陆。

现代人类第一次到达澳大利亚和美洲，但在其他地方，他们都可能与此前迁徙过来的人类相遇。在欧洲和中东，我们的祖先和尼安德特人有着密切而持续的联系，后者已经在这些地方生活了几十万年。尼安德特人和我们的差别并不算大。他们更强壮，甚至可能更聪明。他们制造复杂的工具，而且可能有了自己的口头语言。他们建造简易的船只，捕杀猛犸象这样的大型动物。他们健壮敦实，胸围宽阔，满身力气，至少在这些层面上他们和我们旗鼓相当。尼安德特人与智人的亲密程度，可能不亚于两个不同的现代人部落。

最近的证据表明，在我们的祖先到达之前，尼安德特人就已经开始走向衰落。但在智人部落迁徙而至，侵入尼安德特人的领地之时，双方似乎也发生了一些流血冲突。有一种有意思的观点甚至认为，我们的祖先把某些疾病传染给了尼安德特人，仿佛是后来旧世界与美洲故事的预演。然而真实情况可能是，尼安德特人只是被淘汰了而已。或许是因为拥有了更好的技术，我们的祖先得以更加高效地捕猎和采集食物。这一说法似乎足以采信，毕竟尼安德特人的体格和脑容量更大，需要更多的营养来维持，因此也更容易被饿死。

无论原因为何，在大约 4 万到 2.8 万年前，尼安德特人从地球上消失了。当然他们并非完全灭绝，尼安德特基因组项目证实，尼安德特人 DNA 的主要部分仍存在于现代人类体内。尽管确切的数量因地区不同而有所差别（非洲人体内更少一些，那里的现代人类从未离开过），但很多人 DNA 的 4% 源于尼安德特人。[①] 这当然不足以证明现

① 还有一些与其他人类融合的例子。东南亚人的 DNA 中有 3%~5% 似乎来自丹尼索瓦人。丹尼索瓦人略早于尼安德特人。

代人类和尼安德特人已经完全同化，但很明显，两者确实产生了不少融合。如果你的祖先来自非洲以外，你可能要抱怨你的尼安德特人遗传特质，正是后者给了你薄弱的膝盖以及难以坚持节食的秉性。当然，节食本身对你的用处也不大。

智人走出非洲之后，我们的物种便开始遍布除南极和一些偏远岛屿之外的世界每个角落。一路上，我们进一步掌握了如何用火，如何用兽皮遮蔽身体，以及如何用石头和骨头制造工具。我们驯化了狗，用其帮助我们狩猎、守卫家园。[①] 我们甚至还通过自我选择驯化了我们的火暴脾气。我们发明了雕刻、洞穴壁画以及墓葬品等文化要素。大约在 2.5 万年前，我们又发明了陶器、绳子、鱼叉、锯子、缝纫针、婴儿筐、篮子和渔网。也就是在这一时期，人类有了最早的长期定居点，例如捷克共和国多尔尼·维斯顿尼斯，那里就出土了一个用岩石及猛犸象骨骼建造的村庄遗址。

真正大规模改变人类生活方式的是农业。当中东、中国以及中美洲的狩猎及采集者开始长期定居于自然水草丰茂之处，农业便开始了，而这些野草正是小麦、大麦、燕麦、大米、玉米和其他谷物的祖先。将这些野生谷物优中选优，倾心培养，等待来年收获，这听上去非常合理。因此，在不经意之间，早期的人类就给我们设定了一条走向定居生活的道路。这到底是好事还是坏事？从个人层面来说，狩猎及采集更有利于健康，可以让食物更加多样化，但前提是必须能够找到足够的食物，有充足的储备。但对于更多的人来说，谷物显然更具有持续性。今天，地球上人类消耗的热量有一大半来自三种草本植

① 只有最大胆且最有耐心的狼才敢接近人类聚居地，它们寻找残羹剩饭，同时会长时间驻留，以确认是否可以与这些奇怪的两腿直立行走生物共存。那些更为温顺的狼因为能够获得人类的食物而更能存活下来。从本质上来说，狗就是喜欢吃垃圾的性情温和的狼。所以不要因为你的狗在半夜里翻垃圾桶而感到沮丧，它们天性如此。

物——玉米、水稻和小麦。农业一直是文明的基础，养活了大量能够合力协作的人口。

人类在其97%的历史时空中，都是以游牧部落的形态存在于世的。这些部落通常不足百人，以大家族为主要组织结构。要想与陌生人同住，就需要发展权力结构，制定法律，以规制人类仍旧存在的暴力倾向。社群互动造就了专业化的生产、协作，以及思想的交流，从而加速了技术的创新。我们学会了大规模驯养动物，学会了锻造金属。我们在与邻居的财富、文化及军事争斗中发展出经济、宗教和军队。农业结束了我们的游牧生活，但也为大规模的技术扩张创造了条件，而得益于技术工具，人类开启了第二波向外部探索的浪潮。

第 2 章　第一次探险

和早期人科动物不同，智人第一次踏足了澳大利亚和美洲。大约在 5 万年前，智人首先来到了澳大利亚。极地冰锁住了更多的水，海平面也因此更低。尽管印度尼西亚和澳大利亚相隔 300 英里，即使在晴天也无法隔海相望，但由于海平面下降，更多的陆地暴露出来。即便如此，整个旅程也需要穿越 100 英里的开阔水域。此时的澳大利亚原住民尚未与欧洲接触，但他们所建造的简易木筏和独木舟已足以应对这样的航行。在几千年漫长的岁月中，无论是有意还是无意，穿过帝汶海前往澳大利亚都是一件迟早要发生的事情。时至今日，印度尼西亚难民仍然会驾驶着简陋的木筏从这条路线出逃。

澳大利亚人分散在不同区域，而每一区域都有不同的自然资源。澳大利亚大陆非常干燥，但也非常多样化，从热带雨林到温带草原，从寒冷的山脉到深入腹地的沙漠，可谓无所不包。大多数原住民仍然维系着游牧生活，他们挖掘可食用的根茎，采集水果、浆果、种子以及昆虫。他们用长矛捕杀蜥蜴、袋狸、鸟类及负鼠。袋鼠及其他大型动物则经常为投掷棒或回飞棒所伤。捕猎者都是精明的寻踪者和跟踪者，能够通过使用掩体、保持下风向或者掩盖气味等方式接近他们的猎物。他们学会了使用动物皮毛来做伪装，并通过模仿吸引动物注意，将其引入埋伏。他们用火来扩大狩猎范围或促进某些植物的生长。他们在用手抓鱼时，会通过搅浑水把鱼驱赶到水面，也会碾碎有毒植物的叶子，将毒汁洒进水里麻痹鱼类。

得益于鱼叉、渔网以及柳条捕鱼筐等捕鱼技术的发展，部分人开始在南澳大利亚的部分区域定居。这些社区分布在入海河流两岸的大片湿地之间，拥有人工修建的水坝、水库和水渠系统。这些水产养殖系统使得当地人即便是在干旱时节也可以拥有丰富的渔场。创新导致了人口增长，一个繁荣的贸易网络也随之建立起来。持续的改进最终催生出一个拥有更加先进技术的复杂社会。我们可以想象，如果没有外力干涉，澳大利亚原住民说不定有一天也会出发去探索世界，去寻找澳大利亚地理学家所说的那片维持天体平衡的伟大“北方未知之地”。

人类进入新领地的另一项重要扩张，就是在美洲定居。尽管科学家一致认为，美洲的居民来自亚洲，但迁徙的方式、时间点以及最早移民的来源地点，仍旧是一个被激烈争论的话题。正如孩子们的教科书上所写，目前的主流理论认为，大约在 1.4 万年前，迁徙者踏过陆地或者冰原，追逐着一大群迁徙的猎物，从西伯利亚经阿拉斯加来到美洲。如果在最后一个冰川极盛期，这种情况是可能发生的。当时地球气候极度寒冷，造成了干旱、大规模的沙化以及海平面的下降。若海平面下降 400 英尺[①]，陆地就会从英国经过欧洲以及西伯利亚直通阿拉斯加，印度尼西亚的大部分岛屿也会被连接起来。

但从西伯利亚走到阿拉斯加的理论有个问题。在最后一次冰河极

① 1 英尺≈ 0.3 米。

盛期，北方大陆的冰层厚达数千米。这么大规模的冰层，于今日的我们来说，是完全无法想象的：即使是最高的摩天大楼也可能被覆盖住。芝加哥大冰原的高度估计是威利斯大厦（原来的西尔斯大厦）的三倍，多伦多和蒙特利尔的冰层厚度更是达到了这一建筑高度的5倍。这些大洲级体量的冰川十分厚重，足以让我们在上面开出北美所有的水道，甚至可以挖出五大湖来。基本上整个加拿大、阿拉斯加和西伯利亚高原都会被巨大的冰原覆盖。冰川无法滋养植被，也不能为迁徙的动物供应食物，遑论为人提供给养。人类要想从这样的冰川上走到阿拉斯加，几乎是一项不可能完成的任务。

他们可能不是这样过来的。在今日的阿拉斯加，尽管冰川会侵蚀海洋，但沿海区域相对温和湿润。在冰河极盛期，整条海岸线可能还要往南部太平洋方向移动数百英里。因此沿海一线可能存在一条不冻走廊。即便陆路不通，那里也会存在一些能够生长植被的无冰川地块或者岛屿。除此之外，太平洋沿岸的海藻森林富含生产能量，时至今日这里仍盛产鱼类、软体动物、海鸟、海豹、海象以及水獭等生物，支持着众多人类的生存发展。因此，以往的那种认为游牧者追随成群的食草动物来到美洲的观念可能要被颠覆了，更可能的情况是渔民沿着海岸，一路捕猎及采集而来，也可能是他们驾驶着小船沿岸而下，从一个岛到了另外一个岛。

即便从未存在过什么冰桥或者陆桥，人类最终还是会想办法来到这里安家。我们经常忘记白令海峡其实非常狭窄。阿拉斯加前州长可能无法从自己家里望见俄罗斯（她的原话被人戏仿扭曲引用）[①]，但在

① 阿拉斯加前州长曾说俄罗斯是美国的邻居，从阿拉斯加州的一个小岛上就能望见俄罗斯，后来在一档娱乐节目中，模仿这位州长的演员把她的原话变成“从我家里就能望见俄罗斯”。——译者注

晴朗的日子里，你确实可以在阿拉斯加的美国土地上看到俄罗斯。两者的距离不到 50 英里，要是算上中间的岛屿，两者之间的水上距离还不到 25 英里。或许有一天美国和俄罗斯之间会修建一条高速铁路（通过大桥或海底隧道）。实际上，在距今数千年前，西伯利亚和美洲之间确实发生过另外一次人类迁徙，而且完全是通过海上进行的——因纽特人的祖先从亚洲乘船来到美洲。直到今天，他们仍和西伯利亚的楚科奇族兄弟保持着联系。

约 1000 年前，因纽特人开始在加拿大境内的北极地区繁衍，先前一拨北美定居者的文化风俗也被其文化取而代之。因纽特人从亚洲带来了更为先进的技术，他们制造的小舟（kayaks and umiaks）[①] 和大型水密船都用动物皮包着，比木筏或者独木舟更加适合航海。他们还带来了更为先进的工具与武器，能够制造出更锋利且更高效的石刀、矛尖、飞镖和鱼叉。他们还拥有由铜和铁制造的鱼叉与长矛，可以用来捕猎重达百吨的北极露脊鲸。和其他青铜时代之前的文明一样，因纽特人的金属主要来自陨石（北极更容易发现太空残骸，因为在白雪皑皑的地面上，这些东西格外醒目）。与之前的定居者相比，因纽特人还有另外一个巨大的优势，那就是狗。因纽特人广泛使用狗来拉雪橇，守护家园，追踪猎物。由于掌握着更为先进的技术，没过几个世纪，因纽特人就消灭或者取代了加拿大北极地区的原住民。

听上去是不是有点儿熟悉？

维京人可能是第一批到达北美的欧洲人，但很难证明他们是最早拥有先进技术的欧亚大陆来者。维京人的强项是会使用书写文字，有从矿石中提取金属的能力，通过饲养家畜获取食物，但因为他们的人

① kayaks 的意思是男人的船，umiaks 的意思是女人的船，两者其实都是船，只是针对不同性别使用。

数太少，这些优势无法得到发挥。所以在我看来，因纽特人才是最早在美洲探险、开拓以及征服的旧世界人。到 1300 年，因纽特人抵达格陵兰岛西部，并沿着海岸向南迁徙，到 1400 年时进入格陵兰岛东部。这一时间点恰好与维京人在此地区消亡的时间一致。几乎可以肯定，与因纽特人的竞争，加上气候变冷，共同促成了维京人的灭亡。因纽特人对北极的环境极为适应，例如，他们建造了能够在浮冰上航行的上好船舶，并且有能力在海上围捕大型动物。所以说，这些前欧亚大陆人确实可能是第一批且唯一一批果断消灭了欧洲对手的北美人。

我们经常把同欧洲接触之前的美洲原住民描绘成分散各处的小规模狩猎及采集者，但这是完全不对的。1.4 万年是一段很漫长的岁月：在其中不到 1/4 的时间里，欧洲从狩猎采集走进了现代。在与外界隔绝的时期，北美原住民分化成数十个不同语言的群体，缔造出数百种独特的文化。当欧洲人到来时，多数的美洲原住民都过上了农业定居生活。不仅在中美和安第斯山脉，整个美洲大陆也出现了很多大型城市。据估计，在哥伦布到达之前，美洲的人口就已经超过一亿。1492 年，生活在美洲的人数可能比欧洲人还要多。①

我们之所以认为美洲原住民是游牧的狩猎及采集者，主要是因为他们中的 90% 被欧洲人带来的疾病杀死了。在数千年的时间里，美洲原住民在与欧洲及非洲人隔绝的条件下单独进化。并非欧洲人对疾病免疫，1347—1351 年，欧洲 1/3 的人口死于黑死病，而这只是众多肆虐欧亚大陆的瘟疫之一。然而，这种与疾病的持续接触也意味着幸存下来的欧洲人会获得更为强大的免疫力。欧亚大陆和非洲往往更容易滋生疾病，这是因为这里的人更加近距离接触牲畜，而人类 75% 的病

① 美洲的一些地区直到最近才恢复到哥伦布发现美洲大陆之前的人口水平。例如，直到 20 世纪 60 年代，墨西哥人口才达到被征服前的 4000 万。

原体正是来自后者。美洲除了大羊驼之外并无大型驯养动物，这些动物数量少，与人接触也不密切，在欧洲人到来之前，它们没有与旧世界的任何微生物接触。

美洲原住民易受影响的另外一个原因是他们的遗传相似性。疾病必须适应差异，因此一个群体的免疫多样性越高，疾病传播的难度就越大。因为北美的开拓者是来自亚洲的一个小群体，所以其后代的遗传多样性很低。这也是为什么美洲之外的地区各种血型都有分布，而美洲原住民基本是 O 型血。遗传相似性让欧洲的疾病重创美洲原住民群落。

除欧洲疾病外，还有大量的非洲疾病。当美洲原住民成批死亡时，欧洲殖民者开始以奴隶贸易的形式，转向非洲寻找劳动力。我们都知道奴隶制在美国南部非常普遍，但实际上其在加勒比海和南美洲更加盛行，尤其是巴西，那里有 400 多万非洲人从事制糖工作，这几乎占到了美洲全部奴隶的一半。1500—1800 年，抵达美洲的非洲人超过了欧洲人，他们绝大多数都是戴着镣铐来到这片土地的。非洲人带来疟疾和黄热病等新疾病，这些疾病很快在美洲的热带落地扎根。由此，美洲原住民迎来了欧洲及非洲疾病的双重打击。

当然，生物战也并非一边倒。至少有一种疾病是反向传播的。在与欧洲人接触之前，梅毒就已经在美洲出现，但直到 1494—1495 年，这种病才首次在旧世界的那不勒斯现身。意大利人声称这病是由法国军队引入和传播的，所以梅毒又经常被称作“法国病”。在欧洲，梅毒一直惹人厌恶，在最初的 100 年里，这种病还能要人命。有多达 500 万欧洲人死于一次被称作“大水痘”的梅毒大暴发，此后经变异和自然免疫，这种传染病才降低了毒性。① 在发现新大陆之际，欧洲就突然

① 鉴于梅毒只通过性接触传播，这也让我们得以一窥当时欧洲人的私生活。人们原本以为，在一个更富宗教意识和性抑制的社会，性病传播的速度不会如此之快，但实际上从未如此。

出现这种疾病，这不太可能只是巧合。相反，可能早在哥伦布第一次远航时，这种疾病就被他带回的原住民俘虏或者手下，从新世界传播到了旧世界。后来其中部分人又参与了入侵意大利的战争，于是梅毒也被带到了那里。

人类在经历了成百上千年的分离后重新走向聚合，然而这一过程中却几乎注定要发生悲剧，美洲原住民就是灾难的最大受害者。欧洲的观察家注意到美洲原住民与欧洲人接触之后开始大量死亡这一事实，但他们对灾难的规模视而不见。疾病一旦被引入，流行病的传染速度就会超出欧洲探险者的控制，整个大陆的人口都开始遭殃。疾病对美洲原住民的偏向性影响一直持续到20世纪，但实际上在欧洲人到来的第一个百年内，绝大多数的原住民就已经被夺去性命，而这些并不为欧洲人所知晓。在疾病吞噬了整个大陆的人口之后，新的欧洲移民迁入这些无人地带，他们还以为美洲一直就没有多少人。

第3章　穿越海域

在书写、地图以及将人类往全世界运送的技术出现之前，地理知识非常碎片化和区域化。然而，我们不应因此认定早期的探险者缺乏胆量或者技巧。有些人已经能够做出惊人的壮举，书面交流的缺失反倒让这些举动更令人瞩目。人类最了不起的探索行为，或许非波利尼西亚三角的开拓莫属。波利尼西亚三角分别为夏威夷、复活节岛以及新西兰，这一区域的面积与非洲相当，几乎是美国面积的4倍，然而在长达1000余年的时间里，这里都处于同一种文化之下。依靠创新的船舶设计，以及走到哪儿带到哪儿的动物、庄稼以及文化，波利尼西亚人几乎踏遍世界最大洋上的每一块土地。

太平洋浩瀚无边。它覆盖着地球表面的1/3，即便七大洲聚在一起，也无法把太平洋完全填满。然而，当欧洲人开始在太平洋探险时，他们惊奇地发现，这里几乎每个岛上都有人定居。在欧洲人眼里，当地的船只完全不适合长途航行。在复活节岛等地方，原住民并没有显露出航海技能，他们单薄的独木舟也不过是由木头拼凑而成的。然而这些"原始"人却一而再再而三地穿越几千英里的海域，安全登上世界最大洋中星星点点的各种岛礁。这就好比是哥伦布驾着独木舟从西班牙出发，穿越大西洋航行数千英里，然后在一切未知的情况下，着陆于百慕大的一个小岛上，然后数以百次地重复这一伎俩。[①]

这一切如何成为可能？谜团催生出各种怪异的理论。有人认为，太平洋曾经是一块巨大的陆地。后来发生了超级火山喷发或者地震之类的灾难，多数陆地被淹没，水面之上只剩下为数不多的岛屿。波利尼西亚人因此被隔绝在了大洋上的数百个群居点，他们不过是陆地居民的幸存者。如果这是真的，那么这一定是一场不久前才发生的事件，因为欧洲人注意到，波利尼西亚人仍然拥有同一种文化，使用同样的语言。当库克船长抵达新西兰后，他找来领航员兼翻译的贫苦塔希提人图帕亚，让他去和当地的毛利人沟通。让所有人大吃一惊的是，尽管图帕亚来自3000多英里外的另一座岛屿，但他和毛利人却说着基本相同的语言。这就好比是一艘从巴塞罗那出发的船行驶到了波斯湾，发现当地的伊朗人竟然说西班牙语。

波利尼西亚人可能源自3000年前的中国台湾。在离开中国台湾前他们尚无文字，但已经开始农业生活。他们随身携带了面包树、芋头、山药、香蕉和椰子的幼苗，并把它们种植在新发现的岛屿上。他们饲养猪、鸡和狗等家畜，但主要的蛋白质来源还是海洋的鱼类和贝类。他们擅长远距离贸易，为燧石和黑曜石等工具制备材料找到了热心买家。波利尼西亚人虽然没有文字，但保存了复杂的口头语言传统。例如，夏威夷的酋长们可以背出一长串祖先的名字。他们可以将自己的家族谱系追溯到20个世代之前，这令大多数欧洲王室相形见绌。

---

① 欧洲人很难发现百慕大（该岛远在大西洋遥远的另一侧，形单影只），多数探险队都在毫无察觉的情况下与其擦肩而过。该岛的发现源于偶然的船只搁浅，1609年，一支由9艘船组成的远征军前往詹姆斯敦，不巧遇到风暴撞到了礁石上。莎士比亚的《暴风雨》据说也受此启发。

约公元前 900 年，波利尼西亚人的祖先到达汤加和萨摩亚，并在这里孕育出独树一帜的航海文化。具体时间已不可考，但波利尼西亚人向北到达夏威夷的时间大约在公元 300 年，向东到复活节岛的时间在公元 700 年左右，此后约在公元 1300 年，他们向南到达新西兰。尽管波利尼西亚人遍及数千座岛屿，部分群岛也有数百个岛屿（例如，斐济至少有 332 个岛屿），但多数岛屿都相隔遥远，即便在最晴朗的日子里，他们也无法隔海相望。例如，复活节岛是地球上最孤独的地方之一，即便是最近的人居岛也与它相距 1200 英里（大约相当于从非洲到巴西）。波利尼西亚人的航路选择并非漫无目的的随机选择。第一个穿越太平洋的欧洲人麦哲伦，曾从东向西穿越整个波利尼西亚，但没发现一座岛屿。所以，在这浩渺的世界最大洋上，波利尼西亚人到底是怎么找到一个个适合定居的岛屿的？

另外一种欧洲理论认为，波利尼西亚人只是被风吹离航道，新陆地的发现全凭偶然。这样的情况肯定时有发生，但波利尼西亚人的大部分扩张，都无法用“迷路探险”的模式解释。一日之旅的所需根本不能与千里越洋之旅相提并论。[①] 一个波利尼西亚航行者要是真的失去方向，他会因耗尽食物和水而陷入危险的处境。即便有些岛屿是用这种方式发现的，那么这也意味着这些探险者要折返航线，回到故土传播消息，之后才有到新岛定居的可能。可要是他们能顺利回家，那他们是真的迷路了吗？所以我们只能得出结论，那就是波利尼西亚人的航行都是有目的的。他们会带上家人、牲畜以及植物幼苗，乘着大型远洋船专程而来。

这一结论也和波利尼西亚人的航海技术相匹配。尽管外观并不突出，但波利尼西亚人的船只极度适合长距离航海。波利尼西亚人的舷

---

① 有趣的是，英文 journey 一词指的是重大的旅程，但这个词源于法语词 journée，指一天内能行进的距离。

外托架式独木舟最长达50英尺，可以承载20名甚至更多数量的船员在海上停留数周。想象一下如下图景：一艘长独木舟，其多条垂直横臂向外扩展10~15英尺，连接起与主舟平行的迷你独木舟式“舷外托架”漂浮物。较小的独木舟只有一侧有舷外托架，大型独木舟则经常两侧都装有这种托架，这样行船就会更加稳定。有时两艘独木舟会被横臂连为一体，形成一艘双体船。不同于一般的独木舟，舷外托架结合了宽体船的稳定性和窄体船的灵活性，不仅使海上航行更加平稳，甚至能够抵御巨大的风浪。如今，这种设计在夏威夷、塔希提岛、萨摩亚以及新西兰等地仍十分流行。

每座波利尼西亚岛屿都培养出了一批受人尊敬的航海者，他们不仅能发现千里之外的岛屿，还将一个贸易网络持续经营了数百年（尽管部分岛屿最终失联，比如复活节岛）。航行所需的知识经常是以歌咏的方式，从师傅到徒弟式的口口相传。为了辨别方向，他们掌握了星星的运行、日月的位置、岛上的云层形态，以及洋流的涨落规律。陆地会影响波浪的变化，航行者会根据这些变化估算岛屿链的规模和方向。他们可能也追踪鸟类的迁徙①，有时候还会用自己笼养的军舰鸟扩展视野。这些鸟一旦被放出去，就会飞向任何可见的陆地，否则它们会飞回独木舟，以免羽毛被打湿。

在第一次太平洋航行时，库克船长招募了波利尼西亚人图帕亚做导航员。尽管图帕亚从未见过地图，但凭借记忆，他就将他家乡赖阿特阿岛（靠近塔希提岛）以北及以西2000英里内的所有岛屿都画了出来。这类似于在道路出现之前就能详细说出从底特律到洛杉矶的路

① 这个观点由澳大利亚人哈罗德·加蒂提出，二战期间，为了帮助被困在海上的盟军，这位航海家曾经为美国军队写了一本生存指南，简要介绍了波利尼西亚人的航海技术。他也是完全依赖罗盘的航位推算，最早驾驶飞机环绕地球飞行的人之一。

线。图帕亚记得 130 座岛屿的存在，并且能够在地图上标注其中的 74 座。显而易见，尽管图帕亚能够描述这些岛屿，但自己去过的只有几个。从他爷爷那时候起，岛上的航海者就已经没再登陆距离最远的岛屿，然而相关的知识却世代相传。他们坐在篝火周围，唱起关于西方陆地的歌谣，为了强化记忆，他们还会往里面添加各种夸张的逸事。

波利尼西亚人不会鲁莽出海。他们一般都是逆风航行，这样一旦遭遇麻烦，他们也总能安全返航。在长途航海期间，航行者们都会被隔离开，以免互相影响。[①] 他们的座位远离其他船员（因为是在一艘独木舟上，所以只能尽力而为），把注意力放在他们已经行进了多远、他们在哪里以及他们要去哪里等问题上。为防止迷路，（在短途航行中）他们通常不得睡觉。白天，他们根据太阳判断方向。即使遇到阴天，他们也能够根据从云层中透出的光测算太阳的位置。到了晚上，他们依靠星星和月亮获取方位。

波利尼西亚人不仅是航海家，还是带着家人、狗、鸡和猪，乘坐大型独木舟殖民远征的先驱。他们沿途收集雨水，把鱼作为食物和水的来源（海鱼的肾脏能分离盐，所以是饮用水的重要来源）。他们随身携带着面包树、芋头、山药和香蕉的幼苗，各式各样的工具，以及各种制备其他所需工具的优质石材。[②] 这可不是靠迷路进行的探索，实际上波利尼西亚人拥有极为强大的开疆拓土能力，相比之下，在多年后抵达美洲的欧洲人却只有两个选择：要么饿死，要么掠夺。

随着时间的推移，波利尼西亚人逐渐分化为一个拥有共同文化的多元化群体，遍布从萨摩亚到汤加，从库克群岛到马克萨斯群岛等数

---

① 在现代的导航系统中，对多个独立估测进行对比是误差矫正的关键。现代导航系统被应用于船只、飞机甚至对火箭的控制。

② 史前版本的 3D 打印。

千个岛屿。在斐济，波利尼西亚人与早期的美拉尼西亚文化融合。在北方，他们变成了夏威夷人。在南方，他们变成了新西兰的毛利人。新西兰南端以南300英里的奥克兰群岛，冬天的气温经常降到零度以下（6—9月），但这里依然能发现他们生活的遗迹。再往南300英里的麦夸里岛，位于新西兰和南极的正中间，岛上的手工艺品遗迹，很可能就是波利尼西亚人留下的。如果这些遗迹是真的，毛利人的传奇故事也就有了依据。传说毛利人中有一位伟大的航海家，他带领一支探险队一路向南，一直抵达"一个冰岩矗立于海的苦寒之地"。这一描述似乎说的正是罗斯冰架，也可能是南极大陆，但也可能是在形容漂浮的冰山。不管怎么说，在大发现时代以前，波利尼西亚人比地球上任何其他人都向南走得更远。

公元700年至1100年，波利尼西亚人到达了他们探险的最东边，也就是远在天边的复活节岛。这是一片富饶之地，岛上森林高耸密布，其中还有一种智利酒棕榈的近亲。这种已知最大的棕榈树有100英尺高，树干有5英尺厚，但现在已经灭绝。复活节岛上的定居者可能来自西边1200英里之外的马克萨斯群岛。岛上最初的日子繁荣兴旺，预计共有20多个部落和村庄，人口达到1.5万。整个岛屿的面积为63平方英里[①]，所以这意味着每平方英里的人口密度为238人。如今夏威夷的人口密度也达不到这一水平，而且为了存活，夏威夷人必须从外界进口食物。如此密集的人口注定要造成生态问题。

复活节岛上最引人注目的遗迹就是遍布在岛上的887个摩艾石像。部分石像的体积非常惊人。最高的一座石像"帕罗"身长有30多英尺，尤其是其夸张的头部，几乎和自由女神像的头的尺寸一样大。最重的一

① 1平方英里≈2.6平方千米。

座石像重达 86 吨，相当于 20 头成年非洲象的重量。一座未完成雕像的体积更加庞大，预计有 60 英尺高、270 吨重。不用说运输，仅仅是制作这些令人难以置信的雕像，也需要一个复杂社会体系的支持。不幸的是，在欧洲人于 1722 年发现复活节岛的时候，这些宏伟壮丽的雕像已经全部被推倒。似乎是岛上的居民为了应对某种灾难，亲手毁掉了他们的雕像。

正如贾雷德·戴蒙德在他的优秀著作《崩溃》中所说，复活节岛是一个脆弱生态环境遭到过度利用的典型案例。尽管土壤肥沃，但一旦树木被砍伐，土壤就会变薄，容易退化。雪上加霜的是，跟随人类定居的老鼠会啃食棕榈树果，阻止植物的再生长。当森林消失后，岛上居民就再也无法建造独木舟，这不仅限制了他们的捕鱼能力，也不可避免地切断了他们与外界的联系。求生欲望引发了持续的战争和同类相食行为。到 1722 年，欧洲人发现这座岛上只有不到 3000 个勉强存活于世的定居者。疾病与奴隶贩子又杀死或绑架剩下的大多数人，因此到 1877 年，岛上仅剩 111 位幸存者。时至今日，尽管岛上人口有了显著恢复，但其生存完全依赖政府支持及旅游业。我们应该把整件事当成一个警告，它让我们看清楚，当一个封闭群体的人口增长超过其资源承载能力时会发生什么。我们不能让复活节岛的悲剧在全球重演。

波利尼西亚人并不是唯一的早期航海者。当波利尼西亚人在太平洋上迁徙时，他们在印度尼西亚其他群岛的表亲也开启了令人瞩目的航程，他们跨越了 3500 英里的海域，朝着相反的方向奔去。凭借类似的航海技术，他们踏足了从马来西亚到南非的整个印度洋，在塞舌尔群岛和查戈斯群岛建立了定居点。① 这群“印度洋上的波利尼西亚人”

① 位于赤道附近的查戈斯群岛正好处在印度洋中部。拿破仑战争后该群岛成为英国领地，但自 1966 年开始，其最大岛屿迭戈加西亚岛被美军租借。由于其战略位置，该岛已成为该区域最重要的卫星跟踪站和军事基地，可以将 B-52 轰炸机远程投送至阿富汗。

经营着一个从非洲一直延伸到印度尼西亚的贸易网络，在公元前200年到公元500年间尤其活跃。早在人们听说葡萄牙人之前，这些古代的水手就已经在把肉桂和胡椒等香料运往欧洲。

这些航海者的遗产在马达加斯加岛上留存下来。尽管人类源自非洲，而且97%的时间都生活于此，但早期人类从未踏足过马达加斯加这座已经与大陆分离了1.6亿年的岛屿。也正是因为分离太久，这座岛上满是独特而迷人的生物，到如今仍如是。岛上超过75%的动物都只分布于此。这里没有猴子，狐猴的种类却多得出奇。反过来，长尾狸猫变成了狐猴的天敌。这种动物的长相让人联想到小美洲狮，但实际上是猫鼬的近亲。岛上有100多种变色龙，占全世界变色龙种类的一半还多。当人类刚刚到达这里时，迎接他们的是身高10英尺、重达1000磅[①]的象鸟。象鸟的蛋有3英尺宽（相当于6个鸵鸟蛋或者160个鸡蛋），它一次下的蛋足以喂饱整个村庄的人——从考古遗址的发现看，实际上人们也经常吃它的蛋。在饥饿的猎人和捡蛋者的双重夹击下，这种大鸟于4个世纪之前灭绝。

今天的马达加斯加，是非洲、阿拉伯、印度、中国和欧洲文化的大熔炉，但它的首批定居者是1000多年前驾着独木舟抵达的航海者。如今，从语言的来源，音乐和舞蹈，在海上用独木舟“埋葬”死者，种植芋头、香蕉和椰子等角度，我们仍然可以见到其与波利尼西亚的文化联系。这些只是跨越非洲、穿越东南亚一直到太平洋这一航海发现之旅的一小部分遗产。远在欧洲人到来之前，技能娴熟的航海者就已经在占地球1/4的海洋上探险和定居。

---

① 1磅≈0.5千克。

第 4 章　地中海贸易

地中海的字面意思是“地球中心的海”。顾名思义，这里曾经是一片广阔的盐碱地。在 600 万年前的墨西拿盐度危机期间，欧亚大陆和非洲大陆相撞挤压，导致这一地区通往大西洋的出口被封上。之后海水蒸发，盐丘层层堆积，大多数海洋生物也随之灭绝。约 500 万年前，西班牙和摩洛哥之间突然出现一个缺口，直布罗陀海峡由此形成，大西洋的水也跟着涌了进来。这里一度有一个世界最高最壮观的瀑布，超过亚马孙河 1000 倍的水流量飞流直下近一英里后，落入干枯的海床。[①] 此后不久，最早的人类祖先抵达这片新海之滨，而这片分割了欧洲、非洲和亚洲的海洋，此后注定要成为一条文化交流的高速公路。

人类在地中海的活动由来已久。克里特岛上石器的历史可以追溯到 13 万年之前，这说明早期人类（也可能是尼安德特人）已经开始驾着原始的船只，在地中海上航行。地处中心位置，河水自四面八方奔

① 黑海可能也是这样形成的。黑海与地中海曾经隔绝数万年，但在公元前 5600 年左右，博斯普鲁斯海峡形成，海水涌入黑海。在青铜时代之前，这里曾经有很多人口密集的村庄。挪亚方舟之类的洪水神话，可能与黑海形成等事件相关。

流而至，这片海也因此变成一个商业的交汇点。和远洋相比，这里风平浪静，因此航海者可以贴着海岸，一边以相对安全的速度进行远距离航行，一边又不会错过陆地的风景。地中海的东西走向意味着它拥有统一的气候，非常有利于植物、动物、人类的繁衍以及文明的传播。这里干燥温和的天气非常适合种植谷物、葡萄、橄榄，放养山羊和绵羊。在古代，从西班牙到意大利、土耳其、埃及、摩洛哥，“地中海”的意思就是“橄榄生长的地方”。

在地中海的东南角，埃及利用尼罗河的富饶，建立起自己的文明摇篮。尼罗河是埃及的生命之源，除了带来淡水资源，它每年一度的洪水也将埃塞俄比亚高原上的矿物质冲积到埃及的土壤之中。没有尼罗河，埃及只是一片无人居住的沙漠。即便是今天，埃及也完全依赖尼罗河。埃及是非洲的第三大人口国（人口超过 9000 万），其 95% 的人口居住地都与尼罗河仅有步行的距离。在尼罗河的滋养下，埃及人发展出农业、文字、陶器、石工以及法律，并且建立了一系列王朝，在地中海的东南角维系了超过 3000 年的统治。埃及人建造出众多不朽的建筑，其中金字塔是现存的较完整的古代奇迹，狮身人面像仍然是迄今为止世界上最大的单一岩体雕刻。

在大多数的时间里，古代埃及人并不以探险而闻名。这在一定程度上与他们的神话信仰有关。埃及人认为只有靠近赋予其生命的尼罗河才能获得转世，因此客死远方不仅会给今生带来风险，也会影响永生。但因为身处战略要地，埃及还是发展成了一个重要的商业中心。和北美一样，埃及左右两侧也濒临不同的大洋，而且两大洋之间并无相通的自然水道。苏伊士运河于 1869 年开通，但在此之前，法老运河就已经把红海和尼罗河连接起来，然后又从尼罗河通到地中海。这意味着理论上来说，一艘船无须绕行非洲，就可以通过横穿埃及，从地中海航行到远东地区。但这条运河并不能得到尽用，因为红海的盐分总是会侵入尼罗河，破坏庄稼和淡水资源。但托勒密一世（埃及艳后克利奥帕特拉的一位祖先）时的希腊工程师以现代方法解决了这一难题：修建运河船闸，通过改变海拔实现船舶升降。[①]

有大量证据证明古代埃及人组织过长距离航海，但我们不知道他们到底去过哪里。古代埃及人离我们太遥远了。埃及艳后和我们的年代差距，远不及她和金字塔之间的年代差距。实际上，金字塔修建于4500年以前，当时地球上还有猛犸象这种动物。因为埃及的文明比其他多数文明都要久远，因此我们根本不能确切知道他们到过什么地方。希腊有很多前青铜时代游牧民族和牧羊人的遗迹。意大利、法国及西班牙的人类活动时间更晚。中东孕育了一些文明，而且有证据显示，埃及人和地中海东部的人开展过雪松贸易（黎巴嫩国旗上还有这种植物），但当时大多数地中海地区都还是死水荒原。埃及人可能去过地中海的多数地方，但没有留下任何西行的证据。

但我们确实知道埃及人把大量精力花在了另一个方向的探险上，那就是沿着红海往下，到达一个叫作蓬特的地方。我们并不知道蓬特的具体位置，但基于描述，它可能是非洲之角，也就是红海与印度洋交界的那个地方。对狒狒木乃伊的遗传学研究支持了这一观点，这些狒狒就是从蓬特运到古埃及的。现在这些木乃伊存于大英博物馆。[②]埃及与非洲之角的距离大约为2000英里，对于古代的旅行者来说，这算是一段非常远的距离。现存记录最早的一次蓬特远征发生在古王国时代大金字塔修建的时期（公元前2560年）。到了中王国时期（约公元

---

① 尼罗河－红海运河最终因淤塞而被废弃。

② 在埃及，把动物做成木乃伊是很常见的行为，特别是猫、狗、猴子及鸟类。这显然与宗教仪式无关，或许只是为了表达对死去的心爱动物的怀念。如果你想念你的猫，何不把它放在壁炉架子上，这样它就能一直陪伴着你。

前 2050—公元前 1650 年），前往蓬特的探险就变得很常见了。蓬特在权力和文化成就方面，似乎并不能与埃及相提并论，但它仍然是一个和非洲心脏保持着贸易联系的富有王国。

这些航海旅行的文化影响倒是被一个极早期的故事保留了下来。《沉船水手记》是一部写于 4000 年前莎草纸卷轴上的作品，其出土地点至今仍然是一个谜。这一作品讲述的是一个埃及人被遗弃荒岛的事迹。这个人在岛上遇到了一条大蛇，在得知这就是拥有神奇魔力的"蓬特王"后，这个水手对他承诺，一定会把这件奇事告知法老，并且将蓬特王存在于世的消息广为传播。作为交换，这条蛇送给了水手很多礼物，包括熏香、香料、象牙、活狒狒以及猎犬等。后来水手回到埃及，把礼物献给了法老。法老很高兴，就封这个水手为贵族，并赏赐他荣华富贵。这个故事拥有冒险寓言的几乎所有元素：一个没有经验的主人公来到一个魔幻之地，之后遭遇恶魔，发生对抗，但最终凭借从经验中获得的智慧幸存下来。显而易见，自古至今，除了冒险旅行本身之外，所有关于冒险旅行的故事也同样颇受大众关注。

到大约公元前 1500 年的哈特谢普苏特女王统治时期，埃及船只已经在红海上频繁穿梭。他们从事铜、青铜、宝石及其他货物的贸易，之后这些商品会经陆路到达位于亚喀巴湾顶端的埃拉特。[①] 哈特谢普苏特参与了对蓬特的远征，这也是所有远征中最为知名的一次，被记录在德尔巴赫里神庙的象形文字之中。船队装满了用于贸易的黄金，而为了展示埃及的国力，他们还安排了一小队强壮的士兵随行。到此时，埃及王权已扩张到尼罗河上游，并且与努比亚文明产生了交汇。[②] 这些

---

① 埃拉特是以色列通往红海的唯一出口，在今天仍具有重要的战略地位。阿拉伯的劳伦斯在这里发动了对土耳其驻军的攻击，这段真实历史还被拍成了好莱坞电影。

② 努比亚人与埃及人明显不同，但也有相似之处。实际上他们比埃及人更喜欢修建金字塔，所以如今苏丹境内的金字塔数量多于埃及（但苏丹的金字塔一般比较小）。

举动加强了他们与非洲内陆的联系。我们无法确定埃及人到底走了多远，但是根据记录，他们至少向南走了1000英里，在喀土穆（现苏丹首都）发现尼罗河有两个源头。后来托勒密王朝时期的探险者则顺青尼罗河而上，一直到达了埃塞俄比亚高原。欧洲探险者曾声称自己是“尼罗河源头的发现者”，但事实上埃及人比他们早了2000多年。

还有一些其他的线索，也能证明埃及人曾深入非洲腹地。壁画显示埃及的公主会用一种蓝白色的金属物质做眼影，木乃伊棺材上提取的样本证实这是锑。根据我们现在已知的信息，当时唯有非洲南部的一些露天矿才出产锑。另一个线索是非洲鹿。非洲鹿腿上有斑纹，看上去和斑马是同类，但实际它是长颈鹿的近亲。今天这种动物已经非常珍稀，但在当时应该是一种很常见的动物。非洲鹿并不适于在苏丹的开阔平原上生存，它们的主要生活区域是距离埃及2000英里以外的非洲中部丛林。尽管如此，古代埃及人了解这种动物，而且经常在神话中提及它们。这些当然不是确凿的证据，因为无论是锑还是非洲鹿，都可能只是通过贸易到达埃及。但退一步讲，这仍说明相比于维多利亚时代纷至沓来的欧洲人，古代埃及人早已经与非洲腹地有了深入联系。

约公元前1200年，地中海的东边出现了一个充满活力的新航海文明。这不再是一个由法老统治的陆上帝国，而是一个基于共同文化联系的城邦联盟。随着时间的推移，这些“腓尼基人”发展出了世界上第一个海上霸权——一个基于海运贸易网络的海洋王国。[①] 每个腓尼基城邦在政治上都保持独立，至于它们是否视自己为一个独立民族，我

① “腓尼基”来自希腊语，意为“紫色”，这一词源于腓尼基人贸易中的一种名贵染料，由碾碎的贝壳粉制成。因其珍贵性，紫色自古至今一直被认为是皇室的颜色。我们不知道腓尼基人如何自称，但他们来自“基纳尼”（《圣经》中的“迦南”）。

们仍不确定。这很像希腊的城邦，拥有共同文化，在危机时刻也经常结盟，但同时又会尽力保持各自的特性。腓尼基人发明了字母文字，这些文字正是希腊字母和拉丁字母的前身，也是今天所有欧洲语言的起源。事实上，今日西方文明中的很多文化戒律都是由腓尼基人首创的，并且被他们沿着海上贸易路线广为传播。

腓尼基人是大规模开拓西地中海的先驱。要不是他们，西方文明或许根本不会存在，或起码不是今天这样。他们建设贸易站和城镇，构筑贸易网络，而这一切都被后来的罗马人继承发扬。他们向早期希腊人售卖玻璃、纺织品以及极负盛名的紫色染料，向埃及人出售红酒和木材。后来希腊人承接了腓尼基人的海洋传统，整个地中海的文化也因此一分为二：腓尼基人主导着从北非到西班牙的南岸，希腊人则占据了意大利和法国南部。中部的西西里岛则东部希腊化，西部腓尼基化。这种权力平衡一直持续到罗马崛起。当时的罗马征服了希腊，与处于腓尼基文明下的迦太基展开了海上控制权的争夺。

腓尼基人最先制造出大型的划桨船和帆船，为后来欧洲航海技术的发展奠定了基础。有了先进的工具，探险者终于敢驶出平静的地中海，经直布罗陀海峡进入大西洋。公元前 500 年，他们乘着稳固的远洋船到达不列颠，用随船的物品交换当地出产的锡和铅。当罗马只是一个小村庄，当地人还在为生存而挣扎时，腓尼基人就在英格兰的康沃尔设立了贸易站和矿场。约公元前 425 年，腓尼基人的迦太基委任航海家汉诺为首领，令他带领一支 60 艘船的船队去大西洋探险。汉诺深入大西洋 1000 余英里，不仅登上了加那利群岛，也可能踏足过马德拉。在摩洛哥建立了数个贸易站后，他又驾船沿非洲海岸向南而行。我们不知道汉诺到底走了多远，但根据旅行记录，他至少到达了非洲的最西点，也就是现在的塞内加尔，最远则可能到过非洲中部的丛林。

但不管按哪种说法，汉诺都比当时的欧洲人走得更远，直到约2000年后，他的纪录才被葡萄牙人打破。据希腊历史学家希罗多德的记述，旅程中的汉诺不仅遇到了原住民，还遭遇了火山喷发，见识到了类似于大猩猩等珍禽异兽。这些奇遇也出现在了迦太基遗址的壁画中。希罗多德描述了他们在沿非洲海岸南下的过程中所进行的“无声贸易”。为了打破语言和信任的隔阂，腓尼基船员会找一个靠近当地村庄的海滩登陆，然后再把交易物资在沙滩上依次摆好。原住民显然意识到这是一种贸易意图，因此他们会把他们认为等值的自有物品放在相应货物的旁边。接下来，船员们就会增增减减，讨价还价，直到双方满意为止。

和埃及人的情况一样，我们也不能详尽掌握腓尼基人的全部活动状况，因为在历尽千年的历史过程中，很多古代的记录都早已消亡。在古代，腓尼基人以精湛的造船技术而著称，他们造出的船只一直领先于欧洲，直到哥伦布时代才被超越。他们发明的大容积多层船只拥有龙骨及靠绳索起降的帆，连船板也都做了防水。他们最大的船只拥有高达450吨的承载量，哥伦布最大的船圣马利亚号也要略逊一筹。对于腓尼基人来说，远距离航海不过是种日常。有的人甚至认为腓尼基航海者曾穿越大西洋到达美洲。尽管这确实可能在腓尼基人的能力范围内，但目前支持这一说法的证据仍然不足，因此我们只能认为他们没到过美洲，至少没有主动前往那里。但是，考虑到他们曾经在海上驰骋了长达500年的时间，所以我们也不能完全排除他们到达过美洲的可能性，哪怕这只是一种无意的偶然。①

至少有一项现存的记录显示，埃及人和腓尼基人曾联合开展过远

① 多年来，美洲发现所谓腓尼基人器物的传闻曾多次出现，例如，1889年人们在田纳西州的古墓葬中发现的“蝙蝠溪”石碑。但迄今为止，这些发现要么是伪造的，要么是误解所致。

距离航行。根据历史学家希罗多德的叙述，约公元前600年，埃及法老尼科二世聘请过一众腓尼基船员，让他们完成环绕非洲的航海远征。在其著作《历史》中，希罗多德描述说，船队沿着红海向南，穿过非洲之角，绕非洲大陆一圈后，从直布罗陀海峡重新回到地中海。当船队经过非洲最南端时，奇怪的事情发生了。当他们转头向西时，他们发现太阳是在船的右边升起落下的（这种事情在欧洲从来没有遇到过）。大多数的同时代人以此为据，否定环非洲航行的可信性，就连希罗多德也认为这一细节纯属虚构。但事后来看，这一怪事反倒确认了航行的真实性。任何绕过非洲向西的船队，确实都会目睹太阳在右侧升降的现象，这是因为它们已经身在赤道以南。这个故事恰恰证实了环绕非洲的地理可行性，但希罗多德在当时无论如何也无法理解这一点。

古代人就能够完成欧洲人在大发现时代才做得到的壮举，这是不是一件难以置信的事，尤其是考虑到他们掌握着基本相同的技术的前提下？他们所需的只是一群勇敢的冒险家和探究未知的意志。我们或许永远不会知道真实的答案。现存的各种文物样本太少，根本无法让我们得出明确结论。很多古代的丰功伟绩可能从未被记录，而记录下来的内容，多数已经消失在数千年的历史变迁之中。假设未来有一种新文明也想要对我们今天的成就进行判断，但他们只是破译了林肯和杰斐逊纪念堂中的文字，那么他们永远不可能想象到我们曾登上月球这件事。我们可以确定地描述某些古人的壮举，也可以做出猜测，但我们绝对无法精确地了解他们的成就的方方面面。

对历史记录的毁坏远超我们的想象。希腊人和罗马人积累了大量古代知识，但伴随着罗马的崩溃，很多知识也同时消亡。529年，查士丁尼皇帝关闭了希腊的哲学学院，寻求以单一宗教统一东罗马帝国。亚历山大图书馆的藏书多达10万卷，但一系列的劫掠和火灾最终将这个珍宝库毁灭。灾难自公元前48年恺撒大帝围城开始，到391年科普特基督教牧首西奥菲勒斯下达拆除令时达到顶点。我们可能永远无法得知毁坏的全貌。希腊悲剧作家欧里庇得斯一生据说写了90多部戏剧，但只有1/5得以流传。希罗多德完成了大量历史著作，但如今我们只能从他人的叙述中了解只言片语。德谟克利特首先提出了原子理论，被认为是科学的奠基人，但我们现在所知的仅仅是一些关于他的理论的二手趣闻。除此之外，这个世界可能还存在过很多我们永远也不会知道的学者。①

我们所了解的是，古代文明下的人和今天的我们一样钟情于探险和科学，对这个世界充满好奇心。埃拉托色尼（公元前276—公元前195年）是早期亚历山大图书馆的馆长之一，也是当时的一位杰出学者。他博学多才，从科学、数学、天文学到诗歌、音乐、政治、哲学和历史，似乎无不涉猎。他甚至还从事戏剧写作。由于知识渊博，当时的人就开玩笑叫他“贝塔”（希腊字母表中的第二个字母），因为他对一切都是略懂而不精通。但埃拉托色尼在某些领域的见识绝对是阿尔法级别的。作为地理学之父，他在其杰作《地理学概论》一书中绘制出了整个已知世界的地图，描绘了超过400座城市，并将地球划分为五大气候带：两极附近的两个寒带、两个温带以及赤道热带。直到如今我们仍在使用这一划分方法。②

---

① 很多作品之所以能幸存，全因羊皮纸太昂贵。经年累月之间，人们会抹掉羊皮上的古代文字以求重复使用。但有时候上面的字会因为没被擦除干净而得以复原。阿基米德、西塞罗以及塞内加等人的不少著名作品都是这样保存下来的。这就好比把海明威的文稿擦了，然后拿它当购物清单。

② 他的其他成就还包括发明了一种寻找质数的算法（埃拉托色尼筛法），计算发射器的弹道，精确计算出地球到太阳的距离，以及粗略计算出太阳的直径（其实考虑到太阳的体量，1/4的误差也还算不错）。我们还应该感谢他把日历改成了一年365天，每四年有一个闰年。他还发明了一套和今天类似的纪年系统，但以特洛伊被攻占为起始年。

我们今天所知道的第一张世界地图，就出自埃拉托色尼之手。这张地图勾勒出了欧亚非大陆的轮廓，其中地中海地区的描绘尤为准确，北部、南部及东部地区则不甚清楚。尼罗河的全貌，甚至包括它的两个源头都在这张地图上清晰可见，这可是18世纪到19世纪欧洲探险家们花了100多年才搞清楚的事情。欧洲和亚洲的主要河流也得到了明确标注，而尤其令人惊叹的是，在罗马帝国到来之前，埃拉托色尼就已经能够画出不列颠甚至爱尔兰的大致轮廓。他用横竖两种垂直线分割地图，创造出纬度和经度的概念。早在2000多年前，埃拉托色尼就认识到，非洲就是一块可以环绕航行的大陆，而由于地球是圆的，所以你只要一直往西航行便能够到达亚洲。

埃拉托色尼不仅绘制了世界地图，还计算出了地球的周长，这的确是一项惊人的成就，毕竟他从来没有离开过埃及。一位商人曾经记载，在夏至日中午的赛伊尼（沿着尼罗河径直向南的一个小镇），当一个人俯视深井时，他的影子会挡住太阳的反射，这说明那一天的太阳是完全从头顶直射下来的。为了比较，埃拉托色尼也测量了当天中午亚历山大的太阳角度，结果发现角度约为一个圆的1/50，也就是约7度。他得出结论，如果地球是一个球体，那么这个星球的周长应该是从亚历山大到赛伊尼距离的50倍。[①]通过这种方法，他计算出了误差不超过10%的地球周长。近2000年后，了解埃拉托色尼这一测量结

---

① 我们不知道埃拉托色尼是如何测出这段距离的，他可能只是询问了当地商队到达那里的时间。美国科学家卡尔·萨根认为他花钱请了一个人，用步行方式丈量出了这段距离。但无论如何，他得出的距离约为5000斯塔蒂亚（stadia）。1斯塔蒂亚约为1/9英里，是古希腊奥林匹克体育场跑道的长度（今天你仍然可以在这个体育场上漫步）。以1斯塔蒂亚等于582英尺计算，地球周长约为27550英里，与公认的24900英里误差不超过10%。如果我们以更为精确的方式重复此计算，会得出地球周长为25046英里，这样与公认值的误差竟然仅有0.59%！

果的哥伦布却选择相信了另一张误差超过 1/3 的地图。要不是因为这种一厢情愿的思想，哥伦布可能根本不会选择远航，当然，如果他当初相信了埃拉托色尼的计算，他也许就能猜到，他到达的根本不是亚洲，而是一个新世界。

第 5 章　古希腊的征程

大约与古代埃及同一时期，另一种规模虽小但繁荣的文明在地中海的克里特岛上崛起。拥有商人、艺术家、建筑师和哲学家的米诺斯王国处于青铜时代早期，而这也正是希腊和罗马一脉相承的本源所在。这里的人擅长航海，早在金字塔建设时期，他们就在同埃及人进行贸易；他们在叙利亚沿海和希腊的爱琴海诸岛定居，对腓尼基和希腊文明都产生了积极影响。然而，大约在公元前 1400 年，米诺斯人突然消失了。有可能是地震或者火山喷发摧毁了克里特岛和克诺索斯的宫殿，导致这一文明衰亡。不久之后，这座岛屿被希腊人占据。但希腊人并没有破坏米诺斯文化，相反，他们成了这一文化的继承者。希腊人很快就发展出自己的米诺斯文化、宗教及艺术，而米诺斯人的航海传统也被希腊人发扬光大。

希腊神话中的不少知名故事都源于米诺斯。在米诺陶洛斯的故事里，国王米诺斯征服了雅典，并要求希腊人每 9 年送 7 个男孩和 7 个女孩到克里特岛，以献祭人身牛头的怪物米诺陶洛斯。① 希腊人的英

① 这就是最原版的《饥饿游戏》。这说明我们从未写过新故事，只是在重复各种旧故事。

雄忒修斯自愿替代其中的一名受害者。依靠米诺斯爱女阿里阿德涅给的一条细绳，忒修斯找到了逃生路线，进入了米诺陶洛斯所在的迷宫，杀死了这头野兽。[①] 为了防止迷宫秘密外泄，迷宫的建筑师代达罗斯被国王困在一座塔中。这位建筑师极具发明天赋，他用蜡和羽毛做成翅膀，和儿子伊卡洛斯一同飞出了克里特岛。这是表现人类飞翔欲望的一个早期故事。但伊卡洛斯飞得离太阳过近，他的翅膀融化了，遂葬身大海。[②]

希腊人继承了米诺斯人的航海精神。在“杰逊王子战群妖”的故事中，一群英雄驶入黑海，寻找一只长着翅膀的公羊身上的金羊毛（后来这只羊变成了白羊座）。另一部希腊经典《奥德赛》或许是有史以来最受认可的探险家故事。奥德修斯因协助攻陷特洛伊而倍感懊悔（特洛伊木马入城正是他的计策），于是在接下来的 10 年之中，他带着一帮船员开启了一趟驶向未知之地的海上艰苦卓绝之旅。起先，莲花食者给部分人吃了忘忧果，让他们体力尽失，忘却了家乡。之后他们又被吃人的独眼巨人捕获。接下来，一个女巫把他们变成了猪，并要求以奥德修斯的爱来交换魔法的解除。最后，他们遇到海妖塞壬，她用迷惑性的歌声引诱船员。为了防止引诱至死，船员用蜡封住了耳朵，

① 米诺陶洛斯其实是米诺斯的私生子，所以阿里阿德涅是帮助自己的男友杀死了她的哥哥。这看起来不是什么好事儿，但结局却是皆大欢喜，忒修斯的父亲除外。由于忒修斯的船未能按之前的约定挂白旗回家，他父亲以为儿子已死，于是纵身跳崖自尽。因为某些原因，忒修斯又遵从女神雅典娜的指令，抛弃了克里特岛的阿里阿德涅。所以实际上没有人是圆满的，除了将阿里阿德涅从痛苦中解救的雅典娜的弟弟狄俄尼索斯。你不得不怀疑这可能就是神的旨意。

② 后来米诺斯追赶代达罗斯，一路到达了西西里岛，但不小心受到引诱，烫死于沸水之中。希腊故事总是充满性和暴力，这也许正是它们一直受追捧的原因。不妨把它们看作 HBO 之前版本的《权力的游戏》。在希腊神话中，代达罗斯是一个手工天才，据说木工就是他发明的。这听上去当然不可思议，因为这么宽泛和基本的东西，不可能出自一人之手。后来代达罗斯教授自己的侄子珀耳狄克斯手工技艺，但因为嫉妒侄子的才华，他在访问雅典卫城时将侄子推下高塔。这是史上最糟糕的家庭旅行。

但奥德修斯被绑在了桅杆上，因此能够欣赏到她的天籁之音。最终奥德修斯和剩下的船员辗转回到了希腊，而这场航行也使他们受益良多。由此，“奥德赛”变成了我们的一个俗语。

希腊对西方文明的影响可能超过任何其他文化。其最广受赞誉的贡献当属民主。但民主或许只是公元前508年雅典公民推翻暴君的一个偶然产物[①]，实际上他们的影响涉及整个社会的诸多层面，如戏剧、诗歌、哲学、文学以及语言的运用。[②]时至今日，2000年前的希腊杰作仍然能给我们带来教益。埃斯库罗斯、索福克勒斯、欧里庇得斯、伊索和荷马，他们对力量、谦卑、坚持、正直和自律等主题的探寻都直击人类灵魂。

伴随着海上帝国的扩张，希腊人的思想也在地中海沿岸得到传播。从公元前1000年左右起，希腊人走出了爱琴海的故土，在地中海沿岸及黑海地区建立殖民地。他们建立贸易点，与腹地的居民开展物物交易，后者在此过程中也深受希腊文化及语言的熏陶。这些贸易点后来逐渐发展成为我们今天所熟知的地中海沿岸城市。随着希腊对法国、意大利以及亚得里亚海岸影响的深入，黑海也变成希腊的一个内湖。黑海丰富的渔场和盐床，滋养了沿岸的一个又一个聚居区。希腊人用几个世纪的时间在海外建立了超过500个殖民地，居住在海外的希腊人远超本土。很多海外聚居区的规模都超过他们的故土，例如，西西里岛的锡拉库萨，它超越了雅典，变成世界上最大的希腊城市。

---

① 在此之前，雅典统治者德拉古颁布实施了一部严刑峻法（德拉古后来变成了“严苛”的同义词）。雅典投票最初是通过举手表决的形式进行，有时候也会用彩色石头投票。有时候，当公民打算通过投票驱逐某些不受欢迎的人时，他们会把这些人的名字刻到陶片上（陶片英文为 ostrakon，后来动词化的 ostracize 就用来表示驱逐）。

② 60% 的英语词汇源自希腊语或者拉丁语，两者基本平分秋色。希腊教授色诺芬·佐罗塔斯曾经只用希腊词源的英语写出两篇完整的演讲稿，英国人和希腊人都能看懂。

希腊城邦与其海外殖民地严格分离。在多数时候，他们互相竞争甚至互相残杀，但在面对危机时，他们也可以团结在一起共同抗敌。最大的威胁来自东方。按人口比重计算，波斯是历史上最为庞大的帝国，在鼎盛时期世界上有近一半的人口都生活在这个国度，其整个疆域更是从地中海一直延伸到印度。尽管我们将波斯视为一个与古希腊完全相反的专制王国，但实际上波斯是一个高度宽容和国际化的社会。与其说它是一个国家，不如说它是一个多民族的国家联合体。波斯修路搭桥，还创建了高效的公务员制度。为了方便沟通，波斯人建立了一套高效的信使体系（参见希罗多德的记述），据说美国邮政服务的非官方纲领（雨雪通行，昼夜无阻……）就是受此系统的启发而确定的。

波斯对希腊的征服未必就是西方文明的末日。只要市民缴纳赋税，承担兵役，波斯人治下的日子与往常并无多少不同。然而，波斯的征服却可能扼杀希腊文明走向黄金时代。到公元前 500 年，波斯已经攻陷小亚细亚的希腊殖民地，此后不久，希腊对被占领城市叛军的支持又引发了双方的冲突。公元前 490 年，波斯人在马拉松战役中被彻底击败，大流士一世的首次入侵宣告夭折。[①] 此后，他的儿子薛西斯从整个帝国纠集了 10 万兵士，组成了当时世界上最大的一支军队，准备对希腊展开复仇。军事历史上不少最具戏剧性的事件都发生在这场始于公元前 480 年的入侵期间，其中就包括斯巴达勇士的故事。这支由 300 人组成的防御小分队镇守在温泉关的狭隘关口，与比他们多数十倍的波斯敌军展开了殊死搏斗，最后全部阵亡。

波斯最终攻破雅典，将其付之一炬（如今仍能见到当年的灰烬），

① 这是一场雅典人的胜利，因为这场胜仗没有依赖斯巴达军队。斯巴达人纪律严明，但是行动迟缓。后来人们用马拉松赛跑纪念这场战争。据说希腊信使费迪皮迪兹长途奔袭 26.2 英里回到雅典传递胜利的喜讯，之后因精疲力竭倒地而死（这个故事可能是杜撰的）。

但斯巴达人的抵抗为雅典人赢得了疏散的时间。希腊人躲到伯罗奔尼撒半岛，而敌人想要攻入，唯一的入口就是一条宽约几英里的狭窄通道。薛西斯派出海军从侧翼包抄，但不承想希腊人在萨拉米斯湾的浅水中设下了陷阱，击溃了来犯的波斯舰队。无论从何种角度看，萨拉米斯湾海战都是人类历史上规模最大的海战之一①，不过，事实上这几乎是一场希腊人对希腊人的战争：波斯的战舰主要来自小亚细亚的城邦，战士则主要由强壮的埃及人和腓尼基人组成。惨烈的萨拉米斯海战终结了波斯人的进攻，接下来的公元前 479 年，另一场同样重要但不那么著名的普拉提亚战役终结了波斯人对希腊的占领。

战胜波斯后，希腊人在地中海所向披靡，但很快他们就自相残杀。在经过了 50 年的空前扩张之后，雅典帝国与斯巴达领导的希腊城邦陷入了伯罗奔尼撒战争的泥潭（公元前 431—公元前 404 年）。善于陆战的斯巴达很快包围了雅典，但依靠从海外殖民地的进口食品，这座城市维持了一段时间的抵抗。最终，西西里岛的一场恶战以及城中的饥荒和疾病彻底击溃了雅典。斯巴达人入城后，有人建议他们焚毁雅典城，但遭到拒绝。雅典毕竟是他们的昔日盟友，曾经在希腊的危难时刻勇猛战斗。② 希腊社会仍然维系，但战争永久性削弱了南部城市，将主动权转移到了北方手中。在那里，一股新力量正在崛起。

在半岛的希腊人眼中，马其顿就是一个落后的乡下，但就是这

---

① 例如，参战舰船的数量（超过 300 艘希腊船只以及两倍于此的波斯战舰）、船员数量（20 万甚至更多）、被击沉船只数量（超过 300 艘）。其他与此规模相当的海战还包括罗马与迦太基之间的埃克诺穆斯角海战（公元前 256 年），基督教与奥斯曼帝国之间的勒班陀海战（1571 年）以及 20 世纪的日德兰海战（1916 年）和莱特湾海战（1944 年）。据说薛西斯坐在山顶的一个躺椅上观看了这场战斗。

② 在一部以战争后期为背景的雅典喜剧《利西翠妲》中，同名主人公利西翠妲劝导希腊女性，除非她们的丈夫放弃战争，否则就不要与他们过性生活。尽管没有证据证明这真实发生过，但这几年利比亚女性倒是成功组织过类似行动。

样的地方诞生了一对父子军事天才，他们不仅统一了整个希腊，还进一步征服了绝大部分的已知世界。父亲腓力二世于公元前 359 年登基，之后一直致力于重整马其顿的军队。数百年来，希腊人一直保持着持长矛列队前进的作战方式，但腓力二世不仅改进了长矛，使其足足有 20 英尺长，还训练出一支精锐的步兵队伍。当列队前进时，紧密相接的长矛既能互相提供支援，又能把前方的一切刺穿。经过一系列的军事与结盟策略，到公元前 336 年，腓力二世终于将整个希腊变为马其顿的疆域。① 腓力二世那 20 岁便继承王位的儿子亚历山大更是青出于蓝而胜于蓝，他不仅是有史以来最为伟大的军事天才，同时也是古代活动最为频繁的军事冒险家。

在 30 岁时，亚历山大大帝就建立起一个空前绝后的巨大帝国，其疆域从希腊一直横跨到印度。和《奥德赛》中的水手一样，他也无法停下脚步（他一直随身携带这本著作）。是何种力量在驱动着他？最初，他针对波斯人的军事行动还只是为了解救小亚细亚上那些受波斯人压迫的希腊人，但当胜利变成一种习惯，最终让人变得欲罢不能。这并非一种基于复仇的渴望，相反，这只是亚历山大对这个世界的迷恋，他想看得更多，理解更多。通过军事扩张，他抵达一系列希腊人闻所未闻的地域。即便是对于今天的希腊人，这些地方也听上去遥不可及。驱动亚历山大的是一种渴望，一种走到“世界尽头与大外海”的渴望。

尽管亚历山大的帝国并没有比他活得更长久，但它第一次把东西方连接了起来，对整个世界产生了深远影响。在此之前，人们或许会偶尔穿行到邻国，但他们很少会冒险前往遥远的地方。亚历山大给亚

① 据说腓力二世曾威胁斯巴达说：“如果我攻入了你们的领地，我会毁你农田，杀你百姓，将你的城市夷为平地。”斯巴达回答道：“如果。”斯巴达人以惜字如金著称，英语单词“简洁”（laconic）的词源就是斯巴达在希腊居住的区域拉科尼亚（Laconia）。

洲带去的不只是军事扩张，还有一整套西方文明，同时也把遥远异地的知识带回了家乡。后来希腊的哲学家、科学家以及管理者追随亚历山大的步伐，与东方展开了大规模的和平交流。就连亚历山大的个人风格也被争相效仿。在他之前，多数男性都留胡子。亚历山大喜欢把脸刮干净，而且这一喜好很快被帝国臣民及后来的罗马人接受。不夸张地说，正是亚历山大让刮胡子变成一种男人气概的表现。①

亚历山大花了10年的时间（公元前334—公元前324年），通过一系列决定性的战役击溃了波斯的统治，但他并没有毁灭波斯帝国，更多的只是占领。每一次军事上的胜利都会为他赢得声誉，而他的对手大流士三世则不断败退。波斯帝国是一个多民族的联盟，其中的多数臣民并非波斯人，因此，帝国各地的统治者很快就另选明主，转而效忠于亚历山大大帝。通过军事冒险，亚历山大先是横穿土耳其，接着沿着叙利亚海岸南下到达埃及，之后跨过沙漠进入美索不达米亚和波斯，之后又穿过中亚，到达阿富汗和印度。他近乎鲁莽的大胆，只需用一个事例便可说明（这个故事可能是杜撰的）。小亚细亚的戈尔迪乌姆的一条绳子上有一个无人能解的结。预言说，谁能解开此结，谁就是未来的“亚洲统治者”。亚历山大对此根本不屑一顾，他举起剑，一剑将此结砍为两半。

亚历山大的一切冒险都是临时起意。他将埃及从波斯的统治下解放出来，被奉为神明，亚历山大城及其壮丽的图书馆也出自他的手笔。他为了追赶大流士，穿越中东，到达巴比伦城，接着攻占了波斯的两个都城苏萨和波斯波利斯，将整个国家的财富据为己有。他在波斯波利斯停留了5个月，纵情于各种狂野宴聚，然后在一次酗酒后纵火烧

---

① 现存唯一的亚历山大肖像是一幅出土于庞贝古城的罗马马赛克画像。这幅画像中的亚历山大是一个英俊的年轻人，但我们从很多记载中得知他确实是刮胡子的。

掉了宫殿。就在此时，波斯的一个总督杀死了大流士，举兵造反，于是亚历山大又开始出兵消灭新的威胁。这是一场浩荡的亚洲之旅，横跨数千英里，而目标是一片遥远的未知之地。亚历山大一路上建立了众多以他的名字命名的城市（没人敢说他是个谦虚的人）。[①] 为了加强与新臣民之间的联系，他娶了巴克特里亚（今阿富汗境内）的罗克珊娜为妻，之后他又把目光转向了印度。

公元前 326 年，希腊人渡过印度河，在史诗般的海达斯佩斯河会战中击败了拥有 100 头战象的强大印度军队。战斗结束后，亚历山大在印度建立了两座留存至今的城市，其中的一座还是以他的战马命名的。亚历山大本打算继续以大兵压境中国，但他那些战士预料前路肯定是困难千万重，因此拒绝继续前行。他们离家已近 10 年，一直渴望能重返故土。亚历山大试图说服他们，在未能如愿后同意顺印度河南下入海，之后再返回希腊。他在河口任命海军大将尼阿库斯带兵往印度河沿岸及波斯湾地区探险。一些士兵随着舰队回到波斯，但多数人不得不从陆上穿越格德罗西亚沙漠返程，不少人死在了回家的路上。

亚历山大自己也没能回到希腊。公元前 323 年，从印度返程后不久，严重酗酒的亚历山大猝死在巴比伦，时年 32 岁。他到底是死于疾病，还是中毒，至今仍是一个谜，但他的突然死亡显然创造了一个无法填补的权力真空。他的儿子和弟弟不久之后就被谋杀，随之而来的是一场混乱的权力争斗。最终，由他的将军们所掌控的三个势力集团分别占据了希腊、埃及以及巴比伦。尽管整个帝国分崩离析，但在之后的数百年中，帝国的继任者们仍然维系着东方与西方的联系。在阿富汗和印度的希腊巴克特里亚王国以及印度希腊王国发展出一种混合

---

① 亚历山大建立的城市包括阿富汗的坎大哈（后来的新名）和临近中国边境的亚历山大埃舍特（Eschate，意为最远）。

的希腊文化，它们派遣出第一批前往中国的使者，并且建立了丝绸之路这条中国与欧洲进行货物及思想沟通的通道。

此次东西方的首次一体，开启了一场塑造世界的交流。希腊的思想传播到了亚洲，亚洲的思想则被带回地中海世界，对艺术、文学、建筑、音乐、数学和科学产生了影响。[①] 在此后的1000年间，希腊文成了西方的学术语言。《圣经》中的人名通常都是希腊式的，这是因为尽管耶稣和他的门徒说阿拉米语，但希腊语却是当时的通用语言。和今天的好莱坞一样，希腊的文化影响辐射到了当时所有的已知世界，望子成龙的父母也都要给孩子取一个希腊式的名字。甚至罗马帝国也有一半的希腊血统，它更像是希腊文明的继承者，而非一个纯正的思想原创者。罗马的学者说希腊语，读希腊文，为他们的孩子聘请希腊语老师。许多罗马皇帝都是希腊人，等到日后权力中心转移到君士坦丁堡之后，他们就都成了希腊人。

亚历山大征战之后的那段岁月堪称科学发现百花齐放的最美时光，起码在文艺复兴之前，是没有任何时代能与其媲美的。此时正是埃及托勒密王朝时代，比起征税，这群亚历山大图书馆的赞助者更加求知若渴。停靠在港口的船只会成为研究对象，所有卷轴都会被复制收藏。实际上，今天所有的科学领域都是在那个时代诞生或者被系统化的。希帕克斯发明了三角学，预测了日食，完成了对天体的编目。他提出恒星有龄且最终会消亡，因此宇宙也必然有一个确定的开始和结束。[②] 色雷斯的狄奥尼修斯发明了语法，对语言成分进行了划分（名词、动

① 很多希腊人皈依了佛教并且可能给佛教注入很多新的思想，例如，神圣英雄的概念、焚香以及将鲜花作为礼物等。一些佛教雕塑也似乎是以亚历山大为原型的。阿富汗曾经发现过希腊的天文仪器。另外，希腊天体概念也渗透到了印度的天文学文献中。

② 印度的宇宙学说也认为宇宙是一个创造和毁灭的过程，但我们不清楚希帕克斯是否受到了来自印度学说的影响。

词、形容词）。赫罗菲拉斯绘制出人体的消化系统、神经、静脉和动脉，并推断出心脏是一个泵，大脑是意识的中心。阿基米德推导出圆周率，发明了抛物面镜、螺杆泵、滑轮、弹射器以及其他机械装置。

一些希腊发明看上去颇具现代感。亚里士多德曾提及用于侦察敌军港口的潜艇。佩尔格的数学家阿波罗尼奥斯发展出椭圆、抛物线、双曲线和曲线，正是这些概念规定了弹道和星际飞船的轨道线。亚历山大的希罗发明了齿轮传动装置、机械人、自动门、医疗注射器、蒸汽机①，以及投一枚硬币便可以分配圣水的自动售货机。1902年，人们从一艘2000多年前的沉船中发现了一个叫作安提凯希拉的机械装置。这是世界上已知的第一台模拟计算机，利用其37个机械齿轮，它可以提前数十年就预测出天体的位置。历史并无规定的路线，但是如果希腊的科学发展不被打断，那么我们今天或许会有一条不同的前进路线，比如，很可能在969年的7月20日，也就是阿波罗飞船飞向月球之前，希腊的宇航员就已经登上月球。②

很可惜，这一切并未成真。希腊社会阶层高度分化，权力仅掌握在一小部分人手中，而这最终成了发展的阻碍。所有的雅典公民都有投票权，但公民这一身份却仅限于拥有土地的自由男性，而这一群体仅占其总人口的10%。1/3人口以奴隶身份存在的现实，经济和社会的隔离，使得仅有一小部分阶层能够参与创新活动。此外，还有种族主义的幽灵。埃及由希腊国王和受过教育的阶层统治，广大民众看不到任何改善生活的希望。整个世界人口被分成了希腊人和其他人。外人被蔑称为“野蛮人”，在希腊人看来，这些操着非希腊语的人发出的都

---

① 希腊人发明了蒸汽机和轨道，但从未将两者结合。科林斯的迪欧科斯古道使用畜力在轨道上驮运货物，他们差点儿就有火车了！

② 俄语中的宇宙一词来自希腊语。事实上，俄罗斯语言和书写受希腊影响更多。

是让人难以理解的“巴巴巴”噪声。[①] 很不幸的是，今天我们的文明中还有太多与此相似之处。

但一些希腊人也在积极寻找野蛮人。大约在亚历山大征战亚洲的同时，另一位希腊人走向了世界的另一端。在纯粹好奇心的驱使之下，这位希腊人先后穿越北欧，环绕不列颠岛，通过日耳曼部落的领地，并且一直向北抵达了拥有极昼的北冰洋。这个希腊人就是皮西亚斯，极昼正是他首先发现的一种北极现象。皮西亚斯与亚历山大年纪相仿，出生于希腊的殖民地马萨利亚（如今的法国马赛）。15 年间，皮西亚斯一直向北行进，探索那片不为地中海人所了解的世界。回归之后，他至少写就了 18 部作品，为之后几百年的北欧地理学研究奠定了基础。[②]

这或许是世界上第一次真正的科学考察。皮西亚斯准确测量了他行进的距离，画出了详尽的地图，而且详细记录了沿途的自然现象。他通过测量太阳的角度，估算出了他到底向北行进了多远。[③] 现存关于他的记录无法重现其整个旅程，但他确实曾经不知以何种方式到达过不列颠，有可能他是沿着陆上贸易路线，经法国后前往，也有可能是乘坐一艘前往大西洋的希腊或迦太基舰船到达。我们常以为当时的北欧是一片野蛮人聚集的不毛之地，当时的希腊人也大抵抱有此种看法，但在皮西亚斯的时代，文明已经在此扎根。凯尔特人和不列颠人以农业形式聚居，拥有制造坚固航海船的足够技术，并且在整个区域内建立了贸易网络。因此对于皮西亚斯来说，要想找到一艘愿意承载他的

---

① “野蛮人”的英文为 barbarians，指这些操着 bar-bar-bar 口音的人。——译者注

② 遗憾的是，这些著作都早已佚失，我们只能从后期希腊和罗马学者的记述中了解二手信息。

③ 自古至今，航海者一直在运用这种纬度的计算方法。你一只手指向北极星，另一只手指向地平线，两只胳膊的夹角就是你所处的纬度（限于北半球），每一纬度的距离大概是 69 英里。经度的计算与此完全不同，直到 1735 年一位英国钟表匠才提出一种计算经度的实用方法。

船只也似乎并非一件难事，而他一众十分友好的当地随从，也显然能够容忍这位外来者的好奇之心。

皮西亚斯与南不列颠的人民共同生活，并从那里找到了带他走向更遥远之地的向导。不列颠人一直和迦太基人保持长期的贸易往来，因此皮西亚斯在和当地人沟通时使用的可能是迦太基语。他称赞当地人简朴好客、热爱生活，对当地的谷物和蜂蜜饮品更是赞赏有加（啤酒和蜂蜜酒）。不列颠人居住在简陋的茅屋中，利用窖藏的谷物烤制面包。在酋长的统治下，他们通常都能和平相处。若真要打仗，他们则会出动战车（罗马人也常用这种工具），但对于地中海人而言，这早已是一种被抛弃的作战形式。在不列颠向导的带领下，皮西亚斯沿着不列颠岛的西岸一路向上，最后抵达苏格兰的最北端。在皮西亚斯的记录中，这里是一片到处有熊出没的冰冷之地（今天的不列颠岛已经不再有熊，但证据显示当时确实存在这种动物，这多少有些奇怪）。①

皮西亚斯听说过“爱恩”岛的故事，但显然从未踏足爱尔兰岛。他在记录中称爱尔兰人吃人肉，但这很可能并非事实，而只是不列颠人的虚假宣传。他还提到苏格兰当地人会用蓝色染料画脸。自罗马帝国到中世纪期间，苏格兰的战士也有这种习惯。② 皮西亚斯在奥克尼群岛发现了高达 80 腕尺（约 120 英尺）的潮汐落差。尽管真实的数字不超过 50 英尺，但相比于地中海仅有的几英寸③ 变化，这仍然是一个很大的数字。皮西亚斯还在这里第一次发现了潮汐与月相之间的关联。虽然两个千禧年之后牛顿才提出引力的概念，但皮西亚斯已然在用科

---

① 长久以来，人们总把北方与熊联系在一起，“北极”（ Arctic ）一词源自希腊语的 arctos，意为“熊”（棕熊的学名 Ursus arctos 是拉丁语和希腊语的组合，前后两个词的意思都是熊）。

② 所以电影《勇敢的心》里才会有画成蓝色的脸。罗马人把他们叫作“皮克特”，意思是“染色的”。

③ 1 英寸≈ 2.5 厘米。

学的方法将理论和对现实世界的观察融为一体。

皮西亚斯自述从苏格兰出发，一连向北航行了 6 天，到达了一个被称作“天涯海角”的“世界尽头”。他说的这个地方可能是格陵兰岛、冰岛、挪威，也可能是苏格兰和冰岛之间的法罗群岛。他在某些记述中说自己曾和人相遇，如果这是真的，那么他去的地方就不可能是冰岛和格陵兰岛，因为当时这两处尚未有人定居。皮西亚斯称“最远端”在夏天时太阳永不会落下，在冬天时则是无尽的黑夜，而凡是海水凝结成冰之地，“人和船都无法通过”。尽管希腊人可能见识过严寒、高山冰川以及偶然的暴风雪，但一块完全被冰雪覆盖的陆地显然超出了他们的想象，因此当时的人都对他的描述抱有怀疑态度。但我们今天知道，这些关于北极的观察都十分准确，而这也说明皮西亚斯确实亲眼见到了这一切。

后来皮西亚斯又沿着已有数百年历史的琥珀贸易路线前往东欧游历。琥珀能够产生静电荷，因此希腊人认为其具有神秘的治疗功能，并将其称为“elektron”——这正是后来英语中“电”（electricity）这个词的来源。这趟旅程让皮西亚斯成了我们目前所知道的第一个前往丹麦、德国甚至波兰，并且与“条顿”等部落会面的地中海人。我们不知道这趟东欧之旅是他整个向北探险的一部分，还是另外单独进行的一次旅程，因为据说他还到达了乌克兰以及俄罗斯南部的顿河区域，而这些地方离黑海的希腊殖民地都相对较近，可以轻易抵达。不管怎么说，皮西亚斯都是古代首屈一指的世界旅行家，也是最早开展纯粹科学发现探险的人之一。

亚历山大和皮西亚斯之后的 100 年间，地中海世界又涌现了一个新的强权，这就是罗马。传说罗马是由孪生兄弟罗穆卢斯和雷穆斯于公元前753年所建立（两兄弟据说是由一匹母狼养大的）。[①] 公元前509年，也就是在希腊的最后一位僭主被推翻之前，罗马人罢黜了他们的最后一个君主。但后来的几百年间，雅典一直居于希腊昌明文化的中心，罗马却始终徘徊于文明的边缘。旁观者很难想象到，这样一个微不足道的城市日后竟然会变成整个地中海的统治者，但罗马的居民却拥有一项关键品质，那就是好奇心。罗马欢迎并且能快速采纳新思想。如果一个敌人的武器或者策略更强，罗马就会复制。如果他们发现了一种更好的管理方式，他们就会拿来尝试。这种开放的能力让罗马无须费力便可以控制一个庞大的帝国：只要各地方按时缴税，保持秩序，罗马就绝不会指手画脚。

其实罗马帝国更应该被称作希腊罗马帝国。公元前146年，罗马征服了希腊，但在很大程度上，这些征服者后来都被希腊同化。希腊文化一直非常强势，即便是在罗马帝国最为鼎盛的时代，整个帝国也是一种拉丁和希腊的融合体。它的行政体系是罗马式的，但文化学术却是希腊式的。希腊语仍然是主要的教育语言，并且被来自意大利的罗马人广泛使用。后来"野蛮人"占领罗马，类似的文化同化再次上演，那就是野蛮人本质上变成了罗马人。后来希腊、罗马文化传入法国、英国、西班牙和德国等地，除了在西欧持续留存，它还扩展到了北美。这就是为什么美国国会要以古典风格建造，而且以卡皮托利山顶上的古罗马行政中心命名。这也是为什么罗马鹰会成为数十个国家的象征。我们日历上的月份都有一个罗马名字。[②] 我们这本书的原文用

① 有一种理论甚至认为罗马（Rome）这个城市的名字源于ruma一词，后者是指老伊特鲁里亚那匹狼妈妈的乳腺。这肯定是有史以来最奇怪的城市起源之一。《星际迷航》的粉丝都知道，罗穆卢斯和雷穆斯是罗米兰人的两颗孪生母星，此外，罗米兰人也采用罗马的姓名、等级及头衔。

② 每周的7天也起源于罗马，但有些日期也有盎格鲁-撒克逊的替代版本。例如，罗马的星期二是战神之日（dies Martis），盎格鲁-撒克逊人则用他们自己的神提尔（Tiw）来替代之。

融合了拉丁、希腊及日耳曼语的文字写就，用罗马的拉丁字母印刷。

罗马的扩张引发了它与迦太基之间的争端。迦太基是一个腓尼基人城邦，掌控着地中海南部的区域。尽管迦太基的统帅汉尼拔英雄盖世，曾带着大象从西班牙翻越阿尔卑斯山，但罗马最终通过布匿战争打败了迦太基［“布匿”源于迦太基的罗马名称“腓尼”（Poeni）］。罗马人之所以能取得胜利，是因为他们有足够的人力资源储备，[①] 并且懂得变通。罗马是一个陆地强权，但通过研究意大利海岸的一艘迦太基沉船学会了造船。仅仅 9 年之后，罗马就建成了一支海军，在西西里的埃克诺穆斯角海战中击败迦太基的 300 艘舰船。他们把两艘迦太基的军舰拉到罗马游街，以宣示他们作为一个海军强权的崛起。最终，罗马掌控了地中海沿岸的每一寸土地，这片海也被称作“我们的海”。“我们的海”，这是一个连墨索里尼都想复兴的称谓。

到了千年之交的屋大维时期，罗马帝国已经拥有 180 万平方英里的疆域（几乎等于澳大利亚或者美国本土面积的 2/3）。整个帝国靠一套高效的贸易网络相互交织，四通八达的道路有很多至今仍在被使用。罗马总共修筑了超过 5 万英里的道路（足够横跨美国 20 次）。今天欧洲的主要高速路都是在罗马道路的基础上修建起来的。这个多民族的帝国将各种不同文化的人交织在一起。罗马本身是高度世界性的城市，也是世界上第一个人口过百万的城市。直到 19 世纪，伦敦的人口数量才超过这一水平。在罗马城里你会遇到在此居住或经商的非洲人及中东人，也不免碰见来自印度和中国的远方旅行者。任何人都可以成为一名罗马公民，而且很多外国人确实都如愿以偿。他们来到这里，成

① 玛丽·比尔德在其著作《罗马元老院与人民》中估计，在共和国后期，超过一半的罗马男性曾在海外的军队服役，包括希腊、西班牙、非洲和中东地区等，因此罗马人可能是历史上旅行最多的民族。

为杰出的剧作家、哲学家、将军、政治家，有的人甚至当上了皇帝。[①]

罗马人凭借这种与海外的联系积累了大量的知识，并且一直持续至1000多年后的大发现时代。公元前30年，在埃及艳后与马克·安东尼的一段情事进行的同时，罗马控制了埃及。此后罗马开辟了经过红海前往印度的新贸易航线。根据罗马地理学家斯特拉博的说法，当时一支由百余艘船只组成的舰队，每年都会前往印度和东南亚。和后来的葡萄牙人一样，罗马人也会趁着每年的季风出行，他们带回来狮子、老虎、犀牛、大象和眼镜蛇等各种来自非洲或者印度的动物，把它们送去马戏团或者参与角斗士表演。热衷时尚的罗马女性还会穿戴从印度运来的披肩、珍珠以及靛蓝色围巾。

罗马富人的厨房里摆满了印度人食用的糖、药草和香料。在罗马人的烹饪中，胡椒尤其珍贵。老普林尼在其著作《自然史》中抱怨道："黑胡椒一磅要15银币（denarii），白胡椒是7银币。"他说："印度哪年都得从罗马赚走5000万个大铜币（sestertii）。"一个大铜币相当于几美元，一个银币则大约相当于12美元，所以一磅胡椒的价格实际上超过了100美元，而每年的贸易额超过一亿美元。[②]这意味着当时罗马每年要从印度进口600吨胡椒。直到16世纪中期葡萄牙和威尼斯人复兴了这条旧贸易路线，这一数字才被刷新。在印度四处出土的罗马钱币也为这种相互的联系提供了佐证。[③]罗马和中国之间也存在着微妙的

---

① 到帝国末期，来自意大利以外的罗马元老院议员人数超过了意大利境内。212年，卡拉卡拉皇帝（非洲裔）宣布罗马境内的所有自由民获得公民权，这是世界历史上规模最大的一次公民权授予，人数超过2000万。

② 罗马货币中，1个金奥里斯（aureus）=2个金奎纳里（quinarii ）=25个银丹纳里（denarii）=50个银奎纳里（quinarii ）=100个铜塞斯特提（sestertii）=200个都庞第（dupondii）=400个铜阿斯（asses）=800个铜塞米斯（semises）=1600个铜奎兰斯（quadrantes）。

③ 据说圣·托马斯于公元52年到访印度，基督教徒和犹太人在罗马时代于此处建立了聚居区。作为个人的传教士最远可能到过中国。

联系。据记载，奥古斯都皇帝曾派遣使者到“赛里斯”，尽管赛里斯被用来指代整个远东，但它很可能就是中国。[①] 据中国史书记载，第一个前往中国的罗马使团出现于约公元 160 年马可 · 奥勒留在位时期。这队人马大概是走的海路，然后从越南进入中国。据说他们随身携带了象牙、犀牛角以及龟壳等礼品。一些非官方的罗马人也曾经到过中国。例如，公元 75 年，一个名叫梅斯 · 提提阿努斯的旅行者就至少行进到了中国的西部。约 220 年，一个罗马商人到达东吴朝廷，当时东吴的皇帝孙权接见了他，向他询问罗马的情况，并且组织了一只船队将他送回了故乡。

这些活动与 1000 年后马可 · 波罗的游历有着惊人的相似之处，同时这也说明，后来欧洲人的所谓亚洲探险并不是什么新发现之旅，而是对罗马人已知世界的重新发现。很明显，罗马和中国之间的联系虽然并不固定，但从未中断，甚至两国之间还有些许贸易往来。中国也会向罗马派出使节，他们将罗马称为“大秦”，意为“大帝国”(“大秦”直接的翻译是“大的中国”，因为在汉语中，“中国”即“帝国”)。在中国人的眼里，罗马就是一个位于遥远西方，与中国势均力敌的国度，而这种势均力敌恰恰能有效地维系世界的平衡。对此现存最详细的记录是关于甘英的一段故事。公元 97 年，甘英奉命出使大秦，但仅走到了波斯湾附近。尽管如此，甘英还是通过道听途说，对罗马帝国的治理做出了非常生动的描述：罗马并不存在终身制的统治者，相反他们会从众多的候选者中选出最适合领导他们的人，当有更优秀的人出现时，这些人的职位就会岌岌可危。[②]

---

① 罗马地图把丝绸之路的陆路尽头丝国（赛里斯）和把通过航路到达的秦国（秦尼）给分开了，但实际上这是一个地方。

② 这可能是他对罗马议会选举的解释。罗马议会的存在历史实际上比帝国还要长，它在西方起码持续到 603 年，在东部拜占庭帝国持续至 1204 年。

罗马人还通过另外的方式到达中国。卡莱之战失利之后，至少有一万名罗马士兵被帕提亚人俘虏（中国又称帕提亚人为安息人）。帕提亚当时是一个大帝国，其疆域从美索不达米亚一直延伸至阿富汗。当时这些罗马俘虏可能被帕提亚人收编进了自己的军队，并且被转移到了东方。17 年后，这些人在郅支之战中与中国汉朝的军队展开正面对抗。中国史书称这些士兵组成了奇怪的“鱼鳞阵”，这不禁让人联想到罗马人用于互相保护的龟甲大盾。根据地方传说，这些士兵最后被俘，然后被安置在中国的骊靬。今天，这里的一些人声称他们就是罗马人的“后代”。① 鉴于事件过于复杂，我们也很难就这一说法做出判断，不过有一种可能的解释是，这些士兵只是亚历山大的希腊人的后裔，毕竟他们在中亚的统治已经达数百年的时间（这一事件过去 60 多年后，希腊人在中印边界的最后一个政权才寿终正寝）。不管细节为何，有一件事情是再清楚不过的，那就是古典世界的人们走了很远的路，对这个世界有了更多的理解。这种理解超过了这个星球上的其他任何人，在之后的 1000 年里都无人能够超越。

---

① DNA 测试显示当地人基因混杂，无法证明他们与罗马人有关。

2

世界再发现

人类进入全球探索时代，
从维京人的崛起到麦哲伦的环球探险，
我们星球的大多数地方被联为一体，
构成了现代全球体系。

第 6 章　北方的野蛮人

罗马帝国的衰亡并非源于单一事件。自公元 117 年到达巅峰之后，罗马帝国便开始走下坡路。312 年，君士坦丁改信基督教；395 年，帝国永久分裂，变成了东西两个国家；西哥特人和汪达尔人分别在 410 年和 455 年洗劫罗马；476 年 8 月 28 日，罗马的最后一个皇帝被推翻。至此，整个帝国分裂为 20 余个国家，其中就包括又延续了 1000 年的东罗马帝国。[①]但从很多方面来说，罗马帝国从未彻底消亡。各个分裂出来的王国，例如，西班牙的西哥特人、意大利的东哥特人、北非的汪达尔人以及西欧的法兰克人，与其说是帝国的征服者，不如说是罗马衣钵的继承者。他们继续采用罗马语言，继承罗马文化，信奉罗马宗教。表面上欧洲变成了一个个独立小国的拼接体，但追本溯源，它们的根都在罗马。

我们总认为“野蛮人”是一群好战的游牧者，一心想着征战杀伐，

① 除了说希腊语，这个“拜占庭帝国”在各个方面都自认为非常“罗马”。它甚至一度夺回了意大利，让罗马重新回归到自己的怀抱。早期的俄罗斯统治者通过联姻进入皇室，因此自称为“沙皇”（tsar，俄语的“恺撒”）。后来德意志也宣称与神圣罗马帝国有传承关系，所以其皇帝自称为“恺撒”。

但实际上他们多数不过是过着简单田园生活的乡下人，其中的不少人甚至长期生活于罗马帝国境内。很多人只是想变成罗马的一分子，很多人甚至还在罗马军队中当雇佣兵。有些人反对帝国，有些人则与帝国为友。例如，西哥特人西奥多里克就曾经与罗马结盟，共同抗击烧杀抢掠的匈奴。[①]“野蛮人”和罗马人的技术差距也没有你想象的那么大。数百年间，罗马的技术早已传播到帝国以外。公元前 54 年，尤利乌斯·恺撒西征不列颠，他发现当地已经拥有数百万人口，且已经进入铁器时代。他们已经在使用货币和文字，并且已同地中海有了贸易往来。

北欧人早已制造出了坚固的航海船。1992 年，英国多佛出土的一艘木船，其历史可以追溯到青铜时代，也就是罗马人到达的数百年前。这艘船由橡木制成，全长 30 英尺，可以容纳 12 个船员。公元前 56 年，尤利乌斯·恺撒和维内蒂部落的高卢人在法国大西洋海岸展开较量，据称双方各有数百艘船只参战。恺撒说，维内蒂的战舰比罗马战舰更具有适航性，因为前者用橡木制成，并以“拇指一样厚”的钉子固定，因此更能承受大西洋的恶劣环境。厚厚的船壳让维内蒂的船只更能抵御冲撞（地中海最为常见的海军战术）。此外，这些船只的良好机动性也让罗马人一筹莫展。与此同时，维内蒂战船上的士兵从高高的桅杆上向罗马的大船放箭。这些“野蛮人”给帝国带来了切实的威胁，因此在整个统治期间，罗马都不得不在北海配备一支反海盗舰队。

罗马人从未征服爱尔兰，但一直和这座被他们称为“海伯尼亚”（Hibernia，拉丁语）的岛屿保持着贸易往来。罗马商人曾经到过爱尔兰，而且从那里出土的罗马人装备判断，他们可能还对爱尔兰人开展

---

① 在卡塔隆平原战役中，西奥多里克支援罗马共同抗击匈奴阿提拉，死于疆场。西奥多里克因此被尊为欧洲文明的救星，同时他也是托尔金《指环王》中洛汗国国王希优顿的原型。

过小规模的军事行动。5 世纪早期，当罗马帝国行将崩溃之时，一位名叫帕特里西乌斯的罗马人被爱尔兰海盗掳走并带回爱尔兰，变成了他们的奴隶。数年之后，他设法逃脱并返回了不列颠，成为一位牧师。后来这位未来的圣帕特里克又返回爱尔兰，在当地传播基督教教义。爱尔兰人热情地接受了新宗教，他们的修道院致力于古代希腊和罗马手稿的保护，尽管它们多数都出自异教徒之手。关于这一时期爱尔兰人的旅行，我们可以从一位爱尔兰僧侣的记录中窥得一斑。

圣布伦丹应该比帕特里克略年轻几岁，他大约出生于 5 世纪晚期。他的《圣布伦丹修道院长之旅》目前有多个版本流传于世，[①] 多数都有他出海远航的记载。公元 6 世纪初，他带着 16 名船员，乘坐由木头和牛皮制成的爱尔兰航海船，展开了一趟精神之旅。他们驶入未知之地，自我迷失，并将此视为信仰坚定的证明。[②] 他们一路上发现了众多岛屿，书中说有的岛上有人居住，有的则只有羊群或者狮鹫和天堂鸟等神话动物。这些故事多数都是出于虚构或者对现实的映射，但一些有趣的部分或许也是源于真实的观察。“从火山上扔石头的恶魔”和“冰海之中的水晶柱”听上去说的就是火山和冰山。“沉没的岛屿”或许指的是一头潜水的鲸鱼。电影《约拿》和《辛巴达寻宝记》等经典航海故事片里面也有类似的描述。

我们不清楚圣布伦丹到底有无出海航行，也不清楚他到底去过哪里。他或许去过冰岛，也有可能去过格陵兰岛。有人还说他去的是亚速尔群岛或加那利群岛，这两个群岛虽远在南边，但确实更容易抵达。不管真相如何，人们都对圣布伦丹的旅行信以为真，中世纪欧洲

---

① 此书可能完成于圣布伦丹死后，也可能纯属虚构。中世纪时，此书被翻译成多种文字，并成为欧洲的畅销书。据说哥伦布曾经读过此书并且深受其影响。

② 凯尔特传统认为穿越大洋向西便可到达天堂，因此在托尔金的《指环王》中，“向西”变成了精灵们的主题。

的地图制作者甚至依据他对岛屿的描述绘制了大西洋地图。哥伦布出航时就有一张标注着“圣布伦丹岛”的地图。地图上的该岛位于大西洋，距离则与北美相近。实际上，欧洲人普遍认为大西洋之外存在很多未知之地，唯一的问题是，这些地方到底只是些岛屿，还是亚洲大陆的一部分。

圣布伦丹到过美洲吗？目前没有证据证实他或者其他早期的爱尔兰航海者曾经航行到如此远的地方，况且简朴的僧侣确实也很难给后人留下太多的考古证据，但实际上存在这种可能性。当时爱尔兰的僧侣可能已经到过冰岛，而冰岛距离格陵兰岛海岸仅有不到 200 英里的距离。他们从那里再前进 200 英里左右就可以到达加拿大的巴芬岛，若前进 500 英里更可以到达拉布拉多半岛。时至今日，圣布伦丹协会仿制了这些古船，并验证了早期爱尔兰人到达过美洲的这种想法。1976 年，一位叫作蒂姆 · 塞弗林的冒险家运用 6 世纪初的技术造出了一条长 36 英尺的海船，之后他乘坐这艘名为布伦丹号的船（这艘船看起来像是一根“巨大的皮香蕉”），从苏格兰附近的法罗群岛启航，最后到达了加拿大的纽芬兰。①

但有一队北方的人马的的确确到达了美洲，这就是维京人。793 年 6 月 8 日，维京人突然降临，打了欧洲人一个措手不及。当日，一支北欧突袭队在英格兰北部海岸登陆，之后便对林迪斯法恩修道院中的僧侣展开屠杀，并且抢走了一切值钱之物。一支来历不明的奇兵在和平的宗教场所犯下如此暴力罪行，不仅令整个欧洲为之震动，甚至惊动了亚琛的查理大帝。人们竖立了“末日审判石”来纪念死者。石

① 另一个传说是，西班牙的基督教主教为了躲避摩尔人的入侵，携众跨越了大西洋，在一个叫作“安提利亚”的岛屿上安顿下来。这个岛屿常出现在中世纪的地图上，后来加勒比海的安的列斯群岛以此为名。

头的一面刻画的是挥舞着刀剑和战斧的士兵，另一面则是世界末日的景象。除了“神之愤怒”，中世纪的欧洲人已经找不到任何其他解释。这就是维京时代的开端。

迫于家乡激烈的土地竞争，这些斯堪的纳维亚武夫一直没有停止侵扰欧洲大陆。直到过了 200 多年以后，他们才最终接受了基督教，和当地人同化，并且最终定居下来。他们离开丹麦、挪威以及瑞典的故土，在俄罗斯到冰岛之间的广袤欧洲大地上开拓、掠夺和贸易。他们向南深入地中海的西西里和北非，然后又沿着俄罗斯的河流向上到了黑海。他们建立了众多繁盛至今的社区和王国。这是自古典时代以来规模最大的一次文化交融，而欧洲人也借此机会，第一次跨越了大西洋。

林迪斯法恩袭击之于维京人形象的影响，是其他任何事都不能比的。直到 19 世纪 90 年代，斯堪的纳维亚以外的学者才开始认真评估维京人的技术水平、航海能力以及探索成就。① 和希腊人一样，维京人崇尚个性和好奇心。无畏和勇敢的精神甚至已深入他们的神话：在死亡后，维京人会进入瓦尔哈拉神殿，在那里持续战斗，纵情享乐。任何被杀害的勇士，都会在第二天转世，然后继续斗争（这听上去和地狱轮回差不多）。维京人以其战斗技能为傲，他们对大无畏精神的疯狂执着都包含在一个叫作“狂暴”（berserk）的词中。 这个词源自北方语言，字面意思是“熊皮制的外套”，意喻“变得和熊一样”。

维京人有一个人格化的神殿，其中的许多神都是和不列颠的盎格鲁人和撒克逊人共用的，他们还进入了我们一周 7 天的名称之中。例如，提尔，天空之神（星期二）；沃旦，众神之神（星期三）；索尔，

① 维京人（Viking）的称呼可能源于“vik”一词，意为海洋出口，所以“维京人”的意思就是去往海湾或河川抢掠。这些斯堪的纳维亚的武夫并非一个统一组织，所以各有其名。例如，爱尔兰的维京人就自称是“西方人”，因为爱尔兰位于斯堪的纳维亚以西。

雷神（星期四）；弗丽嘉，主管婚姻与生育的女神（星期五）。[①] 尽管维京人崇尚暴力，但他们生活在一个相当自由的环境之中，起码按照当时的标准来说是如此。维京人内部存在贵族（jarls）、自由民（karls）以及奴隶（thralls）三种阶级划分[②]，但各阶级是混居的，并且都享有一定的法律保护。自由民不如贵族富有，但享有相同的权利和自由，而这意味着维京人是最早拥有了相当规模中产阶级的社会之一。奴隶通常都是那些被掠来的非维京人。尽管是奴隶，但和后来时代的奴隶相比，他们的日子过得并不算艰苦。他们可以拥有财产，可以赎身，而且经常因为品行良好而被奴隶主释放。维京女性通常会依据父命早早结婚，她们也可以继承和拥有财产，经营商业，采取法律行动，甚至还可以同虐待她们的丈夫离婚并得到补助金，对于那个时代的女性而言，这些都是非常显要的权利。

船是维京人文化的核心。维京人死后，经常会将船和自己的所有财产一起下葬，以便于踏上前往瓦尔哈拉的旅程（考古中经常挖掘出满载手工艺品的完整船只）。最为有名的船要数长船，这种船的船身灵动，吃水较浅，特别适于逆流而上，展开攻击。以帆和桨为动力的某些长船可谓非常庞大，它们足足有 120 英尺长，能承载近百人。若要是进行长距离航行或者运送货物，维京人就会使用一种叫作克纳尔（knarr）的深龙骨大帆船。克纳尔船的大小可以和哥伦布的商船相提并论，它甚至比火车的运货车厢更宽更长。维京人要想前往地中海，跨越大西洋，这种船就是首选。维京人会在长船和克纳尔船的前方装一

① 维京人还有一些不为人知的神，例如，滑雪之神乌勒尔。符咒石上的乌勒尔全副装备，摆出一副准备俯冲而出的姿态。

② 所以英语中 enthralled 的意思就是“处于某人的奴役之下”。

个龙头，这么做是为了震慑海怪、邪灵，当然还包括他们的对手。[①]今天我们有很多的海军术语都来自维京人，例如“龙骨”“筏”“右舷”[也就是有方向舵的那边（左舷是指船停靠的一边）]。

远航时，维京人船只的甲板上会挤满人，补给以牛、羊、狗、马等活畜为主。为保证人畜安全，船上禁止生火，因此船上的人只能吃干的、盐渍以及腌制食物。这种无意的行为结果成了维京人的秘密武器，因为大量食用洋葱、萝卜以及酸菜让他们获得了足量的维生素C，因此得以免受维生素C缺乏症（俗称坏血病）的侵害。要知道直到18世纪末期，维生素C缺乏症还是一种让水手们备受折磨的流行病。维京人是专业的航海者，他们会根据太阳、月亮以及星星的位置判断方向。像波利尼西亚人一样，他们也会观察潮汐、波浪、洋流、风、云和鸟等自然现象或动物行为。虽然没有罗盘（当时中国已经发明磁罗盘，但还没有被引入欧洲），但维京人有一种“太阳指南针”，这种指南针可以和日晷一样，根据太阳的角度计算方向。他们可能还使用了一种叫作“日长石”的透明矿物质，利用光的偏振在阴天确定太阳的位置。

公元800年左右，维京人开始走出斯堪的纳维亚故土，四处探险。一开始这还只是断断续续对外侵扰，但随着时间的推移，越来越多的人开始在海外定居。850年，维京军队在英格兰过冬。870年，当和盎格鲁–撒克逊人的斗争陷入僵局之后，丹麦酋长在此建立永久王国，将英格兰一分为二。时至今日，英国东部处于所谓“丹麦区”的城镇，其名称中仍保留有丹麦的印记。最终，克努特国王在1016年统一了英格兰，同时他也是挪威和丹麦的君主。1066年，征服者威廉[②]带领诺

① 为了避免惊吓到某些友善的土地精灵，船头经常是可拆卸的，这就使它们更像是可升降的骷髅海盗旗。很多船都装饰精美，有时候这是为了震慑敌人，有时候纯属个人爱好。

② 在征服英格兰之前，他的名号是并不光彩的“私生子威廉”。

曼人征服英国，将法国血统带入不列颠这个大熔炉之中。当然，诺曼人本身的祖先也是维京人，当年他们曾经沿着塞纳河而上频繁侵扰巴黎，后来为了安抚他们，这群维京人被允许在法国定居。①

往东，维京人跨过波罗的海，在俄罗斯的各条河流之间开枝散叶。他们在这里同斯拉夫人相遇，并强迫他们做河上的纤夫［斯拉夫人叫作 Slavs，英语中的奴隶（slave）一词就是由此而来］。商人沿着伏尔加河一路向下，一直走到了巴格达。当时的巴格达是世界上最富有的城市之一，那里的集市上摆满各种海外的奇珍异宝，有很多商品甚至来自遥远的印度和中国。首领在俄罗斯河流的各个战略要地建立王国，例如，在第聂伯河上的基辅，他们建立了基辅罗斯，1598 年之前，这个王国一直处于留里克王朝的统治之下。基辅罗斯奠定了现代俄罗斯的基础，甚至连“俄罗斯”这个名字都源自维京人。“罗斯”源于关于“桨手”的一个术语。在拜占庭帝国（东罗马帝国的延续），维京人被称为“瓦良格人”。起初，他们沿着俄罗斯和乌克兰的河流而下，劫掠拜占庭控制的黑海沿岸城镇。后来东罗马帝国皇帝将他们招致麾下，于是他们就停止劫掠，摇身一变成为皇家卫队，这就是我们所熟知的“瓦良格卫队”。

往西，挪威的维京人在公元 800 年左右先后定居设得兰群岛和法罗群岛。设得兰群岛就在苏格兰的北部②，维京人在那里发现了资源丰富的渔场和牧场。今天的设得兰群岛是许多小型动物的家园，这里

---

① 845 年，维京人洗劫巴黎，并且索要 5700 磅黄金和白银。此次袭击堪称规模最大的一次，据说是由传奇人物拉格纳·洛德布罗克发动的。

② 设得兰群岛是苏格兰的重要石油产区，但这一状况可能无法持久。1468 年，丹麦公主玛格丽特和苏格兰的詹姆斯三世订婚，这个群岛就是丹麦陪送的嫁妆。但根据订立的条款，丹麦只要付一万克朗，就可以随时收回这一群岛。据说苏格兰在 1579 年销毁了所有的交易记录，但现在丹麦女王声称自己还存有一份副本。如果这是真的，那么在苏格兰争取从英国独立出去的前提下，丹麦就可能支付一万克朗收回此群岛。一万克朗相当于现在的多少钱？考虑到通胀，这笔钱大概是 37 亿美元，这听上去是比较大的数字，但和岛上的石油储备比起来，这还是一个非常划算的价格。

有能生产优质羊毛的矮羊品种，有和大狗一般体型的小马，有迷你的“喜乐蒂”牧羊犬，以及实际上最小的牛（小型牲畜减少了对放牧资源的占用，有利于保护本地的脆弱生态，但出于好胜心理，本地人也在竞相养殖更小体型的动物）。位于苏格兰和冰岛之间的法罗群岛距离更为遥远，和设得兰相比，这里岩石更多，也更加潮湿、阴暗；实际上，这里是地球上最为多雾的地区之一。和以潮湿著称的西雅图相比，这里的日照要少一半，雨天则要多出 60%。这样的气候使得法罗群岛更适合发展渔业而非农业，但这里也有不少小型的羊、牛和马，只是体型要比设得兰群岛的大一号，起码负责测量的官员是这么说的。法罗语是世界上最为接近古代维京语的现代语言之一。

841 年，维京人在离盖尔人聚居地不远的都柏林设立了贸易站，之后便开始沿海岸展开贸易和掠夺。一些人和本地人通婚定居下来，另外一批人则在爱尔兰西方传说的刺激下继续远航。根据英雄传说萨迦的记载，公元 868 年，一个叫作弗洛基的维京人发现了一座很大的岛，他将其命名为“雪岛”，并决定在此过冬。等到春天到来时，他发现这座岛（实际上就是冰岛）比想象中还要温暖，到处都是郁郁葱葱的牧场。在继续往西航行 200 英里并发现格陵兰岛后，他返回挪威并告知众人，冰岛乃是一片适合定居的无人之地。从大约 874 年开始，一群为逃避挪威国王严酷统治的移民涌入冰岛，在雷克雅未克登陆。雷克雅未克因附近有地热蒸汽喷出口而得名，意为有烟的海湾。到 900 年初，冰岛上所有适宜居住的地方都被人占据。

维京人成立了一个由各族酋长组成的委员会来管理纠纷[①]，但由于没有一个像国王一样的中心主导者，冰岛人经常对这个委员会的裁决提出

① 这一委员会成立于 930 年，是现代冰岛议会的前身，也是现存最为古老的议会。起初，委员会负责辩论和通过法律，但这些法律都非成文法，而是由一帮选举出来担任仲裁的“议员”负责维系。如果今天的立法机构也如此运转，你能想象这将是怎样一番景象吗？

异议，而这就不免导致各种暴力冲突和流血事件。例如，红色埃里克就曾涉入此类事件。埃里克因为一头红发和红色胡子而被人称作红色埃里克，982 年左右，因涉及“一系列杀人事件”，他被逐出冰岛长达 3 年时间。事情的起源是他存了几根挪威的精雕木板，准备拿来给自家房子做屋顶，没想到这些木板的归属权出现了争议。据说当时这些木板由一个叫作索尔格斯特的人看管，当房子要建好，埃里克去要木板的时候，索尔格斯特却说这些木板都是他的（这也不是没有可能，传说故事里没有把这事说得很清楚）。后来埃里克直接就把这些木板从墙上拆走了。索尔格斯特回家之后试图追回这些木板，然后双方爆发了冲突，埃里克杀死了索尔格斯特的儿子和其他几个人。嗯，一个奇葩事件。

与人不和可谓埃里克家族的传统，他的父亲因为杀死对头而被逐出挪威，无奈之下带着小埃里克和全家人逃到了冰岛。如今同样的事情又发生在埃里克的身上，因此他决定相信弗洛基的说法，向西而行。埃里克沿着格陵兰岛（世界上最大的岛屿）展开环岛航行，最终在该岛的南部发现与冰岛类似的不冻峡湾和绿色牧场。回到冰岛之后，埃里克宣称自己发现了一块非常适合定居的青翠之地。为了和“冰岛”这样单调乏味的名字形成强烈对比，他不无夸张地宣称（你也可以说是明目张胆的虚假广告）自己发现的是一座“绿岛”。[①] 此时冰岛人刚经历过一场饥荒，确实也有寻找新牧场的打算（反正面上就是这么说的），于是他们跟随着埃里克来到了新世界。

986 年，一支由 25 艘船组成的满载殖民者的船队，从冰岛出发前往格陵兰岛。他们在最适合农业的两个地区建立了定居点（东部和

---

① 由于气候的周期变化，当时的格陵兰岛和冰岛要比现在暖和几摄氏度。位于大西洋中脊裂谷带的冰岛是世界上最为年轻的陆地之一，形成于 2400 万年以前。旁边的格陵兰岛则是世界上最古老的陆地之一，形成于 35 亿年前。

西部)。他们给格陵兰岛带去了牛、绵羊、山羊、猪、鸡、大麦和小麦，过起了欧洲式的农业生活(严格来说，格陵兰岛是美洲的一部分)。他们储备干草以熬过漫长的冬天，用草皮给房屋保暖。在夏天，维京猎手们会沿着海岸向上，捕杀海象获取象牙，猎杀海豹获取肉和脂肪，他们甚至还把北极熊出口到欧洲，供皇家贵族赏玩。维京人还会捕杀鲸鱼(虽然他们的装备比不上因纽特人)，并将独角鲸的长牙贩卖到苏格兰。苏格兰人极度追捧此物，因为他们认为这就是独角兽的兽角，充满神奇力量。因此，苏格兰，以及后来的加拿大和英国，也竞相把这种神兽置于其国王的盾徽之上。

在鼎盛时期，格陵兰岛的居民超过5000人，仅仅考古学家确认存在过的农场就超过400个。罗马给位于欧洲最遥远之地的加达尔村(位于格陵兰岛最南端)指派了一位主教，让他主持这里的一座主教座堂(但实际上是个石头垒砌的小礼拜堂)。贾雷德·戴蒙德曾在《崩溃》一书中指出，维系这一教区的目的无非是证明格陵兰岛人固守着欧洲的精神之根，但其实这是一种严重的资源消耗，因为包括长袍、金高脚杯以及圣酒等宗教用品全部依赖进口。这里的人拒绝采纳更适合本地气候的狩猎技术，他们也明显不喜欢当时最为可靠的食物来源——鱼，这最终导致了整个殖民地的毁灭。但我们也不应该对此苛责。他们在岛上繁衍了近500年，已经算是相当成功了，时至今日欧洲后裔在美国大陆上生存的时间都还没有超过这个数。

从一开始就有很多迹象显示，西边还有大量未被发现的未知之地。早期的开拓者之一比雅尼·赫约尔松在前往格陵兰岛的航程中迷失，不小心向西行进了一段遥远的距离。后来他发现了北美(可能是拉布拉多)，在陌生的海岸航行数天之后才掉头返回格陵兰岛。他说只是在新大陆发现了茂密的森林，其他便一无所知。数年之后，公元1000年，红色埃里克的儿子雷夫·埃里克森带队继续向西探险，他和部下先是到达了一个荒凉的“多岩之地”，这或许就是位于加拿大北极地区的巴芬岛。之后他们向南航行，到达了一个拥有茂密树林的“森林之地”，这或许就是加拿大大陆的拉布拉多。又经过两天的航行，他们最终到达了一片美丽的土地，这里有青翠的草地，河流中有大量鲑鱼，树上结满了葡萄或者浆果（北欧语中这两者都是同一个词），他们将此处称作“文兰”（一说是美酒之地，一说为草原之地）。我们不能确定文兰到底在何处，它可能是位于纽芬兰和新英格兰之间的某个地方。由于已到年末，雷夫和船员便在那里过冬，建立了一个小的定居点。

20 世纪 60 年代，挪威考古学家赫尔格·英格斯塔德和安妮·英格斯塔德在纽芬兰北端的安塞奥克斯草地发现了一个北欧人的定居点遗址。这个定居点规模较大，足以容纳近百人。它由十余座草皮覆盖的木屋组成，其中一个主礼堂长 100 英尺、宽 50 英尺（一个美国职业篮球联赛篮球场的规模）。另外的建筑物则多为作坊和民居，其中包括一座有铁渣的铁匠铺，一座有锯子和木片的木匠铺，以及一座有铁铆钉的修船厂。纺锤和针的存在说明那里有女性生活过，而这意味着那里不只是个冬天的宿营地，而可能是一个永久定居点。灰胡桃残骸则说明这些人已经到过 600 英里以外的加拿大新不伦瑞克，因为这里是灰胡桃树生长范围的最北端。

萨迦里提到，雷夫一行还曾经短暂到达过更往南的地方，这意味着他们可能到达了新斯科舍或者缅因，甚至可能到过马萨诸塞或者长岛。这些描述说明，维京人在北美的探险已经不再是简单的好奇心之旅：这已经是一种在新大陆上开疆拓土的持续尝试。但为什么这种尝试失败了？一方面，从当时的技术水平看，北美的距离实在是太过遥远。格陵兰岛已经算是欧洲影响力所能辐射的最远端，且随时可能和欧洲大陆失去联系，况且格陵兰岛上愿意向西走更远或者有此能力的人也没有多少。另一方面，和格陵兰岛不同，当时北美已经有人居住，而且与维京人相比，这些人更适应当地生活。①

约 1004 年，雷夫的兄弟索瓦尔德带着 30 名船员前往北美。在那里过冬时，他们第一次同当地的原住民相遇。他们看到沙滩的独木舟下有人在睡觉，毫无理由且不由分说地袭击了那些人，杀死了其中的 8 人。有一个人逃脱了，并且（毫不意外地）带着一队人马折返，袭击了维京人的营地。在接下来的战斗中，索瓦尔德被弓箭射杀。索瓦尔德的妹妹菲迪丝虽然有孕在身，但也毅然捡起了死者的刀剑，带领一众男性奋力搏杀。根据萨迦的记载，她这番勇猛的举止成功吓退了北美的原住民。维京人把这些人称作“思科林斯”（Skraelings），这很可能是由“喊叫”（skrækja）一词而来。在维京人看来，这些人说着一种完全“莫名其妙”的语言。②

但这并未能阻止维京人开疆拓土的欲念。几年之后，“勇士”托尔芬·卡尔塞夫尼带着满载补给和移民的三艘船奔向美洲。他们向南而行，到达了一个叫作斯特拉姆峡湾的地方，这个地方可能在今天加拿大的纽芬兰、新斯科舍或者美国缅因州。起初，他们在那里和原住民和平相处，进行物物交换。其间，托尔芬的儿子斯诺里③出生，这个孩子也成为第一个在美洲出生的欧洲人。1014 年左右，又有一批探险者来到这里定居，但在此之后，美洲便再也没有关于维京人的文字记录。但实际上在之后的几百年里，维京人还是会前往美洲，即便不是经常，

---

① 格陵兰岛有因纽特人，但比维京人到得晚，而且维京人的灭亡可能与他们有关。

② 萨迦称维京人俘获了两个原住民儿童并把他们带回了格陵兰岛，DNA 证据显示至少有一个女性原住民被虏获并被带到了冰岛（欧洲的第一个美洲原住民），其后代繁衍至今。

③ 与英语里听上去不同，斯诺里本义指的是力量强大的武士。后来斯诺里·托尔芬森回到了冰岛，成为一名受人尊敬的政治领袖。

起码也是时断时续。美国缅因州原住民遗址中曾出土过 11 世纪晚期的挪威钱币，说明在文兰定居点建立的 100 年后，新英格兰地区仍然有维京人居住。人们还在加拿大北极地区以及分散各处的因纽特人遗址中发现了维京人的手工艺品。目前已知最近的一条关于美洲维京人的记录出现在 1347 年，那篇冰岛语文献称，当时有一支船队，带着一船的木材从“森林之地”返回冰岛。

北美是否还存在更多的维京人定居点？如果有，后来它们都怎样了？它们是很快被遗弃了，还是持续存在了百年甚至更长的时间？我们能否从稀少的考古证据中推断一二？以前多数人都认为美洲人的故事不过是个传说。安塞奥克斯草地是一个相对较新的发现，它之所以能被找到，是因为它位于纽芬兰平原，而原先的建筑就在一个高出来的草丘之上。如果维京人遗址掩藏在缅因海岸的森林之中，那么我们可能永远不会发现它。维京人有可能在美洲生存了很长一段时间，但相关证据要不是被后来的欧洲人抹去，就是还没有被发现。不管怎么说，在找到更多的线索之前，我们最好还是先认定维京人并未在美洲大陆定居很长时间，因为他们既无能力，也无意愿与美洲大陆的原住民和平相处。

小规模的维京人并无人数优势，也无法带来疾病，因此无法像后来的欧洲人那样征服原住民。与单个的欧洲人接触并不能自动传播致命疾病：必须有感染者近距离接触潜在受害者。与几个维京人的零星接触是远远不够的。在哥伦布到达美洲许多年之后，几乎让原住民灭绝的大规模流行病才开始传播开来，当时可是有成千上万的欧洲人穿过加勒比海。维京人也并不具备技术优势。在小规模作战中，几把铁剑并不能左右结果，尤其是当原住民拥有人数优势的时候。

这一点可以从 17 世纪 70 年代的菲利普王战争中觅得踪影。在酋长梅塔科米特（英国人称其为菲利普）的带领下，一支北美原住民联军展开了对殖民者的抵抗，这大概是北美原住民针对欧洲人的最后一次势均力敌的战斗。在一年的时间里，新英格兰地区超过一半的殖民地都遭到了袭击，超过 12 个被夷为平地。数千名欧洲移民被杀（约占总人数的 10%），他们建立的殖民地经济也彻底被毁。一个拥有 50 年历史、人口上万的殖民地，即便是有着欧洲疾病、先进火炮以及本土盟友的护佑，要想在北美海岸生存也并非一件易事，维京人的处境更可想而知。哥伦布在伊斯帕尼奥拉岛建立的第一个定居点于 1493 年被毁。罗阿诺克岛上的第一个英国殖民地在 1587 年遭遗弃。詹姆斯敦和普利茅斯两个定居点在早期几乎被清除，要不是后来陆续有新人涌来，根本无法延续至今。要想在一个新地方建立永久定居点，绝非一件易事。

不仅如此，维京人在格陵兰岛的定居点最后也落得消亡的命运。这主要是小冰期（1300—1850 年）的气温下降造成的。本地的竞争者也起到了推波助澜的作用：因纽特人的财产中有不少维京人的物品，例如梳子、器皿、棋子、铆钉、工具以及其他手工艺品等（当然这些东西也可能是他们通过贸易或劫掠得来，抑或从遗物中捡来的）。另外，非洲新贸易路线上的象牙竞争（导致海象牙失去市场）以及瘟疫也是导致维京人衰落的因素。约 1400 年，一场大流行病袭来，冰岛近半人口被夺去了性命。这场瘟疫甚至还传到了格陵兰岛（这可能是黑死病的余波，当时已经肆虐冰岛）。维京人在格陵兰岛的最后文字证明是 1408 年的一张婚姻证书，一些文物经放射性碳定年法测定最晚出现于 1450 年。当然也有可能一部分格陵兰岛人又在那里坚持了 42 年，也就是哥伦布展开航行的 1492 年。自 986 年欧洲人开始在北美开疆拓土，哥伦布将是他们的新延续。

第 7 章　横跨地球

目前至少有一个维京人北美定居点得到了确认，其他定居点的存在则主要基于推断。尽管萨迦充满奇幻色彩，但其所描述的各类事件却陆续得到了证实。除了维京人留下的痕迹，我们也看到很多其他关于美洲和旧世界可能发生过早期联系的积极线索，只是目前尚无确信的证据。文字记录要么不完整，要么根本就没能保存下来。要想通过考古证明这种小规模联系也非常困难，而且经常发生年代的混淆。从科学的怀疑眼光看，我们尚不能将这些联系看作既成事实。即便如此，有些事情也确实已经有了足够的可信度，而且从时间和概率的角度看，至少一部分是肯定发生过的事实。

最有趣的线索之一便是甘薯。甘薯原产于美洲，早在公元前 8000 年，安第斯山脉脚下的人就在种植这一作物。1532 年，西班牙人到达秘鲁，便把这种作物带回了欧洲，之后西班牙的商人又将其带到了远东。[①] 但有意思的是，虽然甘薯是由欧洲人引介到世界各地的，波利尼

---

① 今天，中国种植甘薯的数量超过了世界其他各地的总和，此外，这种作物也在非洲和东南亚得到了广泛种植。美洲是甘薯的原产地，但现在美洲甘薯的产量仅占全世界的 3%。

西亚人却早在欧洲人到来之前就已经种植该作物，而且是在非常久之前。当年库克船长到达新西兰时，毛利农民手捧着甘薯欢迎他的到来。此外，英国人也在此发现了一排排整齐的甘薯田。新西兰人种植这种作物的历史早已有数百年。[①] 这到底是怎么回事？

甘薯大概是按照与波利尼西亚人相反的方向跨越太平洋的。公元 800 年左右，波利尼西亚人抵达了他们活动范围的最东端——复活节岛。根据考古发现，甘薯也正是在此时出现于波利尼西亚人的聚居区。到公元 1000 年时，位于太平洋正中间的库克群岛上也有了甘薯的身影。有一种解释称，甘薯是从美洲跨洋漂到了一座波利尼西亚人的岛屿，然后又被他们带到了太平洋的其他地方。这种说法肯定是错的。甘薯在水中很容易腐烂，浸泡后根本不能发芽，因此绝不可能跨越万里漂洋过海。另外它们个头太大，鸟也衔不过去。更能说得通的解释是，在欧洲人抵达美洲之前，甘薯就被美洲人乘船带到了太平洋。

椰子树也是类似的情况。椰子倒是能够通过短距离漂流的方式在热带岛屿之间繁殖，但在海上也非常容易腐烂。在欧洲人到达美洲之前，椰子树就广泛存在于太平洋和印度等地，这些地方可能就是椰子的发源地。16 世纪早期，瓦斯科 · 达 · 伽马把椰子从印度带回欧洲，之后椰子才在非洲的西海岸出现。实际上，椰子树广泛却不均匀的分布状态，与人类已知的航海活动有着非常完美的对应关系。当然，这里也有一个明显的例外：在欧洲人到来之前，美洲的太平洋沿岸就已经长满椰子树。[②] 这其实和甘薯的传播大同小异，只不过是方向完全相反而已。这并不能证明波利尼西亚人到过美洲，但从椰子树的分布和

---

① 基因漂变分析证实，波利尼西亚人种植的甘薯是单独引入的（而且时间更早）。

② 更能说明问题的是，凡是人类没有到达的地方，哪怕是再小的水体，椰子树也都没办法穿越。例如，印度尼西亚和澳大利亚。这些地方的椰子树都是后来由人类引进的。

出现时点来看，这个可能性还是很高的，有可能少数人在历经千万里的航行之后到达过这里。

没有任何确凿的证据能证明波利尼西亚人在哥伦布之前就到达过美洲，但是我们确信他们有完成这一壮举的能力。和复活节岛相比，从波利尼西亚人西边最近的定居点到美洲的距离只不过多了 1/3。太平洋上那些星星点点的岛屿都能被波利尼西亚人发现，从南到北几乎纵贯整个地球的美洲就更不可能逃出他们的视线。只要想想跨越千万里大海寻针的难度，我们怎可以怀疑他们发现美洲的可能性？对于任何一个航海者来说，他们要做的无非就是一直向东，然后平安折返。实际上，在漫长的岁月中，波利尼西亚人很可能多次到过美洲。他们留下任何遗迹了吗？恐怕很难。即便是他们中的少数人曾经在这里定居，这些线索也早已归化于美洲多文明的大熔炉之中。

美洲原住民也可能是通过其他方式到达美洲的。这一理论是由挪威的探险者兼冒险家托尔·海尔达尔于 20 世纪中期提出来的，但由于后来的语言、基因及考古证据，如今这一说法已经失宠。我们通常会认定美洲原住民不熟悉航海技术，即便懂得一二，也不过是制造独木舟的水平。这可能并非事实。美洲原住民是旱鸭子的这种刻板印象，实际上是后来才有的。德国植物学家阿德尔伯特·冯·查米索在 1815 年对美洲社群的基础性调查中声称，“美洲人向来不是一个航海的族群”。这一判断形成了极为深远和决定性的影响，那些后来移民到美洲的人更是对此深信不疑。实际上，查米索时代的原住民船只已很难让我们见识到真正的历史，我们不应该以此为据，认定美洲原住民自古就不懂航海。当欧洲人到达复活节岛时，岛上居民已经完全失去了航海能力，但他们的祖先可是漂洋过海千万里才到达那里的。

这种偏见的部分根源在于原住民建造船只的类型，例如航海筏。

其实“筏”这个词可能给人带来某些错误的印象。如果你知道他们的筏是平底帆船，足有 90 英尺长、30 英尺宽，能装下好几头成年大象，那么你也许会对这种“筏”有一个更为真切的理解。在现代，冒险者曾多次使用筏式设计的航海工具横渡大西洋和太平洋。一些南美木筏上还有遮挡板，可以生火做饭，能够在海上停留数周。事实上，在陆地见面之前，西班牙人早就在海上和印加人相遇。1526 年，一艘执行侦察任务的船只从巴拿马出发沿海而下，突然发现一艘大船正在靠近，这让他们倍感惊讶，因为当时的这片海域尚无欧洲人的踪迹。[①] 西班牙人截获了这艘船，并把几个船员当人质抓了回去。据他们描述，对方船只的大小和他们的船只相当。整艘船由圆木捆绑而成，上面铺有木制甲板，坚固的桅杆上挂着宽大的帆。

这些类型的海洋筏在南美的太平洋沿海很常见。这样就连数百英里之外的加拉帕戈斯群岛也进入印加人的活动范围。印加人没有文字，但 1572 年，一位叫作佩德罗·萨米尔恩托·德甘博亚的西班牙人在寻访众多当地健在原住民的基础上，汇编了一部较为完善的印加人史。这本书记载了 100 多年前印加皇帝图帕克·尤潘基[②] 的一次航海旅行。按这个故事的说法，当时有一批来自西方国外的陌生来客，他们声称海洋里有很多满是金银财宝的岛屿。图帕克·尤潘基早有扩张图谋，于是他下令组建一支舰队，带着两万名精兵强将向西方大洋进发。据记载，他们到达了“数座岛屿”，之后满载着金银财宝回到美洲。

印加人到过加拉帕戈斯群岛甚至更远的地方吗？我们没有确凿的证据，但从他们掌握的航海技术推断，这是非常有可能的。加拉帕戈斯群

---

① 这艘西班牙船是在巴拿马海岸建造的。13 年前，西班牙人第一次抵达了这里。

② 说唱歌手图帕克的名字就源自末代印加皇帝图帕克·阿马鲁，后者因领导对抗西班牙人的起义而被处决。

岛一直无人定居，但考古学者却在那里发现了瓷片和长笛，这些都可能是印加人留下的遗物。故事中的外国人也颇引人遐想，因为当时波利尼西亚人显然有能力从西方到达南美洲。实际上，这两种文化相距咫尺之遥，而且双方都拥有航海能力，因此我们几乎可以肯定地说，波利尼西亚人和南美人必然有过交流，哪怕这只是一种有限的交流。

托尔·海尔达尔则更为激进，他提出波利尼西亚人不是起源于亚洲，而是起源于美洲。第二次世界大战期间，海尔达尔参加了家乡挪威的纳粹抵抗运动，战争胜利后他决定发挥余热，展开了证明古代人可以穿越大洋的环球之旅。1947 年，托尔和 5 个同伴一起前往秘鲁，并根据古代印加人的设计图制造出了一艘名为康提基号的航海筏。之后他们仅运用印加人时代的技术乘筏出海，历时 101 天，穿越 5000 英里，从南美成功抵达波利尼西亚。出乎他们所料的是，康提基号非常机动灵活，而巴尔沙原木下集结成群的鱼为他们提供了足够的食物。这次远航引发了全球轰动，并衍生出大量的书籍和电影。除此之外，它还引发了战后的太平洋狂热，如迈泰酒、鸡尾酒伞和提基火把等具有太平洋元素的事物都备受追捧。

海尔达尔提出了波利尼西亚人西进定居理论，但后来的证据证明这是错误的。尽管如此，他还是用行动证明，早在欧洲人到来之前，美洲人就与外界存在联系，这不仅是可能的，而且也是可行的。20 年后，他又在大西洋上演了同样的壮举。在非洲中部乍得湖的一位传统造船师的帮助下，他根据古埃及的绘图，用纸莎草制造出一条船，并以埃及太阳神 Ra 的名字命名。这艘船船体宽大，捆包结实，非常适于航海。海尔达尔从摩洛哥海岸出发，带着一众 7 人向美洲方向进发。在海上航行数周之后，太阳神号开始进水。在航行了 4000 多英里之后，太阳神号最终毁于狂浪和风暴之下。船员在距离加勒比数百英里之外的海域弃船逃生，所幸被一艘经过的游艇搭救。事后他们发现在设计船只时忽略了埃及航海船的一项关键设计特征：一根能支撑船头保持在水面以上的绳索。

修正了这一缺陷之后，太阳神 2 号船于第二年再次从摩洛哥启航。他们在大西洋对岸的巴巴多斯岛登陆，令这次航行取得了圆满成功。海尔达尔再一次向世人证明，只需要运用简单的技术，古代人就能够跨越世界上最为凶险的大洋。尽管没有任何证据显示埃及人对横渡大西洋充满兴趣，但康提基号和太阳神号向我们展示了各种可能性。如果连埃及人和印加人都有跨越大洋的能力，那更富航海经验的波利尼西亚人、腓尼基人以及希腊人也肯定能实现这一壮举。

跨越大西洋和太平洋的早期接触可能并不止此，但除非我们找到可靠的考古或其他证据，否则我们就不能就何时、何处以及是否发生过接触等达成共识。尽管如此，我们确实也掌握了不少线索。例如，加利福尼亚的丘马什人和南美洲的马普切人都造出了复杂的缝板独木舟（sewn-plank canoe）。这些船明显有别于美洲其他类型的船只，但极度类似于波利尼西亚人航海技术巅峰时期的船型。美洲，尤其是智利沿海的奇洛埃岛上还出土了很多与波利尼西亚人的用品类似的工具、斧头、土制烤箱和渔具，该岛正是马普切人的聚居地。在距离波利尼西亚岛屿（复活节岛）仅有 2000 英里的岛屿上发现与波利尼西亚相仿的技术，这难道仅仅是一个巧合？

这里还有一些暗示存在文化交流的语言线索。奇洛埃岛人将缝板独木舟叫作“kia lu”，这个词可能来自波利尼西亚语中的“tia lao”，这两个词分别表示的是“缝”和“长”；该词也可能来自夏威夷语言中的“kialoa”，指的是一艘又长又轻快的船。类似地，奇洛埃语言中的斧子叫作“totoki”，这几乎等同于复活节岛人口中的“toki”。这种语言联系是非常有趣的，因为在咆哮西风[1]的直接作用下，奇洛埃岛是波利尼西亚人最容易到达的美洲陆地。实际上，奇洛埃岛人很可能是波利尼西亚人和南美人融合后的结晶，这种融合即便不是基因上的，起码也是文化上的。甘薯也能显示出这种语言上的联系。我们已经知道，甘薯源自美洲，但在欧洲人将其带回旧世界之前，波利尼西亚人就已经开始种植这种作物。在波利尼西亚文化中，甘薯的说法是从"kumala"这个词延伸出来的，例如，夏威夷人把它叫作"uala"，毛利人和复活节岛人则称其为"kumara"，这实际上和克丘亚语[2]的"K'umar"非常类似。看来，如果甘薯真的是自己从美洲漂过去的，那它们肯定是带着配乐出的海，否则对面的人怎么能知道它们叫什么。

还有基因方面的线索。波利尼西亚人在太平洋上穿梭时，会带上可提供肉食和下蛋的鸡。按说在欧洲人到来之前，美洲是不应该有鸡出现的，但 2007 年的一项研究通过放射性碳定年法测定，智利一堆鸡骨头的历史可追溯至欧洲人到来之前的 1304—1424 年。这些骨头都是在太平洋沿岸发现的，因此这很可能是波利尼西亚人的留痕。实际上，这些鸡的 DNA 序列与同一时期萨摩亚、夏威夷和复活节岛上的鸡完全吻合。不过，放射性碳定年法并不完美，因此这还不能成为定论。在人的方面，一些研究在美洲发现了波利尼西亚人的类似基因，也在波利尼西亚发现了南美人的基因，但这些研究都还有争议，尚无任何定论。

早期接触之所以很难确定，部分源于我们对哥伦布到来之前的美洲缺乏非常清晰的认识。美洲原住民几乎都没有文字，等到欧洲人到来之后，他们又大量灭亡。我们现在的所知，要么源于数量稀少的考

---

① 在南半球副热带高压南侧，在南纬 40 度至 60 度附近，有一个环绕地球的低压区，常年盛行五六级的西风和四五米高的涌浪，这就是人们通常所说的南半球西风带，也称"咆哮西风带"。——译者注

② 印加人说克丘亚语，时至今日南美人仍然在使用这种语言。

古证据，要么源于欧洲人充满严重偏见的描述。早期的西班牙人通常都会美化他们的征服、奴役以及强迫宗教皈依等行为。“白人上帝”神话就是此类描述的一种。据说，科尔特斯和他的随从被阿兹特克人当成了羽蛇神的化身，他们登陆墨西哥那年恰好是该神回归之年。在秘鲁，皮萨罗和他的手下也同样被印加人当成了创世之神维拉科查的化身。两个故事的相似性到了令人震惊的程度：羽蛇神和维拉科查都被（起码是被西班牙人）诠释为身材高大，留着胡子，白皮肤、蓝眼睛，从大洋彼岸回归的神。

此类故事的某些版本异常详细。据说此前羽蛇神就身着粗劣黑色外衣，跨越大洋而来。此神是一位道德良师，他颁布新法，竭力禁止活人献祭。他还引入各种各样变体的洗礼和忏悔。按照西班牙人的说法，早在天主教到来之前，这些仪式就已经在美洲普及。后来另一个神灵威济洛波特利的信奉者出来反对这位外来羽蛇神，于是他就穿越东大洋逃往梦想之乡土，但在此之前他也预言，他的白人兄弟终将回来征服墨西哥。按照预言，羽蛇神应该在阿兹特克一年 365 天和 260 天两种历法的交汇之年（每 52 年出现一次），也就是一芦苇年（1-Reed）回到这里。然后这一切真的如期发生了，科尔特斯到来的 1519 年，正好就是一芦苇年。

这种极度的巧合，充分说明这些故事是完全或者部分出于西班牙人的臆造。种种细节实在是太过于投机取巧。当然，故事中的部分要素也有可能是从某些非直接的跨洋接触中发展出来的，例如，维京人与美洲人的早期接触等，然后它们以半神话传说的方式在美洲传播开来。有趣的是，在多数西班牙人的故事里，外来神都是金发碧眼的样貌，但这实际上根本不是西班牙人的样貌，反倒符合维京人的典型特征。羽蛇神穿着斗篷这种描述也更符合中世纪时期维京人而非当时西班牙人的穿衣风格。

或者除了维京人之外，还有其他人到过美洲？我们知道，旧世界的民族之中，从埃及人到爱尔兰人，都拥有跨越大洋的航海能力。尽管我们不能因此就确定他们到过美洲，但考虑到几千年的时间跨度，我们也很难说这种事情绝不会发生，哪怕它们并非出自本意。从欧洲南部出发，一艘船凭借着盛行洋流，仅需几个月的非自然漂流就可以到达美洲。若是再加上盛行风的助力，跨越大西洋也就是几周时间的事情（哥伦布用了 29 天）。从佛得角出发，跨越大西洋的距离不过区区 1600 英里，远小于波利尼西亚人在太平洋上的常规航行距离。一旦你起航向西，就很难错过那条从南到北横跨整个地球的大陆线。

如果帆船在风暴中失去桅杆，那么即便在船员没有足够供给储备的情况下，它还有没有可能漂到对岸？哥伦布的记述表明，他之所以要去探险，就是因为他在欧洲海滩上看到了“来自彼岸”的雕花浮木和其他来自人类的漂浮物。反过来说，有没有可能有整艘船只，是弃船也好，或是带着死里逃生的船员也好，被吹向大洋彼岸？等到着陆之后，这些船员可能根本无法修复船只，因此只能逐渐消失于美洲的大熔炉之中，只留下一些让人津津乐道的故事。

旧世界和新世界的早期接触是否确有其事？我们不能确定。波利尼西亚人和南美人很可能有过接触，但在跨大西洋接触方面，除了维京人的一些有限交流，其他的我们也都不是很确定。我们顶多能说，虽然没有持续的明显接触，但短暂和偶然的接触却颇具可能性，甚至可以说可能性非常高。这可能永远是一个解不开的谜。正如我们从历史中所见，人类的活动深度远超我们通常的想象，只是他们并非总会留下旅行的痕迹。在缺乏有力证据的情况下，我们必须对细节保持怀疑态度，但也要拥抱各种可能性。

第 8 章　印度洋的荣光

我们现在转向位于世界中心的另一片海洋（在拉丁语中，“地中海”等于“地球中心之海”）。和拍打着希腊与罗马的地中海相比，这是一片面积更为广阔，历史更为悠久，而且从某种意义上也更具重要性的海洋。从古代起，印度洋便是一个连接通道，众多令地中海也望尘莫及的繁荣文明在此交汇，非洲、中东、印度、中国以及东南亚的奢侈品、技术和思想通过这片大洋相互联通。尽管欧洲最终崛起并实现了对世界多数地区的探索和征服，但在 5 个世纪之前，欧洲人对这一区域仍谈不上有清晰的认知。西方人对印度洋的一般性认知都来自瓦斯科 · 达 · 伽马的探索之后，但实际上，在被葡萄牙人“发现”之前，这一区域的民众早已是驰骋了数千年的航海能手。

事实上，从很多角度来看，印度洋才是世界真正的中心——一个把中世纪欧洲排除在外的中心。正是这种排挤导致了大发现时代。对于一个印度的航海家而言，瓦斯科 · 达 · 伽马和哥伦布的航行其实毫无意义。印度人根本不需要这样的旅行，因为他们一直生存于此，只有欧洲人才会对这里垂涎欲滴。和落后的欧洲相比，当时的亚洲实在是太过于富足，因此为了达成贸易，欧洲各国只能绞尽脑汁寻找能让亚洲人愿意购买的商品。欧洲人经常动用武力展开掠夺，不仅仅是因为他们有这个实力，也是因为他们实在没有可以对等交易的物品。这正是 1840 年中英鸦片战争的根源所在。中国人对英国商品毫无需求，因此英国人只能以武力打开中国市场，以低价的印度鸦片换取中国价值连城的丝绸和瓷器。当瓦斯科·达·伽马到达印度时，他只能用一些不值钱的欧洲小玩意儿换取香料。等这位探险家回国后，葡萄牙国王曼努埃尔一世对欧洲的相对贫困发出如此感叹："不是我们发现了他们，是他们发现了我们。"

自文明之初，印度人、阿拉伯人、非洲人以及此地区的其他人便开始在印度洋上游历。古代苏美尔人驾驶着与古代埃及大同小异的船只，沿两河流域及波斯湾运送谷物、陶器、铜、锡、枣和珍珠等货物。不久之后，中东及印度特色的船只开始担负起美索不达米亚、印度哈拉帕文明（公元前 2600—公元前 1900 年）、建造金字塔的埃及古王国之间的三方贸易。印度洋的海面相对平静，因此比大西洋和太平洋更容易航行。此外，稳定的季风也有助于开展贸易，船只可以在夏季向东航行，冬季向西航行。

印度洋贸易主要使用的是单桅三角帆船，这是一种木质货船，时至今日，从非洲到印度尼西亚的大片区域仍在使用这种航行工具。单桅三角帆船起源于 2000 多年前的这一区域，其所带来的一系列创新后续都被欧洲航海船借鉴。借助于翘起的船身和尖利的船头，即便是在波涛汹涌的海上，单桅三角帆船也可以具备卓越的操控性能。三角形帆则让船能够迎风而行。早期的单桅三角帆船使用棕榈叶编制而成的帆，改用高质量的印度或埃及棉帆之后，船的性能再次得到提升。尽管设计新颖，但使用棕榈纤维绑成的木板，我们便可以轻易搭建一艘单桅三角帆船。欧洲人见到这种船时倍感惊叹，他们没想到不用钉子或铆钉也能制造出适合航海的船。实际上，这种木板遇水后会膨胀，船身因此会捆绑得更紧。

为了主导对海洋贸易路线的话语权，欧洲人竭力压制印度洋的航海史的流传，但很多信息仍然被保留下来。当葡萄牙人到来时，非洲东海岸已经满是繁荣的城邦。依托于天然良港，这些城邦都变成了外国货物的集散地，吸引了大量从印度、阿拉伯乃至从中国远道而来的商人。他们中有很多人都留在了本地，并且和本地女性通婚。时间一久，一种包含了大量阿拉伯语及印地语衍生词语的斯瓦希里语（东非使用最为广泛的语言）诞生了，而“斯瓦希里”文化也在此基础上逐渐发展起来（事实上，“斯瓦希里语”源自阿拉伯语中的“海岸线”一词）。索法拉、蒙巴萨、马林迪及其他非洲贸易站逐渐发展为大型城市。1331 年，知名旅行家伊本 · 白图泰到访东非的基尔瓦城（今坦桑尼亚），据他描述，这座城市里耸立着高大的宫殿，更有数不尽的金碧辉煌的建筑。尽管希腊人和罗马人可能早就知道这些城市的存在[①]，但当瓦斯科 · 达 · 伽马在 1497 年到达这里时，这位葡萄牙人还是大吃一惊。

贸易网络深入非洲腹地，黄金、象牙、矿产以及其他产品陆续从大津巴布韦等内陆城市运抵东非港口。大津巴布韦距离海岸线数百英里，是一座拥有上万人口的大型城市，整座城池被 20 英尺的高墙围绕，内部的皇家宫殿鳞次栉比。早期的葡萄牙探险家多有对这座城市的记录，但在数十年的时间里，实行种族隔离政策的罗德西亚政府却一直不承认非洲人也能建造出如此繁华的一座大都市（罗德西亚）。现代津巴布韦建立后，这座城市的遗址被确认为国家纪念地，而津巴布韦也

---

① 《厄立特里亚海航行记》堪称一本写给希腊人的印度洋游历指南，此书已经有 2000 多年的历史。书中记载，东非最南部的港口已经到了莫桑比克，也就是马达加斯加对面的赤道以南地区。

从一个城市的名字变成了一个国家的名字（大津巴布韦的“大”字把首都同该地区的数百个城镇区分开来，它们统称为津巴布韦，都是津巴布韦王国的组成部分）。

在东方，印度的水手们自古代起便在不断完善航海技能。旃陀罗笈多（公元前322—公元前298年在位）抓住了亚历山大大帝留下的权力真空统一了印度次大陆，他成立海军，并与海外建立了贸易关系。他的孙子阿育王（公元前273—公元前232年在位）在马尔代夫建立了定居点，并向欧洲和中国派遣外交使节。印度航海者很早就采用天文导航，同时也是精细化航海地图的开拓者。印度人经常到访埃及，并在卢克索神庙留下了泰米尔语和梵语的铭文印记。仅在老普林尼的记录中，印度外交使团就至少4次前往罗马帝国。除此之外，在罗马境内，印度商人也是很常见的一个群体。[①]

海上贸易带来的不仅是贸易，还有思想。佛教起源于古印度，后经印度和斯里兰卡航海者传到了东南亚。这就是印度尼西亚、马来西亚和泰国同印度及斯里兰卡在陆地上并不连接，但在文化上保持血脉相连，且拥有同样语言和建筑的原因。贸易还把新的烹饪方式带到了邻国，这就是为什么印度香料和咖喱变成了印度尼西亚、马来西亚以及泰国菜的基本元素。印度变成了世界的商业中心，西至欧洲，东到日本和中国，所有旧世界的货物都在这里交汇，印度也因此日趋富庶。大量的外来商品不断涌入，外国人根本无法分清楚各种货物的原产地。欧洲人是奔着“印度”来买香料的，但他们不知道，绝大多数香料根本不是产自印度，那里只是香料的交易之地。

尽管像胡椒等确实产自印度，但多数香料都是由船员从更遥远的

---

① 印度与罗马交流的一个例证是，他们的一周7天有着相同的含义。例如，罗马的星期一至星期天分别是月亮日、火星日、水星日、木星日、金星日、土星日、太阳日，印地语中也同样如此。

东方带来的。他们沿着所谓的肉桂之路，从印度尼西亚带回肉桂、丁香、肉豆蔻、肉豆蔻皮等多种香料。印度尼西亚群岛是这些香料的唯一产地，也是这条万里贸易路线上的第一环。从罗马帝国一直到中世纪，香料正是沿着这一路线，最终被端上了富有的欧洲人的餐桌。在这一路线上驰骋的是一群东南亚航海者，之前我们已经提到，他们是太平洋波利尼西亚人的表亲，掌握着类似的航海技术，并且在很久之前就能够穿越印度洋，最远曾航行至马达加斯加。到公元 400 年左右，印度教、佛教和梵文书写从印度传到东南亚[①]，逐渐与当地传统和语言融为一体。

高超的航海水平推动了香料贸易。就在几个世纪之前，肉豆蔻皮、丁香以及肉豆蔻等香料的产地还仅限于东印度尼西亚的一小片岛屿（班达群岛和马鲁古群岛）。为了抬高价格，这些香料的出口受到当地酋长的严格限制。后来陆续有海上帝国崛起，控制了这里的贸易路线。众多的海洋帝国中，以三佛齐和满者伯夷最为重要，它们都是政治上各自独立的海上强权（类似于腓尼基或者古代希腊）。尽管这些国家未必自己生产香料，但在阿拉伯和欧洲人到来之前的数百年间，三佛齐和满者伯夷是万里贸易路线第一环的实际掌控者。后来的外国征服者抹去了大部分历史记录，因此在很长一段时间里，多数人并不知道曾经存在这些帝国。

三佛齐基本算是一个佛教帝国，崛起于公元 7 世纪，当时正是香料需求日益兴盛之时，印度尼西亚也因此逐步走向繁荣。如今，我们

① 梵文类似于印度和东南亚的拉丁文。它仍在宗教及仪式中使用，但极少用于交流。尽管如此，梵语仍然是印度的 22 种官方语言之一。作为一种本地区的广泛共通语言，梵语曾经在历史上扮演重要角色。

仍能从爪哇恢宏的婆罗浮屠寺庙中感受到该国的昔日辉煌。[①] 婆罗浮屠是世界上规模最庞大的佛教建筑群，这里的 2672 块雕刻详细描绘了佛教的宇宙世界（也就是宇宙的诞生、存在及毁灭）。随着时间的推移，三佛齐衰落并最终被满者伯夷取代。作为一个佛教、印度教合一的帝国，满者伯夷有一段颇有来历的起源。1292 年，中国元朝皇帝忽必烈派使者到此“邀请”爪哇向元朝进贡。爪哇人拒绝了这一要求。但拒绝一位可汗的礼貌要求，从来不是一个明智的决定。被激怒的忽必烈于是派出由 1000 只船组成的舰队讨伐爪哇，演绎了一次中国历史上规模最为庞大的远程海上行动。满者伯夷先是归顺蒙古大军并帮他们讨伐敌军，但后来又反戈起兵，以一次奇袭夺回了对爪哇的控制权。

满者伯夷最终控制了该地区的大部分贸易。作为东南亚历史上最大的帝国，满者伯夷定义了现代印度尼西亚的疆界。如今的印度尼西亚是世界上人口第四大国家，其疆土横跨 3000 英里，包含两万多个岛屿。1324 年左右，意大利修道士珀德农的鄂多立克到访位于爪哇的满者伯夷宫廷，受到了当地人的热烈欢迎。后来他把这强大的王国及其宽广的海上网络写入自己的游记。[②] 满者伯夷同中国保持着外交联系，1405—1433 年，郑和下西洋期间曾多次到访该国。大约在同一时期，因利润丰厚的香料生意慕名而来的阿拉伯商人将伊斯兰教引入满者伯夷，使得此宗教在帝国内广泛传播。不久后，满者伯夷衰落，其大部分领土被新加普拉（今天的新加坡）、马来西亚以及苏门答腊的新穆斯林君主分而治之，另外一些小块的地方则在一个世纪后变成了葡萄牙和荷兰的

---

① 爪哇岛是世界上人口最多的岛屿，也是印度尼西亚的主岛（但不是面积最大的岛屿）。咖啡的俗名便起源于此。

② 鄂多立克显然是乘坐中国宫廷所提供的船只前往这里的。他在马可·波罗之后到达中国，并受到了热情款待。他沿途可能也去过菲律宾，这要比麦哲伦早 197 年。因此他是第一个抵达东南亚此处的欧洲人，当然，有可能之前希腊人或者罗马人就曾到过这里。

殖民地。

这就要说到阿拉伯商人的崛起。在欧洲人于16世纪早期到来之前，阿拉伯人几乎垄断了印度洋上的贸易。我们之前已经提到，中东人从一开始就介入了此间贸易，只是在632年伊斯兰教崛起之后，他们才以积极姿态开展商业活动。穆罕默德本人就是一位跟随商队在阿拉伯世界四处旅行的商人。因此，在伊斯兰教中，贸易一直具有重要地位。尽管伊斯兰世界很少处于统一状态，但富有冒险精神的商人却在这片穆斯林统治区域内享有不同寻常的流动性，他们的足迹从摩洛哥一直延伸到中国的边界。

按照伊斯兰教的要求，每个穆斯林在有生之年都要前往麦加朝拜一次。这样的规定也推动了贸易的发展。对于中世纪世界的人来说，这可是一种前所未有的聚会，因为它让那些本来永不会相遇的人相遇，把远在东南亚和西班牙的朝圣者聚到一块。通过这种方式，每年都会有数百万穆斯林踏上漫漫旅途。但可能没有任何人的旅行能和伊本·白图泰相媲美。1325年，年仅21岁的白图泰离开摩洛哥踏上朝圣之旅，而这一走就是25年。由于一切都不是出于事前的计划，因此我们猜想，在他于1/4个世纪后重新现身之前，白图泰的双亲肯定认为他早已不在世间。伊本·白图泰可能是世界上走得最远的人，他的旅行距离超过7.5万英里，相当于绕行了地球三圈。

伊本·白图泰的旅行动机是什么？他解释说，这是一种了解世界的无休止欲望。他的旅程变成了一种精神追求，而且按照他给自己定下的规矩，只要他到一个不同的地方，能认识到新的东西，那就绝不走回头路。伊本·白图泰不是一个商人，而是一个穆斯林法官，他一路上都靠自己的技能求生，但穆斯林的好客传统也让他受益匪浅。无论他走到哪里，当地人都会向他求教或求助。在麦加，一个人请求他给在印度和中国的穆斯林兄弟带去祝福，令人难以置信的是，在跨越了千山万水之后，他真的帮这个人实现了愿望。后来，各国的统治者知道他见多识广，也纷纷向他请教。他们想知道邻国人的生活状态、最新的治国思想、技术、时尚以及潮流都是什么样子。

伊本·白图泰游历了中东、俄罗斯、阿富汗、印度，最后到达中国。其他阿拉伯人也曾经到过中国，实际上，当时很多水手就住在中国的一些南方城市之中。伊本·白图泰记述了中国宏伟的城市、运河、船只以及先进的技术，但他也说自己头一次在如此遥远的地方产生了不适感。于是他最终返程，回到了摩洛哥的家乡。但这次停留也不长久，几年后他就再次出门，踏上了穿越非洲的旅程。这次旅行中最引人瞩目的是马里帝国的首都廷巴克图，这座城市是欧洲和非洲之间的商队货物中转站，因此异常富庶。事实上，当时该国的国王曼萨·穆萨被认为是历史上最富有的人。他经过通货膨胀调整后的财富，起码是杰夫·贝佐斯的三倍。据说当穆萨前往麦加朝圣时（1325 年，即伊本·白图泰前往麦加的同一年），他浩浩荡荡的队伍中有 1.2 万个身着丝绸的奴隶，而他的驼队携带的黄金，足以让沿途国家的货币贬值 10 年。

离开马里后，伊本·白图泰沿着尼日尔河行进（欧洲人在 400 多年后才有如此举动），并在河中发现了河马。古书中曾有过关于河马的记载（hippopotamus 在希腊语中就是“河中马”的意思），但在非洲以外，这种动物并不为人所熟知。和后来的欧洲探险者一样，伊本·白图泰也认为尼日尔河是尼罗河的一条支流，甚至认为它就是尼罗河本身。因为这条河是流向埃及所在的东部方向，而且两条河里都有河马。但实际上，尼日尔河在下游急转掉头向南，与尼罗河相距不止 2000 英里。在富裕的西非城市游历了数年之后，伊本·白图泰奉摩洛哥苏丹的命令回到故土，并向后代子孙口述了他的旅行见闻。这些见闻经过整理后，便构成了我们所见的《伊本·白图泰游记》。这本游记为无数的伊斯兰图书、电影、诗歌甚至视频游戏带来了创作灵感，“伊本·白图泰”也变成了职业旅行者的一个代名词。[①]

伊斯兰教不仅有旅行传统，更有根深蒂固的航海传统。这一点从辛巴达寻宝的故事中便可见一斑。这是一个有着奥德赛风格的经典海上冒险故事，齐备了恶劣风暴、异域风情、神奇生物以及伪装成岛屿的巨型鲸鱼等元素。这个故事最早出现在《一千零一夜》中。话说有一个疯狂的苏丹，每天都会娶一个新妻子，然后在第二天早晨将其杀掉。后来这位苏丹迎娶了一位名叫谢赫拉莎德的女子。新婚之夜，谢赫拉莎德给苏丹讲了一个令人着迷的故事，但故意没有把结局告诉他。苏丹非常好奇故事的结局，便没有杀死她。第二天晚上，谢赫拉莎德讲完了故事，但又马上开始讲另外一个故事，苏丹又不得不再次延迟她的死期。如此循环往复，谢赫拉莎德就连续讲了 1001 个晚上，讲了 100 个故事（最原始的悬疑连载系列）。[②]

伊斯兰教诞生后不久，阿拉伯的水手们便开始驶出中东，进军印度洋上的贸易路线。仅用了几个世纪，阿拉伯商人就成为贸易沿线上一个常见群体。他们的足迹甚至深入到了中国，早在欧洲人到来之前，清真寺就已经遍布中国的沿海港口。印度洋上的阿拉伯人以简易但坚固的单桅三角帆船为主要航行工具，2000 年间几无变化。他们在印度洋沿岸的各个港口修筑工事，建立商会，与当地权贵展开条件优惠的贸易谈判。当时阿拉伯人在印度洋上的地位实在是太过显耀，所以当瓦斯科·达·伽马航海前来时，他都要带上会说阿拉伯语的犹太人翻译。

---

① 位于迪拜的伊本·白图泰购物中心也因他而得名。这是世界上最大的主题购物中心，里面的各个部分以白图泰游历过的国家或地区命名，例如，埃及、印度、中国、安达卢西亚、波斯和突尼斯等。

② 其他你可能知道的《一千零一夜》故事还包括“阿里巴巴和四十大盗”“阿拉丁神灯”。

事实上，当哥伦布抵达新世界时，当地人不会说阿拉伯语这件事已经让他有了非常不好的预感，因为这意味着他还未发现亚洲的贸易路线。

欧亚之间有一条陆路贸易线路，即丝绸之路，然而相比之下，从印度洋到红海再到埃及的这条海上线路的效率更高。当来自亚洲的货物在埃及卸下，它们便会在几天之后经陆路运抵亚历山大，在那里的威尼斯船员则会将这些货物分发到欧洲各处。这种贸易使得威尼斯变成了欧洲最为富有的国家，但相对于横跨了近半个地球的整个贸易网络来说，这只不过是其中的最后一环。与此同时，欧洲人还没有搞清楚他们所追捧的这些丝绸和香料到底来自何处。我们今天肯定会感到纳闷，为何在超市花几美元就能买到的厨房香料，曾是世界经济的主宰，导致了众多国家的兴亡。香料为何如此重要？它们真的不是为了掩盖腐肉的臭味（有人经常做此种假设）。这更多地关乎声望，反映的是中世纪那种在被遗忘的世界边缘默默无闻生活的单调。从异国风味的美食中，欧洲的贵族们会短暂回忆起那些过往的荣耀，那些希腊和罗马时代穷奢极欲、大杀四方、傲立于世界舞台中央的辉煌。

按照我们今天的标准，中世纪欧洲的烹饪往好里说也是非常奇怪的。他们的食谱往往会混合任何可用的香料，创造出与现代口感完全不协调的口味搭配。他们的香料无奇不有，既包括我们今天所知的所有品种，也有诸如“木乃伊香料”这种神奇之物。这真是用碾碎的木乃伊制成的，据说有神奇的治愈功效。咸食和甜食也不会分成主菜和甜品之类，都是随做随上。胡椒自罗马时代便风靡于世，野蛮人哥特的阿拉里克王曾经开出条件，罗马只要交出 3000 磅胡椒粒，他就会放弃洗劫计划。但盐和胡椒的搭配却是源于法国国王路易十四天马行空般的癖好。除了一小撮盐和胡椒，他拒绝其他一切调味料，更将绝大多数香料清理出了厨房。这一举动引发了欧洲大陆贵族纷纷仿效，同时也奠定了今天欧洲烹饪的模式。

我们经常以为，大发现时代就是欧洲人来到了一片没有海上贸易的不毛之地。但它本质上是欧洲人发现了一个既有网络的存在，然后带着坚船利炮和征服欲进入了这一拥挤地带。当然印度洋也并非那么容易被征服。1497 年，瓦斯科 · 达 · 伽马在东非遭受冷遇，他雇用的第一个向导试图将他的舰队毁灭于浅滩之上。到达印度后，达 · 伽马与阿拉伯商人相遇，后者中有人怒火中烧，要求这些葡萄牙人解释所为何来（他们说西班牙语）。不久之后，印度的阿拉伯商人组织起一支本地军队，展开了对葡萄牙人的抵抗。1502 年，在卡利卡特之战中，他们对瓦斯科 · 达 · 伽马的第二支远征队发起攻击。满怀恶意的葡萄牙人与既有利益者展开了对印度洋控制权的争夺，双方因此展开了一场旷日持久的争斗。在这场世界中心的贸易争夺战中，欧洲人的胜利远非冥冥注定之事，起码在最初时并非如此。

最为严重的挑战来自奥斯曼帝国。奥斯曼起源于分散各处的突厥部落，之后成长为比当时所有欧洲国家都更为强大、富有以及绝对先进的帝国，1453 年，奥斯曼征服了罗马最后一块残余之地——拜占庭帝国的首都君士坦丁堡。这一事件实际上是大发现时代的导火索，因为它使得欧洲人担忧，控制住丝绸之路的奥斯曼帝国可能会切断欧洲与亚洲的贸易路线。奥斯曼也确实给欧洲带来了现实的威胁，他们侵占了从希腊到匈牙利的大片土地，1529 年和 1683 年对奥地利的围攻更是震慑了整个基督教世界。[①] 奥斯曼帝国不仅仅是一个陆上强权，它还拥有世界上最为强大的海军，从希腊到摩洛哥，地中海 2/3 的部分

① 有人说，咖啡就是在 1683 年围城期间传到欧洲的。当时欧洲人抢劫了奥斯曼大维齐尔的行李，发现了里面的咖啡。这个故事可能是杜撰的，但维也纳的第一个咖啡馆确实是在围攻发生过后几年开张营业的。

都为这个帝国所占据。如果奥斯曼人能够想方设法把他们的无敌舰队从陆路运到红海或者波斯湾，他们就可以轻而易举地在印度洋消灭葡萄牙人的小型舰队。

在 16 世纪上半叶，奥斯曼帝国在地中海的军事实力可谓无与伦比。即便在 1571 年基督教联军大败奥斯曼之后，这个帝国的海军实力仍不容小觑。奥斯曼的军力还经常投射到遥远的大西洋。1585 年他们袭击了加那利群岛，1617 年进攻马德拉群岛，之后在 1625 年攻打了英格兰南部的海岸城镇。1627 年，奥斯曼海盗在伦迪岛建立了一处海军基地（离英国的海岸线仅有 12 英里），劫掠英格兰、爱尔兰甚至斯堪的纳维亚的船只和海岸城镇。在此期间，奥斯曼帝国还派兵前往北美探险，纽芬兰和弗吉尼亚的英国殖民者，都曾见识过他们的海船。①

时常有人批评奥斯曼，说他们懒于海外扩张，以至于未能殖民美洲。这种批评完全没有抓住重点。西班牙人之所以要前往美洲，葡萄牙人之所以要绕行非洲，其目的就是打入奥斯曼帝国已有的势力范围。从欧洲人的角度看，非洲和美洲本身并非目标本身，相反它们只是障碍。奥斯曼早就知道美洲的存在。事实上，早在 1513 年，奥斯曼的海军上将②皮里·雷斯就汇编了世界上最大且最为准确的世界地图，详细标注了欧洲、亚洲、非洲以及美洲的大西洋沿岸（目前仅大西洋部分

---

① 这并非美洲人与奥斯曼帝国的第一次交锋。实际上，最初美国海军的建立，就是为了专门应对北非受奥斯曼帝国支持的巴巴里海盗。因美国拒绝支付赎金或行贿，海盗便会将美国船员卖身为奴。美国提出“宁花百万搞国防，也不交一分钱赎金”的口号，国会则在 1801 年订购 6 艘新护卫舰，同时向海盗宣战。后续双方多次交手，其中就包括美国海军陆战队对的黎波里港口舰船发动的袭击——美国海军陆战队战歌中的“冲向的黎波里海岸”一句，便是来源于此。这也是美国国旗第一次飘扬在外国的土地上，当时一群海军陆战队队员带领着 500 名雇佣军穿越埃及沙漠，夺取了德尔纳城（班加西附近）。所以说，美国的第一次对外战争其实是对利比亚的入侵。英勇善战的约翰·保罗·琼斯是美国海军之父，他曾经作为俄罗斯黑海舰队的海军上将，同奥斯曼海军交手（那时候的人真是走遍四海啊）。

② 海军上将（admiral）一词源于阿拉伯语，经西班牙摩尔人传播后进入英语词汇。

留存于世）。然而，既然他们已经控制了利润丰厚的亚洲贸易，又何苦要奔向美洲那片荒野之地？他们已经处在世界中心，得其所愿。

奥斯曼的实力有多强大？在印度洋同葡萄牙争夺控制权的同时，他们依然能对欧洲的基督教海军构成威胁。他们始终没能把地中海舰队经陆路运出埃及，但在红海和波斯湾新建了一支拥有百余艘船只的新舰队。这两个地方向来缺乏木材，而把从欧洲森林砍伐的木材批量运往此处，也不能不说是一项壮举。这些木材首先要经航运穿越地中海，然后再由车队运送，穿越一片沙漠之后，方能到达苏伊士或者巴士拉的造船厂。为了更好地解决这一问题，奥斯曼考虑在埃及修建运河，以将地中海和红海连为一体。他们在 1565 年开始动工，但后来很快又因为各种原因放弃了这一念头。

1538—1553 年，奥斯曼一共组织了 4 次针对在印葡萄牙人的大规模远征。他们与当地的穆斯林统治者和商会展开联合行动，企图将葡萄牙人赶出果阿和第乌。但每次他们都落得惜败，而这更多是出于外交原因，而非军事因素。最后一次远征结束后，奥斯曼海军上将赛义迪·阿里·雷斯亲自前往莫卧儿王朝，试图说服其苏丹（印度最有权势的统治者，同时也是一个穆斯林）能够同奥斯曼并肩作战，但最终无果而归。[①] 要是这次联盟成功，葡萄牙人就不可能在印度立足，但因为印度和伊斯兰世界内部的各种嫌隙，最终让葡萄牙人渔翁得利。

尽管未能将葡萄牙人赶出印度，但奥斯曼人仍维系了海上的优势，利用帆船和同样灵活的桨帆船（自古以来，这种船的高效性便已经在地中海得到证明），他们在同葡萄牙的数次海上交锋中取胜。与此同时，葡萄牙人对印度洋上的航运展开了大肆破坏，打乱了业已存在千年的

① 他可能也遇到了未来的阿克巴大帝，当时这位印度历史上最为重要的统治者之一年仅 12 岁。

贸易模式。奥斯曼是麦加及麦地那圣城的守护者，因此，保护运送朝圣者的船只不受破坏，便成了他们的神圣职责。葡萄牙人经常以残忍的方式袭击这些朝圣者，但幸亏有奥斯曼人，葡萄牙人始终未能控制这里的海上通道，因此一直到现代以前，奥斯曼和其他地区的穆斯林船只大体上仍然能够在印度洋上畅通无阻。

不仅是在印度，葡萄牙在东南亚也受到了奥斯曼帝国的威胁。1569年，亚齐（苏门答腊）苏丹对马六甲的葡萄牙堡垒发起进攻，奥斯曼派出一支由21艘船组成的舰队增援亚齐苏丹，为他送来了士兵、大炮以及技术专家。尽管这次进攻以失败告终，但亚齐一直没有停止过对葡萄牙人的骚扰，而这在很大程度上都得益于奥斯曼工匠为他们生产的大炮。奥斯曼的援助不仅大大增强了本地人应对欧洲强权的防御能力，也促进了先进技术在本地区的传播。300多年后的1873年，亚齐遭到荷兰人的袭击，其苏丹再次向奥斯曼帝国求助。此时的奥斯曼正疲于应对也门叛乱，分身乏术，但一个千里之外的东南亚国家，为了抵抗外辱而向他们求援这一事实，足以证明奥斯曼帝国在这一地区的影响力。

对于奥斯曼帝国来说，争夺印度洋控制权不过是一桩小事，但葡萄牙人却要为此付出举国之力。然而，葡萄牙基本上未能实现控制海上通道的目标。葡萄牙人不得不航行12000多英里绕道非洲搬运香料，奥斯曼人则继续直接北上红海进入埃及。威尼斯人仍然在埃及的港口接货，然后将同等数量的香料进口至欧洲，即便在葡萄牙王权的巅峰时期也是如此。[①] 葡萄牙人自己也承认这条更短的贸易路线的优越性，他们的企图是先控制印度洋，然后直接入侵埃及。但按照这个思

① 在文艺复兴时期的一次营销活动中，威尼斯人宣称葡萄牙绕道非洲的长途航运会让货仓潮湿，香料香气会遭到侵蚀。

路，葡萄牙人就缺乏击败甚至取代奥斯曼人的欲望，因此注定要落得完全失败。埃及仍然是欧洲和亚洲之间最为高效的连接点。这一事实刺激其他欧洲强权，例如，拿破仑的法国以及之后的英国，必须直接控制埃及。这最终导致了 1869 年苏伊士运河的开通，自此之后，东西方就永久连接在了一起。

第9章　统领世界的中国文明

我们经常把中国的崛起当成是近几年才发生的事，但事实上，在人类史绝大多数的时间里，中国都是世界上的领导力量。只有在最近的5个世纪里，中国的经济军事实力相对于欧美才有所下降。在古典时代，中国自认不输于世界另一端的罗马帝国，两个国家的人口和经济产出都差不多。正如我们所了解的那样，一些官方或非官方的罗马人成功到访中国，并且至少有一位中国使节（甘英）到达了罗马帝国的外围地区，为中国的朝廷带回了一份海外报告。和最终坍塌的罗马帝国不同，中国这个古老的文明成功延续下来，依靠相对完整的语言、文化及物质遗产，它历经朝代更迭，于数千年的历史长河中一直延续至今。

尽管从根本上来讲，中国是一个位于亚洲东部的陆地大国，但中国其实拥有非常悠久的航海技术发展史。早在欧洲提出类似的构想之前，大型多楼船就已经在中国的河道上航行了至少3000年。从秦朝开始，中国的探索范围不断向海外扩张，不仅成功从海路抵达越南，还将远征的足迹拓展到了印度甚至东非的某些地区。汉朝时中国人又建造了第一批大型海船——戎克船。[①] 这种船只采用了多项创新技术，包括用来提高船只耐用性的水密隔舱，能够提升船只稳定性的中插板，以及可以提高航行效率的船尾舵等，这比西方早了1000多年。戎克船最为明显的特征就是它的风帆，这些风帆由很多根水平梁固定而成，看上去像是分成段的扇子。这虽然稍微增加了船只的重量，但同时也让船只变得更为坚固。更不可思议的是，戎克船其实相当灵巧，和同尺寸的欧洲帆船没有什么太大区别。

海船变得越来越稳固，中国航海者也开始对印度洋展开定期探险（他们可能在那里偶遇了罗马人，因为罗马人也恰好在同一时期抵达印度）。8世纪末期，中国地理学家贾耽在其著作《皇华四达记》中，描绘了各种从中国至印度、阿拉伯以及东非的旅程。到了宋代，中国的常规航线已经拓展到非常遥远的马达加斯加、埃及，甚至成功进入波斯湾，和巴格达（他们可能在这里遇到了维京人）盛极一时的阿拔斯王朝做起了生意。熙熙攘攘的中东集市、宣礼塔风格的灯塔，以及停满了单桅三角帆船的海港，这些在中国古代文献中都有精确记载。与此同时，阿拉伯人的文献中也逐渐开始出现对中国戎克船以及中国水手的记载，他们正准备亲自前往东方中国，一探究竟。

然后突然之间，在1206年，世界发生了翻天覆地的变化。那一年，一个令人恐惧的新势力在中亚的大草原上崛起，给毫无戒备的世界各国带来了毁灭性打击。仅用了几十年的时间，蒙古人便建立了史上最为强大的帝国之一，其版图更是一直从朝鲜延伸到波兰。蒙古人在很小的时候就开始学习射箭，一生当中大部分时间都在马背上生活。那些专业的弓箭手会使用由动物肌腱制作而成的远程复合弓，可以一边

① 直到今天仍然有人使用戎克船。这个词起初源于马来西亚语，用来指代“船只”，后来被葡萄牙人翻译为“junk”，汉语中称为戎克船。

策马疾驰一边射击敌人。蒙古勇士很少会选择近身战斗，他们更习惯于在远处向敌人发射密集的箭雨。这种战术让蒙古人所向披靡，几乎天下无敌。那些欧洲骑士和宋朝骑兵虽然拥有很强的冲击力，但没有蒙古骑兵快，根本没有办法拉近彼此之间的距离，只能眼睁睁地看着蒙古骑兵在自己的战斗范围之外跑来跑去。凭借在战场上取得的巨大胜利，蒙古人的铁蹄踏遍了亚欧大陆，牢牢统治了世界中心地区，并把东方和西方紧密维系在了一起。

蒙古人主要以肉类和马奶为日常饮食，喜欢轻蔑地称那些非游牧民族为“食草者”，表示自己高人一等。他们不仅善于在亚洲空旷的大草原上作战，而且很快便针对那些被高墙围住的城市研制出了特殊战术。一般情况下，他们只需切断食物供应就能让城里人乖乖投降。如果有必要，他们还会恐吓农村人，使其尽可能多地逃往城市，进一步消耗城市中的粮食储备，加快其投降速度。有时候，他们也会在墙下挖洞，或破坏大坝展开水攻。不久之后，通过学习中原和西方的建造技术，蒙古人掌握了石弩和攻城锤等武器的制作，成为攻城器械方面的专家。这是有史以来中国军事顾问第一次受雇于对抗西方城市，反之亦然。基辅攻城战中，俄罗斯的防御工事遭“火龙”（中国的火箭）狂轰滥炸，其场面之壮观，令城中守军目瞪口呆。

一次特殊事件大大推进了蒙古人征服世界的进度。1218 年，成吉思汗向中亚地区的伊斯兰国家（今天的哈萨克斯坦和乌兹别克斯坦）派遣出一个商队，试图与其建立贸易往来。然而在某位当地领导人的命令下，整个商队惨遭屠杀。我们不确定他为什么会下令杀害一个毫无敌意的使团，这很可能是为了展示他强大的权势。现在想一想，这可能是人类史上最糟糕的决定。得知这一消息以后，成吉思汗精心策划了一次军事行动。仅仅不到三年时间，中亚地区那些繁如锦簇的城市就被夷为平地，近半人口惨遭屠害。自此以后，这个游牧民族就像是被解开缰绳的野马一样，势不可当。成吉思汗的后代策划了一系列军事行动，进一步扩张了蒙古的势力范围。从中东到埃及，从俄罗斯到欧洲大陆，全部归进蒙古人的版图。最终，在进军中原以后，他们建立了由蒙古人统治的元朝。

蒙古人的入侵酿成了欧洲与远东地区之间的首次直接冲突。蒙古人在占领俄罗斯之后，进入了中欧地区，此后欧洲骑兵便和亚洲的游牧人展开对决。1241 年，蒙古军队在绍约河河岸击败了匈牙利军队，随后继续行进，又在波兰西部的莱格尼察一举击溃了全副武装的欧洲骑士部队。有趣的是，蒙古大军中的汉军分遣队可能在上述战役中使用了火器，这是欧洲大地上首次出现火药的应用。随后，蒙古军队又将铁蹄踏进了波希米亚（捷克共和国）和奥地利的领土，并逐步逼近当时欧洲最为强盛的帝国——神圣罗马帝国的首都维也纳。人们怀疑，无论欧洲采取怎样的行动，都不可能挡住蒙古军队前进的步伐。不过最终在幸运女神的眷顾下，这片大陆侥幸逃过一劫。1241 年 12 月，窝阔台（成吉思汗的儿子）突然去世，成吉思汗所有的皇子都被召回以便拥立新主，蒙古军队的铁蹄就这样停了下来。

中东地区就没有那么幸运了。1258 年，蒙古人来到位于伊斯兰世界中心的巴格达的大门前。经历了几天的围困之后，这座城市的防御体系迅速瓦解，之后迎来的是为期一周的劫掠。宫殿、清真寺、图书以及其他公共建筑全部被摧毁。我们可能永远也无法知道某些遗失的知识到底是什么，也许是从衰败的古典文明中幸存下来的、流传了 1000 多年的一系列古希腊作品的最后副本。这座城市的人口数量迅速衰减，数十万人因入侵而丧生。洗劫了巴格达之后，蒙古人又继续西进征服了叙利亚。一直到 1260 年，来自埃及的马木留克王朝利用和蒙古军队类似的游击战术，于艾因·贾鲁战役中击败了蒙古军，这场疯狂的侵略行动才终于停了下来。

蒙古人因各种残酷暴行而闻名于世。不过，我们也不能简单地将其视为毫无思想的破坏者。一方面，他们在连接世界方面发挥了重要作用；另一方面，在肆意破坏之后，蒙古人又向世界提供了一系列先进的思想。一旦初期的恐慌情绪得以平息，蒙古人就会向世人证明他们其实是非常仁慈的统治者，尤其是在人们轻易屈服的情况下。这些令人畏惧的草原骑兵展现出好奇心、对新思想的包容，以及对宗教的宽容态度。① 他们对穷人免税，鼓励大家识文认字。虽然来自没有什么科学知识储备的大草原，但他们对技术专家表示出了充分的尊重，而且经常会对工匠和学者网开一面。和罗马帝国一样，蒙古人的成功得益于他们的不干预政策。只要当地人乖乖进贡，不举兵闹事，蒙古人就允许他们自治。②

为了能够在有史以来疆域最为庞大的帝国内有效通信，蒙古人建立了一套非常完善的驿站制度。每个驿站都有充足的物资储备，能够让信使在途中更换马匹。通常，在站点之间疾驰 25 英里之后，信使们可以选择换一匹马继续前行，也可以把信件交给另一位信使，以确保信件能够以最快的速度传递。蒙古信使可以在一天之内骑行 125 英里，这意味着一封从欧洲寄出的信件在不到一个月的时间里就能抵达中国。

① 蒙古人最初信奉萨满教，不过他们的宗教信仰很快就变得五花八门，很多人转向了伊斯兰教、基督教、佛教。元朝政府甚至出资赞助不同的信仰进行辩论。他们把世界各地的宗教代表邀请到一起，讨论各种哲学、道德问题。有学者认为成吉思汗颁布了世界上第一个宗教自由法案，规定政教必须明确分离。

② 这就是莫斯科变成俄罗斯首都的原因。根据协议，莫斯科成为其他蒙古帝国的“税收代理人”，俄罗斯其他城市的贡品全部上交此处。1147 年，莫斯科还是一个小城镇，之后在各地税收的帮助下变得越来越富有。1480 年，在积攒了足够的经济实力和军事力量之后，莫斯科成功推翻蒙古人的统治，并同时宣布对俄罗斯其他城市拥有掌控权。

在西伯利亚北部的某些地区，他们会用狗拉雪橇取代马匹。蒙古人还促进了商业的发展，向商人提供充足的保护，鼓励他们到统治下的各区域内行商。尽管领土过于辽阔，但蒙古人还是齐心协力地消灭了强盗土匪，使贸易路线比以往任何时候都更为安全。把地中海地区和中国连接起来的丝绸之路，肇始于亚历山大大帝之后的古希腊时期，在蒙古人的努力下得以复兴。这是有史以来第一次仅需跨越一个国家就能完成从欧洲到中国的旅行，对于国外商人来说，这是一件非常值得称道之事。

这段思想、技术、商品在欧洲和亚洲之间大规模流动的时期，史称为“蒙古和平”。由于旅者和商人带回了大量的新资讯，欧洲人对世界的认知得以迅速提升。1492 年，哥伦布奉命西航，他的主要任务就是抵达中国，把伊莎贝拉一世及费尔南多二世的信件交给蒙古可汗，当时他们认为中国仍然是蒙古人的天下。信息交流是双向的。1285 年，忽必烈下令制造一份标准统一的世界地图。尽管这份地图已经遗失于历史之中，但它极有可能和韩国 1402 年制作的“混一疆理历代国都之图”相似。韩国这份地图目前仍有副本存世，详尽描绘了亚洲甚至是欧洲和非洲的地理细节。与此同时，欧洲的意大利制图师弗拉·毛罗绘制出了在大发现时代之前最为完整的世界地图，对整个“旧世界”做出了详尽描绘。欧洲人和亚洲人第一次把他们各自掌握的知识汇聚到了一起，对世界有了一个较为整体的理解，这在历史上还是头一回。[①]

“蒙古和平”为马可·波罗的旅行奠定了坚实基础。尽管到 1271 年为止，丝绸之路已经存在 1000 多年，但大部分时间里它只是扮演着一个“货物接力”的角色。那些从亚洲送往欧洲的货物要经过数十手

① 东西方一体化也带来了意想不到的问题。1347 年肆虐欧洲的黑死病，就是源自黑海卡法海港的热那亚商人。

的倒买倒卖，而既然每个中间商都要从中获利，商品价格也就一涨再涨。很少会有人独自走完整个丝绸之路。马可 · 波罗不是第一个前往中国的欧洲人，甚至也不是第一个前往中国的“波罗人”——他其实是和父亲尼科洛 · 波罗以及叔叔马泰奥 · 波罗一起到的中国，后两者更是早在 10 年前就曾到访过中国。马可 · 波罗之所以能够闻名世界，是因为他凭借着一本记录自身游历的畅销书，重新燃起了欧洲人对远东地区的兴趣。在印刷业出现之前，这本书是当时最流行的图书之一。① 马可 · 波罗的书中的某些故事显然有夸大美化之嫌，但其中的细节足以让我们相信它的本质真实性。《马可 · 波罗游记》不仅给当地读者提供了远东地区的知识，也激励了后来的那些旅行者和探险家，让他们勇于踏上自己的道路。哥伦布当年就随身携带着一本《马可 · 波罗游记》，甚至将其视为一本亚洲地理指南（当然，鉴于他最终登陆另一片完全不同的大陆的事实，这本书显然不是很有帮助）。

当时威尼斯是全欧洲最富有的城市，一个富裕商人遍地的共和国。尼科洛 · 波罗和马泰奥 · 波罗于 1261 年在此启程，开始对中亚地区进行探索。在那里，他们遇到了忽必烈的使节。由于那位大汗从来没见过欧洲人，这位使节便邀请他们二人到中国做客。1266 年，当他们到达位于北京的宫廷之后，忽必烈开始就欧洲法律、政治、经济、宗教制度等问题对他们进行了连珠炮似的提问。之后，忽必烈要求他们给欧洲教皇（教皇是当时最接近欧洲“领导人”的职位）带回一封书信，并让他们回去寻找 100 名通晓语法、修辞、逻辑、几何、算数、音乐、天文这七大艺术形式的专家，然后将他们带到中国来。除此之外，忽必烈还要求他们带回一盏耶路撒冷圣殿油灯。回到欧洲以后，这两位

① 这本书并不是马可 · 波罗自己写的：从亚洲回到欧洲数年之后，他在一场对抗热那亚人的海战中被俘，之后他把自己的旅行故事讲给了一位狱友。

波罗家族的人成功搞到了油灯，但却没能够找到100名专家，唯一能带去中国的人似乎只有17岁的马可·波罗。于是在1271年，尼科洛·波罗、马泰奥·波罗、马可·波罗三个人一起从威尼斯出发前往亚洲。①

在穿越地中海抵达叙利亚之后，这三个人又骑着骆驼来到位于波斯湾的霍尔木兹。他们原本打算在这里乘船前往中国，却发现港口的船只条件实在很差，于是只好沿着丝绸之路继续前行。这趟旅途极其艰难，他们要穿过广阔的平原，跨过冰雪覆盖的山脉，还要想办法穿过地球上环境最为恶劣的几片沙漠。途中他们遭遇了一次沙尘暴，之后又惨遭土匪埋伏，差点丧命。在离开威尼斯三年半以后，这三个人终于抵达北京，在朝堂上见到忽必烈。②年纪轻轻的马可·波罗给忽必烈留下了极为深刻的印象，成为宫廷中的红人。马可·波罗非常聪明，至少会讲4门语言，不过有意思的是，他似乎没怎么学过中文。他当时很可能使用了波斯语和忽必烈交流，这门语言在蒙古的统治者当中颇为常用，甚至通用于整个帝国。③

忽必烈将马可·波罗任命为元朝官员，并给他分配了很多任务，马可·波罗因此得以在中国各地旅行。他到访了中国南部和东北的很多省份，甚至还去过缅甸。此外，他还在自己的作品中记载了韩国、日本、印度尼西亚的某些情况（他是第一个做出类似记录的欧洲人），

① 由于尼科洛·波罗常年在亚洲旅行，这可能是马可·波罗第一次见到他的父亲。突然之间就决定背井离乡，和一位几乎是陌生人的父亲踏上旅程，马可·波罗可真算是一个勇敢的人。

② 世界正在变得越来越小的一个证据是，如今每天都有航班从马可·波罗国际机场起飞，往返于北京和威尼斯之间。

③ 根据他书中的文字和描述，历史学家们认为，除意大利语中的威尼斯方言以及其他几个欧洲国家的语言外，马可·波罗还掌握了波斯语、阿拉伯语、土耳其语，甚至很有可能还学会了一些蒙古语。这听上去好像已经很多了，但据说约翰·保罗二世至少熟练掌握8门语言，其他语言也多有涉猎。

尽管他不太可能真的到访过这些地方。马可·波罗的作品有一点不同寻常，那就是没有任何偏见。虽然作为商人，波罗家族的人应该已经习惯于见到各种外国人，但同时代的其他人可能会批判那些不同于自己的宗教信仰和文化习俗。与此相反，马可·波罗对中国源远流长的历史和井然有序的社会表现出了极高的赞赏和钦佩，将中国描绘成了一个值得欧洲人去学习的地方。对外国人采取公平公正的态度，让马可·波罗成为世界上第一个现代的世俗人文主义学者。

马可·波罗在朝廷中变得越来越重要，以至于从中脱身变得越来越难。一开始，忽必烈拒绝了所有波罗家族族人的返乡请求。与此同时，波罗家族的人开始担心，如果忽必烈突然死亡，那么必然会出现权力斗争，而忽必烈的敌人们则可能会趁机对波罗家族的人动手。1292 年，波罗家族终于等来了机会。当时波斯帝国的统治者（忽必烈的侄孙）向中国派遣了使节，试图寻找一位可以喜结连理的夫人。忽必烈随后便允许波罗家族的人随婚礼团一起航至波斯，然后再从那里回家。他们跟随一个由 14 艘戎克船组成的船队驶过新加坡，抵达波斯湾的霍尔木兹。随后他们又经陆路行至黑海，最后终于回到威尼斯。至此，波罗家族的人离开威尼斯已有 24 年有余，其间旅行距离长达 1.5 万英里。马可·波罗在国外度过了一半以上的人生，不仅到访了远东地区，而且深深融入当地文化。由于马可·波罗离开威尼斯时是 17 岁，返回时已有 41 岁，他的大部分朋友都已经认不出来他了。①

除马可·波罗之外，欧洲还有很多旅行者，只不过他们的影响都无法与马可·波罗相提并论。其中有一个名叫约翰·曼德维尔的人名气

① 马可·波罗花了很长时间、费了好大力气才成功让欧洲同胞们相信自己所见到的那些神奇事物，比如杭州的巨型造船厂、煤炭和火药等技术，甚至是东方人每天洗澡等“另类”习惯。他的确有一些实体证据可以证明自己旅途的真实性：一个名叫彼得的蒙古仆人和他一起回到欧洲，一直侍奉到 1324 年马可·波罗去世。彼得肯定也有很多有趣的故事。

也很大，但他的故事极有可能是虚构的。《曼德维尔游记》当中充满了各种比《马可·波罗游记》还要精彩的故事，其中有很多片段在14世纪中后期广为流传：一个充满怪物的世界，狗头人，由凶猛女战士统治的亚马孙，吃大象的巨型鸟，长满钻石的土地，由胡椒树组成的森林，长生不老泉水，还有一只来自埃及、每隔500年就浴火重生的凤凰。

对于生活在今天的人来说，这些故事明显是不切实际的幻想，但在当时，欧洲人迫切希望能够发现世界奇迹，因此他们愿意相信这本书中的故事全是真实的。甚至就连哥伦布也在探索新世界时把《曼德维尔游记》跟《马可·波罗游记》一起带在身上。尽管有人说曼德维尔是一名英国骑士，但实际上历史中很可能根本没有这个人。这本书真正的作者据说是一名法国人，其创作灵感全部来自二手资料和彻头彻尾的捏造。因此它算不上是开创性的地理书籍，只能算是早期的游记小说，其价值并不在于传播信息，而在于激发人们对冒险的兴趣。

不过确实有几位欧洲人成功旅行到远东地区，比如一位名叫若望·柏郎嘉宾的神父，他在马可·波罗之旅的几十年之前曾率领一个天主教团来到蒙古首都。这些人受到了蒙古方面的热烈欢迎，不过使蒙古人皈依基督的任务以失败告终。几年之后，身兼冒险家和教士的卢布鲁克代表法国国王执行了和柏郎嘉宾一样的任务，结果也失败了。除此之外，历史上还有一个反向旅行的马可·波罗，他从远东地区出发，大约在同一时期抵达欧洲。列班·巴·扫马是一位汉族（也可能是突厥族）修士，其旅行路线和马可·波罗几乎一致，但方向相反。扫马全身心沉浸于欧洲文化（在一位意大利翻译的帮助下使用波斯语进行交流），他站在一个亚洲人的立场上，以东方看西方的视角，给后人留下了大量引人入胜的和中世纪欧洲相关的文字记述。

至此，旧世界已经连接到一起，东方人和西方人都可以很清楚地辨别到底哪个文明更优越。如果你在1400年开始了一次世界旅行，然后途中有人问你哪个文明可以在接下来的几个世纪统领世界，那你给出的答案只能是中国。元朝于14世纪末崩塌，明朝站在废墟上拔地而起，中国再一次屹立于世界之巅。在北京紫禁城的统治下，中国人口达到欧洲的两倍，每个居民都至少和同地位的欧洲人一样富有。长达1100英里的大运河经翻修成为高速通道，航行于其中的船只比欧洲所有海军船只加在一起还要多。即使收成不好，朝廷掌管的粮仓也能满足庞大人口的粮食需求，水库也可以同时供给农业灌溉和日常饮用。奢华的丝绸和瓷器在海外价格非常高，这让富裕的中国人在享受荣华富贵之时，同等生活水平的欧洲人却只能望洋兴叹。中国的官僚体制也在不断扩大，政府官员将近50万，而且充满竞争性的科举考试可以确保较高的识字率和社会流动性，这在其他任何地方都是无法想象的。[①]

和中国富饶社会形成鲜明对比，当时的欧洲是一潭让人痛苦的死水，正在试图从致使欧洲人口锐减1/3的黑死病当中恢复过来。欧洲变成了一个大杂烩，由数百个争端频现、被战争分割的政治力量拼接而成。德国和意大利分裂成数十个小王国、选区、公国、总督辖区、共和国、主教辖区、城邦以及其他任何人们能够想到的政治形式。英国和法国陷入百年战争的死亡旋涡。西班牙变得四分五裂，面临着来自格拉纳达的摩尔人的侵扰。似乎只有像威尼斯和热那亚这种由意大利人组成的商人共和国拥有较为明朗的未来，但这些国家小且分散，而且经济利润总量有限，各国经常会因为份额的分配而争吵不断。尽

① 中国科举考试制度是西方公职人员选拔考试的根基所在，东印度公司也引进了这种制度，后来在19世纪后期，英国、法国、德国、美国纷纷采用了类似制度。

管从理论上来讲，欧洲在教皇的统领下应该是统一的，但这几乎从未给各国带来任何形式的合作，只是确保了让人压抑的宗教教条主义的长久延续。尽管在拜占庭和阿拉伯档案馆中的古典手稿重新问世以后，欧洲即将出现一些变化，不过文艺复兴仍然有很长的路要走。

对于一个外部的旁观者来说，偏僻、贫穷、落后的欧洲能够在几个世纪之内统治全世界，这简直是世间最为荒谬的事。1400 年，这片土地仅占全世界的 10%，人口也只占 15%。当时世界上最大的城市是北京，人口接近 100 万。在全球最大的 10 个城市当中，只有一个来自欧洲（巴黎），但它和当今繁荣大都会的形象相去甚远，就连阿兹特克人的首都特诺奇蒂特兰都比它大。欧洲城市阴暗又肮脏，街道逼仄狭窄，卫生条件恶劣，垃圾和尸体被随意丢在街上或倒进河里。由于街道光线昏暗，天黑后出门便成了一件极其危险的事情。当时欧洲的犯罪率是现代美国的 50 倍，打架斗殴注定稀松平常。此外，当众处决也很普遍，各种疾病猖獗肆虐。

1400 年，在全球十大城市之中，中国独占四席。中国流域是世界上最早萌生文明的地方，而且在文化延续性和政治同一性方面成功保持了 2000 年，这使得中国成为世界上独一无二的文明（用西方一个虚构的例子类比就是，从古都罗马开始，罗马帝国逐渐统领了所有位于欧洲的拉丁语国家，整个文明一直存续至今）。无论是人口，还是领土面积，中国几乎一直都是世界上最大的国家[①]，而且一直在持续不断地发明创新。中国的发明包括但不限于针灸、钟、皮带传动系统、棺材、指南针、弩、补牙技术、多米诺骨牌、麻黄碱、烟花、抽水马桶、法

① 俄罗斯的领土面积大约在 350 年前超过中国（因为它夺去了中国的一部分领土），不过西伯利亚大部分地区的人口都很稀少。加拿大的国土面积也比中国大，前提是你得把湖泊面积也算进去——加拿大湖泊面积占总面积的 10%，而中国是一个比较干旱的国家，大型湖泊的数量并不多。

医学、汽油、金鱼、马颈轭、热气球、水力学、熏香、接种技术、炼铁技术、风筝、漆器、火柴、犁、指甲油、餐巾纸、负数、面条、纸张、纸币[①]、纸牌、瓷器、印刷术、船舵、自来水、丝绸、马镫、茶、豆腐、厕纸、牙刷、雨伞、包装纸等。中国某些1000多年前的发明听起来完全就是现代化产物。比如发明于9世纪的火药，后来逐渐演变成一种军事技术，地雷、大炮、炮弹甚至依靠流线型机翼飞行的多级火箭中都有它的身影。某些深入人心、看上去很典型的欧洲物品也可能是在中国发明的。最近考古人员发现了中国古人饮用低度数发酵谷物饮料的证据，这意味着中国人有可能发明了啤酒。[②]

中国有几项重要的发明直接促进了探索技术的发展。比如大约出现于2000年前的艉柱舵技术，它为操纵船只提供了一种更为有效的手段[说到这儿，我想起了当年维京人使用一个巨大的桨充当“转向板”，“右舷”（starboard）这个词就是从这儿来的]。中国船只的设计要比西方船只坚固得多，因为它们被分割为一个个单独的舱室，即使船体的某部分突然漏水，其他部分也可以继续保持水密性。此外，中国还发明了脚踏划艇——这种船抛弃了向外凸出的船桨或风帆，能够在狭窄的河道中航行自如。最重要的一点或许是，中国发明的磁罗盘彻底改变了导航技术。自此之后，水手们可以在任何情况下准确判断船只的航向，而且不需要任何外部的参照物。

在大发现时代之初，中国要比欧洲先进很多。1498年，瓦斯科·达·伽马率领第一批葡萄牙远征队对印度进行首次考察，此时当地水手已经在印度洋的各个航道中航行了数百年。随后的权力争夺持

① 中国的纸币上印有“伪造者斩”的字样，这可比美元上的“我们信仰上帝”有想象力多了。

② 这看上去有点儿讽刺，因为当年正是定居中国的欧洲人发现这片土地缺少啤酒，这才建立了很多闻名至今的“中国”啤酒品牌。比如青岛啤酒就是1903年德国人用城市名字设立的品牌，当时青岛对于德国来说就像英国占领的香港一样。

续了整整一个世纪，葡萄牙人差点儿功亏一篑。不过，尽管这场斗争极为激烈，葡萄牙人还是很幸运，因为此时的印度正处于一个权力真空期。欧洲人不知道，仅仅在半个世纪以前，中国刚从这片区域撤退。在这样的背景下，葡萄牙舰队还是差点儿被印度海军和阿拉伯海军毁灭。如果葡萄牙人遇到的不是这些当地人，而是过去几个世纪中频繁访问印度、无比宏伟的中国舰队，那么欧洲人或许永远都不会获取该地区的统治权。

15 世纪早期，中国运营着世界上最庞大、最先进的海军部队。跟欧洲国家相比，中国更具备探索地球、开辟定居点，甚至征服全世界的条件。如果历史出现了某种分支，那我们可能会生活在另一种可能性之中：中国远征欧洲，以皇帝的利益为优先考虑，强制设定贸易特权，让欧洲人穿过非洲或大西洋前往亚洲的梦想沦为泡影。取而代之的是，中国的某位探险家在途中犯了地理性错误，以至于本来想找到一条直通欧洲的航线，最后却误打误撞地到达美洲。此外，把阿兹特克和印加城市夷为平地、疯狂搜刮金银珠宝的也不再是西班牙征服者，而是中国人。在这种历史可能性当中，中国航海家可能会在美洲寻找一条通往欧洲的海路，一些中国的朝圣者为了逃避帝国强权，在加利福尼亚建立了一个理想的殖民地。如果历史走了一条稍微不同的道路，那么汉语可能会变成美洲的主流语言，进一步成为国际通用语言。[①]

在中国的地理大发现时期，上述的一切都具有非常明确的可能性。1405—1433 年是明朝初期，在这段时间内，由郑和率领的中国舰队 7

---

① 英语是当今世界的国际通用语言，原因有二：其一，美国的经济文化影响力很大；其二，100 年前，大英帝国统治了全球 1/6 的土地。如今地球上有 1/4 的人都会说基本的英语。在那些不以英语为第一语言的欧洲国家中（大部分欧洲国家都是这样的），几乎有一半的人都可以用英语和别人交流，但这些人在每个国家中所占的比例都不太一样：最低为 22%（西班牙），最高为 90%（荷兰）。

次驶入印度洋进行探险。每一次远航的声势都极为浩大，这既足以彰显皇恩浩荡，也可以展开贸易。1405年的远征队包含60多艘“郑和宝船”，以及200多艘体积较小的支援船，水手共计3万名。现代资料把那些最大的船只描绘为长度超过400英尺、宽度超过170英尺、拥有四层甲板的“怪物”。每艘船都载满了大量货物，最多可容纳1000名乘客，由9根桅杆上的风帆提供动力。这些数据让它们成为史上最大的木质船之一，其尺寸甚至比之后几个世纪当中欧洲最雄伟的船还要大。相比之下，哥伦布船队最大的船只圣马利亚号的尺寸还不到它们的1/6。更夸张的是，哥伦布整个船队可以非常轻松地被一起塞进郑和舰队的一艘船里。

郑和并不是土生土长的中原人，而是一位穆斯林官员的儿子，其父曾在元朝统治下的云南省任职。此外，郑和出生时也并不叫这个名字。1381年，郑和被明军俘虏，经宫刑之后成为宦官，分配予燕王朱棣，也就是后来的永乐大帝。随着时间的流逝，郑和不仅成为值得信赖的宠臣，也成为朱棣的私人好友。在1402年的靖难之役中，朱棣率军攻进应天（今南京），其侄建文帝下落不明，朱棣即位。从历史上来看，中国的皇帝在登基时都会更改年号，而朱棣则选择了“永乐”这两个字，寓意“永世安乐”。这一事件也导致郑和从地位卑微的宦官一跃成为中国最为重要的几位大人物之一。之后郑和被朱棣任命为正使，并代表皇帝多次出使西洋，以展现新生明朝的强大实力。

凭借着数百艘船只，以及随船而行的成千上万名水手，郑和船队的规模达到史无前例的程度。从1405年开始，郑和船队的足迹遍及东南亚、印度、中东和东非地区。一路上郑和向各地赠送了金、银、瓷器、丝绸等各种礼品，并得到了鸵鸟、斑马、骆驼、象牙等各种新奇的东西作为回赠。其中最为特别的一件回赠礼品是从非洲斯瓦希里海岸带回来的一对长颈鹿，由于长颈鹿碰巧和中国神话故事对麒麟的各种描述相吻合，因此被认为是一种吉祥的征兆（类似于欧洲独角兽的概念）。之后很多年中，长颈鹿一直都是北京动物园的招牌，被大家视为对皇帝长久统治的一种祝福。此外，郑和还使得其他与中国相距甚远的国家与本国建立了外交联系，印度洋地区有 30 多个国家都向中国派遣了使节，以示对朝廷的效忠。

尽管郑和船队的航线已有数百年历史，中国商人早就弄清了这些航线的存在，但这是中国有史以来第一次率领武装力量前往这些海域。郑和的船队装备了数百门青铜大炮，如果之后的葡萄牙入侵者在同一时间与郑和航行至同一海域，那么郑和的船队很快便能击溃他们。不过，郑和一般不会采用军事手段，而是倾向于用外交手段达到目的。仅仅是从远处看到郑和强大的海军部队，就足以让潜在的敌人心生畏惧、未战而降，因此郑和船队的武器很少用于战斗。然而，在某些场合下，郑和会毫不犹豫地使用武装力量。比如有一次，郑和强行罢免了锡兰国的统治者，然后让另一位对中国更有利的君王取代了他。除此之外，郑和还借机消灭了长期盘踞于亚洲水域的海盗。

郑和的航行给世界各地留下了深远的影响。各地留下的海外侨民最终发展壮大成数以百万计的庞大群体，遍布于马来西亚、印度尼西亚、菲律宾等国家。随着这些人和当地居民融为一体，中国文化和科学技术也得到了广泛传播，这也是汉语在今天成为新加坡的官方语言之一，甚至广泛流行于整个东南亚的原因。郑和在侨居海外的华人群体当中成为备受尊敬的人物，许多地方都建有用来纪念他的寺庙。中国的丝绸、茶叶、瓷器和漆木家具传遍了全世界，在整个“艺术圈”内掀起了一股“远东狂热”。17、18 世纪的欧洲人希望他们的房屋和宫殿内能够摆满各种各样的中国风器物，比如令人垂涎的白底蓝纹的明代花瓶，或者充满中国风的荷兰代尔夫特陶器。直到今天，我们仍然使用“china”这个词指代陶瓷餐具。

1424 年，永乐皇帝驾崩。1431 年，郑和船队最后一次奉旨出航，之后这一伟大的发现之旅便彻底画上了句号。出航没多久，郑和也离开人世，而且他本人也很可能被葬于大海之中。随后的几十年中，中国官员逐渐停止了国家对探险行为的资助，而且大部分航海记录都因为人为毁坏或工作疏忽而丢失。政府宣称取消出海冒险计划是为了省钱，但真实原因很可能不止于此。这些航行代表了一种和外国人积极互动的外交政策，使中国当权者面临新思想输入的风险。随着保守的儒家思想的地位不断得到巩固和提升，当权者实施了闭关锁国政策，终结了和海外的一切联系。中国从此停止了对世界的探索。

中国被认为是世界上最伟大的国家，人们都觉得自给自足完全不成问题，其广袤的内河系统和内部经济体系完全足以维持国家高速发展。那些外国人和他们的思想，对于一个天朝大国来说能有什么用呢？到了 1500 年，建造超过两个桅杆的戎克船已经变成死罪。中国严禁海外贸易，并摧毁了自己的船队，这些措施彻底搞垮了国内经济，并在那些以大海为生的沿海地区引发了走私活动和海盗行为的爆炸式增长。之后日本海盗和欧洲人来到这片海域，填补了中国海军的空白，接手了曾经让中国赚得盆满钵满的海外贸易，从中获取了巨额利益。自此，中国不再是世界经济的领导者，而变成列强国家提出的不平等条约下的受害者。中国彻底断绝了和世界的联系，科学技术长期停滞不前。与此同时，欧洲不断发展壮大，逐渐在国际舞台上占据了曾经属于中国的主导地位。

第10章　欧洲贸易的海上通道

在距宏伟的紫禁城数千英里的地方，在地球上最广阔大陆的最西方，欧洲正在慢慢走出黑暗时代。跟中国相比，欧洲当时非常贫瘠，科技全面落后，政治上也极度分化。一个从太空来的外星人，绝不会相信欧洲能够把人类带进一个全球探索的新时代。不过，到15世纪末期，欧洲开始出现丝丝希望的微光：人口数量正在从毁灭性的黑死病中渐渐恢复，农奴制终于被废除，人们的收入和自由程度正在不断提高。除此之外，各种古希腊和罗马时代的经典作品也在意大利北部的各共和国内被重新发掘出来，在这些作品的启发之下，当地人发展出了新的艺术形式和哲学思想，宗教教条主义也因此逐渐落下帷幕。尽管欧洲还没有迈入现代（需要再过几个世纪，科学革命才能彻底推翻旧社会），但变革已经在不断涌现。

到15世纪末期，罗马帝国崩塌所导致的经济缺口已经被逐渐填充，当地的繁荣程度已经可以与帝国鼎盛时期相媲美。地中海地区再一次同北方相连，而且这一次，以前的“野蛮人”也全面参与其中。随着汉萨同盟的建立，波罗的海成为各种活动的枢纽。汉萨同盟是一个灵活的自由贸易组织，由 100 多个城镇共同组成，其前身是从斯堪的纳维亚半岛和俄罗斯内地进口琥珀、毛皮、航海用品的商会。每个同盟城市在名义上都是独立的，但是在面临危机时通常会团结起来。来自不同城市的船只会一起航行，相互保护，从而免受海盗和掠夺国家的侵害。[①]

地中海地区也出现了和北海地区类似的繁荣景象。意大利商人共和国的贸易路线与汉萨同盟的贸易路线连接在一起，形成了自罗马帝国崩溃以降的第一个大陆商业网。南部地区的大部分贸易都由威尼斯和热那亚掌控，其中威尼斯是始于埃及的香料贸易路线的最后一环，而热那亚则着力于那些经黑海和亚洲相连的古代贸易路线。与此同时，佛罗伦萨成为新兴的银行业的中心，其铸造的弗罗林金币成为史上第一批国际货币。在银行出现以前，商人们为了交易不得不随身携带现金或商品。银行业的问世使得存放于一个城市的现金可以在另一个城市提取出来购买货物，这大大提高了商业行为的便捷性和安全性。银行还以贷款和出资等方式资助新的探险活动，探险远征也因此进入一个史无前例的扩张期。

贸易路线成为传播知识的主要渠道。与中东地区和拜占庭帝国的交流接触给意大利带来了文艺复兴运动。那些在东方被重新发掘出来的遗失手稿，让欧洲人怀念起昔日的辉煌。与此同时，奥斯曼帝国正在逐步蚕食拜占庭帝国，许多拜占庭学者因此逃往意大利避难，这也给当地新兴的大学机构带来了大量语言学专家。人文主义学者们认真研究修道院图书馆当中的历史档案，试图找出古代作品的残本。1000

① “汉萨”（Hansa）源于德国古语中一个用来指代“行会”（guild）的单词。汉萨同盟是欧盟的灵感来源之一，其名字也被德国汉莎航空公司（Lufthansa）借用，意为空中行会（Air Guild）。汉堡、吕贝克和不来梅至今仍然保留着“汉萨自由市”的头衔，归属于德意志联邦，但不属于任何一个州。

多年来，欧洲艺术一直受限于单调乏味的宗教偶像，但经典作品的重现再一次燃起了人文主义学者的激情：他们努力模仿并试图超越古人。人类的好奇心终于回到欧洲海岸，在文艺复兴出现的同时，城市化也开始启动，劳动力逐渐从农业转向商业和其他专业工种。尽管和亚洲大都市相比，威尼斯、佛罗伦萨、热那亚、米兰等城市的规模仍然很小，但它们已经逐渐从小城镇发展成人口超过 10 万的大型城市。

欧洲贸易规模的不断扩大也带动了船只设计的发展。首先问世的便是柯克船，这是一种坚固的橡木船，应汉萨同盟在波罗的海和大西洋北海地区的贸易需求而生。柯克船的船体主要由被铁钉固定在一起的木板组成，表面的沥青则可以增加水密性。柯克船只有一根桅杆，上面装有一张方形风帆，船体呈圆形，船头和船尾有高高的船楼，整艘船相当结实。作为中世纪最基本的航运船只，柯克船看上去有些丑陋，笨拙迟缓。但是凭借惊人的、高达 200 吨的载货量——这个载货量比哥伦布船队最大的船只圣马利亚号的重量还要重一些——柯克船自 11 世纪之后的 500 年内，一直是欧洲贸易的中坚力量。有时它们甚至还可以担当战船角色，由布于船楼中的弓箭手迎战来敌，当然，中世纪的海战形式主要是驾驶船只撞向敌方，然后短兵激战。

渐渐地，特别是当欧洲人开辟了前往亚洲和美洲的航线以后，柯克船进化成了卡瑞克帆船。这种船最初由西班牙人和葡萄牙人设计，吸纳了北欧和地中海航船的各种最先进特征。为了适应艰险的大西洋航行，卡瑞克帆船有着更为明显的流线型造型，其风帆和索具也有所改进，这使得在惊涛骇浪中，卡瑞克帆船比柯克船更稳定。顺风时，卡瑞克帆船会张开方形风帆以提高速度，并依靠尾部的三角风帆提供辅助动力，以增加整体的机动性。卡瑞克帆船保留了高船头和尾部船楼的设计，不过这些设计没有柯克船那么明显。哥伦布船队中的圣马利亚号就是一艘小型卡瑞克帆船。在由木头、风帆组成的船只被由蒸汽、钢铁构成的船只取代以前，卡瑞克帆船一直都是欧洲舰船的典型代表。后来出现的盖伦船、单桅纵帆船、巡航舰、战列舰都是卡瑞克帆船的变种。

为了完成前往非洲海岸的远征，葡萄牙人引入了体型较小的卡拉维尔帆船。由于吃水较浅，卡拉维尔帆船具有极高的机动性，既能够朝着上游航行，也可以驶入沿海的浅水区域。三角风帆的使用，则可以让卡拉维尔帆船在迎风时高效航行（一种刚被欧洲引入的新技术，受到印度洋上的单桅三角帆船的启发），而在顺风的情况下，它们则以方形风帆提升航行速度。由于用途广泛、功能齐全，卡拉维尔帆船成为欧洲早期探索活动的中流砥柱。① 哥伦布前往新大陆时就带了两艘卡拉维尔帆船（尼尼亚号和平塔号）。此外，卡拉维尔帆船在葡萄牙人开辟印度洋香料贸易航线的过程中也起到了至关重要的作用。后来由于载货量受到限制，卡拉维尔帆船被更大的卡瑞克帆船和盖伦船取代了。

葡萄牙引领了欧洲的大发现时代。葡萄牙是一个坐落于欧洲最西端、资源匮乏的小国。不过它也有自己的优势，那就是可以轻松地进入大西洋，而且它还是北欧和地中海之间的贸易纽带。来自南方和北方的水手都会在葡萄牙停歇，对船只进行补给，开展货物交易。葡萄牙最初只是西班牙的一个省份②，1139 年，一位野心勃勃的王子在古罗马的港口小镇波图斯卡莱（Portus Cale）宣布独立，葡萄牙（Portugal）

---

① 中流砥柱（mainstay）是一个航海术语，指的是船桅杆的主支架。

② 在伊莎贝拉和费尔南多统一西班牙之前，该地区布满很多小王国。如今西班牙的一个地区（加泰罗尼亚）想要放弃统一，再次独立。

这个名称也由此而来。[1] 今天，波图斯卡莱被称为波尔图，是葡萄牙第二大城市，凭借“波特酒”这种加强型葡萄酒而闻名于世。1249 年，葡萄牙人将位于王国南部的摩尔人驱逐出境，并迁都至刚占领的港口城市里斯本。此举引发了葡萄牙两个主要城市之间的激烈竞争，并一直延续至今（里斯本所在之处是欧洲最优质的天然海港之一，该市也曾是罗马帝国的一个重要城市。在更早之前，里斯本是一个腓尼基人的贸易站，其历史可以追溯至几千年前）。

在斗志昂扬的恩里克王子的主导下，葡萄牙终于踏上探索之路。恩里克王子在历史上又被称为“航海家恩里克”（尽管他从未亲自参与过任何海外探索旅程），是葡萄牙海外扩张运动的极力推崇者和主要赞助人。身为葡萄牙国王若昂一世的第三子，恩里克从未登上过王位，却对葡萄牙的外交政策产生了重大影响。他深刻意识到，葡萄牙是一个农业小国，而且身边只有一个邻国（西班牙）可以互相贸易，因此葡萄牙必须在大洋彼岸寻求长远发展。1415 年，恩里克试图说服他的父亲攻占休达——一个位于摩洛哥、正对着直布罗陀海峡的穆斯林港口。[2] 这一举措使得葡萄牙能够直连那些定期穿越撒哈拉沙漠，从非洲富庶王国搬运黄金、象牙、奴隶，以及各种奇珍异宝的陆上贸易线。恩里克对非洲及其财富抱有极高的兴趣，想知道沙漠另一头到底藏着什么。自罗马时代以来，没有任何欧洲人曾踏入非洲大陆，或者沿着非洲海岸一路南下。

征服休达后不久，恩里克便派遣一位名叫若昂·贡萨尔维斯·扎尔科的葡萄牙骑士乘船前往非洲海岸。结果在海风的影响下，这位骑士

---

① “Portus”这个词在拉丁语中意为港口（port），“Cale”这个词的历史比罗马帝国还要悠久，可能起源于凯尔特人用来指代港口的词语“cala”。所以说，在拉丁语和凯尔特语的结合下，Portus Cale 这座城市的名字其实是“港口港口”的意思。

② 后来休达被西班牙控制，至今仍是一个位于非洲大陆的小小欧洲飞地。

偏离了航道，只能在一个被水手们称为圣港岛的地方寻求庇护所。这一偶然的行为给葡萄牙带来了意外的发现，随后恩里克便在 1420 年发出声明，表示圣港岛及其所属的马德拉群岛是葡萄牙的第一个海外殖民地。虽然希腊人和罗马人早就知道这些岛屿的存在，不过对于中世纪的欧洲人来说这无异于新大陆。之后，马德拉群岛成为大西洋的主要交通枢纽，也成为欧洲人的第一个殖民实验场地。此地气候适宜甘蔗种植，而甘蔗所需的劳动密集型生产，以及 1452 年一船非洲俘虏的抵达，标志着奴隶贸易时代正式拉开帷幕。之后欧洲人对食糖的需求越来越大，马德拉群岛的产量已经无法提供足够的供应，于是种植园便迁到巴西，马德拉群岛则转型至酿酒业，其生产的葡萄酒直到今天仍享誉世界。

与此同时，葡萄牙的航海家继续向大西洋航行，并在 1427 年发现了亚速尔群岛。这些岛屿的离岸距离是马德拉群岛的两倍多，离葡萄牙足足有 900 多英里，已深入大西洋的 1/3 处。亚速尔群岛因此成为欧洲和美洲之间最佳的驿站，后来更变成了海上航行的重要基地（再后来，在洲际航空初期以及第二次世界大战时期，这里又变成重要的飞行基地）。从新大陆返航的途中，哥伦布曾在此停留，修理被风暴损毁的船只。当然，有意思的是，在哥伦布到达时，亚速尔的葡萄牙总督或许会宣称是自己而不是哥伦布发现了美洲。

据 16 世纪 70 年代出版的该岛史料记载，葡萄牙牧师加斯帕·弗鲁图奥索声称，他们的总督若昂·瓦斯·科尔特–雷阿尔因在 1473 年跨越大西洋的途中发现了“Terra Nova do Bacalhau”（直译过来就是“新鳕鱼之地”）而被授予了当前的职位。这并非绝无可能：众所周知，巴斯克渔民曾在这段时期成功航行至纽芬兰大浅滩，而且那些岛屿位于大西洋这件事不仅仅是人们的猜测，当时的地图中甚至也有标记。不过，这种见闻在当时可能并不是什么大新闻。而且考虑到葡萄牙人一度将航海图当作国家机密保存起来，发现了新大陆的消息也不会传得很远。然而，总督被授予职位时只是模糊地提到了“为葡萄牙王室立下了功劳”，而且加斯帕·弗鲁图奥索的这份声明又是在近一个世纪后才发表的，因此我们必须对此事持极大怀疑态度。

发现亚速尔群岛之后没多久，恩里克王子更进一步，意欲沿非洲海岸向南而行。这就需要穿过从非洲大陆西部凸出来、凶险异常的博哈多尔角。博哈多尔角之名源于阿拉伯语“Abu Khatar”，意为危险之父。成群的沙丁鱼以及不断拍打在浅礁上的海浪，让这片海域看上去一片沸腾，这不禁让人心怀恐惧，担心海里住着凶猛的怪物。[①]从撒哈拉沙漠吹来的热风几乎令人窒息，人们对撒哈拉沙漠的敬畏之情又凭空多了几分。那些莫名的矿石也让指南针指向了奇怪的方向。即便是几个世纪以后，博哈多尔角仍旧凭借着狂风和凶猛的水流让人闻风丧胆。仅仅在1790—1806年，就有至少30艘船葬身海底。最终，葡萄牙航海家意识到穿越这片海域实在太危险了。与其拥抱死亡，不如绕过这个海角，从远海航行过去。

1444年，葡萄牙人抵达了位于撒哈拉沙漠以南的塞内加尔河。利用这条直通内陆的海上通道，欧洲人绕过了那些曾经使西非国家富饶了几百年的陆上贸易线。自此以后，那些来自热带地区的黄金、象牙，以及各种奇珍异宝开始被货船源源不断地运到里斯本，每年都有几十艘代表葡萄牙王室的船只航至非洲。没过多久，私商们也开始组织起自己的远征队。通常我们会认为，地理大发现时代的到来是欧洲人为

---

① 尽管海怪这种想法有些幼稚，不过从某种意义上讲，这些恐惧是有根有据的。虽然中世纪的水手们不知道海洋当中具体生活着哪些生物，但仅仅是那些25英尺长的肉食鲨鱼、60英尺长的巨型鱿鱼、100英尺长的鲸鱼就已经够让人害怕的了，更别提那些曾生活于古代海洋当中的巨鲨和体型骇人的爬行动物了。海洋当中确实存在着怪物，只不过那些迷信的水手搞错了细节。

了避开丝绸之路上的穆斯林势力而选择绕道非洲前往印度所带来的结果。没错，印度的确是一个不错的目的地，但非洲也有很多可以做生意的强大帝国，这些帝国拥有数不尽的金银珠宝，欧洲人只能在梦里见到这种富饶景象。14 世纪初，马里帝国是世界上第二大国家，仅次于盛极一时的蒙古帝国，人口数量高达整个欧洲的 1/3，雄伟壮丽的廷巴克图大都会曾是地球上最富有的城市之一。① 后来出现的桑海帝国（1464—1591）甚至比马里帝国还要强大。

不过葡萄牙人不知道绕道非洲的方案到底现不现实。根据古希腊地理学家留下来的理论，葡萄牙人姑且假定方案切实可行，虽然那些理论可能只是猜想。古代的确有关于船只环绕非洲航行的记载——根据希罗多德的著作，在埃及法老的命令下，腓尼基航海人员曾进行过一次环绕非洲的航行——不过葡萄牙人对这个故事的怀疑程度不亚于今天的我们。当他们一英里一英里地朝着南方艰难航行，发现眼前永远都是望不到头的海岸线时，想必心中一定充满各种疑虑。然而，即便没有到达印度，这些来自西非的贸易对葡萄牙经济来说也是一笔不菲的收入。此外，葡萄牙人对香料起源的理解实在太模糊了。无论走到非洲何处，他们都会掏出香料样品展示给当地人，问他们附近有没有长着类似的东西，但得到的永远是一张张充满困惑的脸。

与此同时，葡萄牙人高高举起印有王室徽章的木制十字架，认领了非洲的大部分土地。抛开这片土地上已经有人定居的事实不谈，欧洲人关于土地所有权的声索准则，在现代人眼中也是绝对武断的。就算罗马教皇的神权能以某种方式向外延展，但它的边界到底在何处？

① 前文曾经提到过廷巴克图的曼萨·穆萨，他是历史上最富有的人。大多数人都用“廷巴克图”这 4 个字指代“迷失之处”，却没有意识到它其实是一个真实存在过的城市。廷巴克图是撒哈拉以南非洲最著名的地方，但讽刺的是，尽管多数欧洲人对这片区域有所耳闻，却只是将其联想为遥远之处。

早期的美洲殖民地也面临同样的问题。这些殖民地在成立以后便开始不断朝内陆扩张。换句话说，美国 13 个殖民地的领土范围可以一直延伸到太平洋。但事实证明这是不可能的，所以我们看到新州会一个接一个从旧州中分离出来，比如从纽约分离出来了佛蒙特，从弗吉尼亚分离出来了肯塔基，从北卡罗来纳分离出来了田纳西。那些探索者到底要索取多少领土？当瓦斯科·努涅斯·德·巴尔沃亚于 1513 年首次到达太平洋时，他蹚着水走进了齐膝深的浪花中，一只手挥舞着利剑，另一只手举着印有圣母玛利亚的旗帜，大声宣告这片海洋及其毗邻的陆地自此以后归西班牙王国所有。他可能不知道，太平洋覆盖了 46% 的地表，和 5 块大陆直接相连。通过一场庄重的“湖中妖女”仪式就想占领半个地球，似乎有些荒谬。

当哥伦布从新大陆成功返回时，西班牙人和葡萄牙人（当时这场殖民竞赛中只有它们两个国家）试图于 1494 年以一份《托尔德西里亚斯条约》解决这一问题。通过一条位于佛得角群岛和由哥伦布发现的加勒比群岛之间的、横穿大西洋的东西分界线，这份条约把整个非基督教世界一分为二。在条约当中，古巴被称为“Cipangu”（日本），这说明他们对世界的了解是多么浅薄。作为美洲大陆的一部分，巴西在 6 年之后被探索者发现，其位置刚好凸向于东西分界线位于葡萄牙的那一侧，这就是今天的巴西有大量葡萄牙人、群众都会说葡语的原因。[①]事实上，这个条约完全是一场赌博，因为尽管这条线理论上会顺着经线延伸下去，但当时没人知道它的终点在哪里。这意味着，当时未被

① 1808 年，拿破仑入侵期间，葡萄牙国王逃往里约热内卢避难。尽管 1821 年他返回了葡萄牙，但他的儿子佩德罗一世却留在了巴西，成为摄政王。次年，佩德罗一世宣布巴西独立。之后佩德罗家族一直统治着巴西帝国，直到 1889 年才宣告结束。由此，巴西有两个与众不同的特点：其一，它是唯一一个统治过欧洲国家的美洲国家（1808—1821 年统治了葡萄牙）；其二，它是为数不多的非原住民王国之一（墨西哥也成立过两个非常短暂的帝国）。

探索者发现的香料群岛其实有可能归属于任何一个国家。而且当香料群岛被发现时，由于当时的航海员无法精准测量经度，人们也无法判断该群岛的归属权。之所以这些群岛最后归葡萄牙所有，是因为葡萄牙人最先抵达了此处。西班牙出于同样的原因占领了菲律宾，尽管这两个地方的经度其实一模一样。

今天，这种把世界划分给两个欧洲小国来掌管的想法不仅狂妄自大，而且十分可笑。该条约不仅被英格兰、荷兰等新教势力无视，甚至连天主教的法国也不曾把它放在眼里。① 毕竟除了某些位于汪洋中的偏远岛屿，人们已经在这个世界上定居了几千年。当然，这并没有成为欧洲人掠夺土地的重要障碍。英国有一个非常经典的经验法则，那就是如果当地人拥有较为清晰的社会等级制度，国家中有一个类似于国王的统治者（也就是说存在一个能够与之交涉谈判的对象）和一个成熟的农业体系（也就是说当地人“恰当地”使用了这片土地），那么在掠夺领土之前就至少要先假模假样地签下一纸条约。当然，这种条约很容易被人操纵：通过威逼利诱，侵略者可以逼迫当地人卖出本就不属于自己的土地，尤其是在整个土地所有权的概念都是由欧洲人提出来的情况下。经过一番讨价还价，土地经常会被人用贝壳串珠②、枪支弹药、酒精等货物买走。一个比较著名的例子是，荷兰人在 1626 年用价值 60 荷兰盾（约合 24 美元）的货物把整个曼哈顿买了下来。③

葡萄牙人一边掠夺领土建立贸易站点，一边派航海家继续沿着非

① 令人感到荒谬的是，1982 年阿根廷占领马尔维纳斯群岛时，英国官方居然引用已经有 488 年历史的《托尔德西里亚斯条约》的内容作为入侵理由。

② 贝壳串珠（wampum）其实就是一种贝壳，美国东北部的印第安人将其用作货币。

③ 如果把通胀因素考虑在内，那么当年的 24 美元相当于今天的 1000 美元。另一方面，如果 1626 年的这 24 美元被人们用于投资理财，那么在利率为 7% 的情况下，这些钱到今天就会变成 5 万亿美元：是曼哈顿房产总价值的三倍。难道说荷兰人才是被欺骗的那一方？

洲海岸向更远处航行。1482 年，迪奥戈 · 康首次穿越赤道，并驾驶着自己的卡拉维尔帆船沿着刚果河一直挺进到非洲的心脏地带。在那里，他成功地和刚果王国（并非现代刚果，不过刚果的名字的确来源于此）建立了联系。刚果王国是一个以山药、豆类、高粱、小米为主要农耕作物的文明国家，有数万名市民居住在位于山顶的首都之中。刚果王国的面积大约和加利福尼亚州一样大，是葡萄牙领土的 5 倍，在整个非洲南部颇具影响力。刚果王国还和大津巴布韦成为贸易伙伴，并经由该地区和印度洋地区建立了联系。至少有一名葡萄牙水手在刚果王国长期定居，并在1497年成为瓦斯科 · 达 · 伽马印度之旅的班图语[①]官方翻译。

1488 年，也就是在距航海家恩里克（死于 1460 年）首次派遣远征队的 68 年之后，巴尔托洛梅乌 · 迪亚斯终于成功绕过非洲最南端。当时，迪亚斯长达 16 个月的旅程创造了世界上海上航行时间最长的纪录，但现在来看，和之后的其他征途相比，迪亚斯的这趟冒险其实也只能算得上中规中矩。沿着非洲西海岸南行之后，迪亚斯和随行的两艘卡拉维尔帆船遭遇了长达 13 天的风暴袭击。风暴停息后，船队开始向东航行，以期能找到停靠的陆地。当发现前方仍然是一望无际的大海时，一行人转向东北航行。一个月后，迪亚斯终于在非洲南端的莫塞尔湾登陆。此后迪亚斯又航行了一个月，直到航线开始偏向非洲东海岸，他们才在距印度洋只有咫尺之遥的地方停了下来。在南非的 Kwaaihoek（现在的东开普省）附近，他们竖起了一座纪念碑，用来标明他们此次航行的最远点。迪亚斯还想继续朝着印度洋的方向航行，但他的船员拒绝继续往前走，于是一行人便打道回府，准备将一

---

① 班图语支是非洲南部最为普及的语言之一。

路上的所见所闻上报给王室。结果返程途中他们意外地发现了好望角，并将其命名为“风暴之角”（风暴之角的名字在一场公关活动中被改为“好望角”，这和红色埃里克给格陵兰岛命名的方式如出一辙）。

迪亚斯抵达葡萄牙之后没多久，克里斯托弗·哥伦布也回到西班牙，并声称自己曾到过远东地区。尽管不知道哥伦布到底发现了什么，这仍然引起了葡萄牙人的警觉——既然环绕非洲的航线已经探索完毕，葡萄牙人决定迅速前往印度洋。1497 年 7 月 8 日，瓦斯科·达·伽马率领 4 艘船只和 170 名被精挑细选出来的水手从里斯本正式启程。迪亚斯被换成达·伽马的一个很重要原因就是，葡萄牙当局喜欢让不同的人轮流领队，这样才能保证每个人都不会功高盖主，也不会抢了实权。所以迪亚斯会被换成达·伽马，达·伽马也会在某天被替换成另一位领队。瓦斯科·达·伽马的这趟航行比迪亚斯的更远、更艰险。经历了两年多的磨难以后，达·伽马的船队损失了一半船只，2/3 的水手在途中丧命。

1497 年，达·伽马的船队超越迪亚斯旅途的最远点。由于圣诞节临近，他们便将这片新发现的海岸命名为“纳塔尔”（意为耶稣诞生的日子），其名字一直沿用至今。大概就是在这段时期，船上的人员第一次出现了四肢肿胀、牙龈出血、牙齿脱落等症状，这就是让老年船员深受其害的坏血病。① 坏血病迫使船队在莫桑比克的赞比西河附近稍做休憩，他们埋葬死者，修理船只，然后继续前进。很快他们就遇到了讲阿拉伯语的人，这意味着他们正在接近印度洋贸易网。随后他们沿着斯瓦希里海岸继续航行，抵达了阿拉伯商人聚集的肯尼亚蒙巴萨港

① 直到 1934 年，人们才意识到坏血病的病因是缺乏维生素 C。现在回想起来，当初维京人为了避免患上坏血病（很可能是无意而为），会在饮食中加入很多洋葱、水萝卜、泡菜，这可比后来的肉干和压缩饼干健康多了。

口。在这里，葡萄牙人感受到了极强的敌意。起初，他们以为这种敌意来自宗教信仰的不同，但实际上，是欧洲人在印度洋上的突然出现引发了他们的警觉。

达·伽马仍然需要想尽办法找到前往印度的道路。尽管蒙巴萨水手热心地给他指明了方向，但后来证明这只不过是一个故意让葡萄牙船队毁于浅礁滩的诡计。葡萄牙人利用酷刑发现了这一诡计，之后展开报复，他们用大炮对城镇狂轰滥炸，并烧毁了海港的部分船只。随后他们沿着海岸航行到马林迪港口，由于马林迪是蒙巴萨的敌对城市，葡萄牙人在这里受到了热烈欢迎。在了解到内陆不远处还有一个名为埃塞俄比亚的基督教王国之后，葡萄牙人暗自猜测：这会不会正是传说中的由祭司王约翰统治的神秘王国？我们是不是可以和他们结成同盟，并说服他们帮助欧洲国家，一起对抗中东地区的穆斯林势力？[①]除此之外，他们还找到了一个非常友好的导航员，以带领他们完成剩余的航程。所以，葡萄牙人所谓的找到了通往印度的路线，不过是因为跟这些人打听明白了方向。

在季风的帮助下，达·伽马的船队在不到一个月的时间里就成功穿越非洲来到印度，并在 1498 年 5 月 20 日停靠于卡利卡特。由于不知道当地人会如何对待葡萄牙人，达·伽马行事非常谨慎。他派出一名水手独自乘船上岸，对小镇中的情况进行评估。从码头登陆以后，这名水手被人带进外国人的居住区，在那里他遇到了很多阿拉伯商人。其中一位商人操着标准的西班牙语问他："你们来这里干吗？"这些来自北非突尼斯的商人明确表示，印度洋不欢迎葡萄牙人。后来在探寻整座城市的过程中，这位葡萄牙水手在卡利卡特后街迷了路，偶然发

---

① 埃塞俄比亚信奉一种古老的基督教。640 年，穆斯林攻占埃及，从此切断了该宗教和欧洲的来往。

现了一座印度教寺庙。令他惊讶的是，这座寺庙中居然存有“圣人”画像，某些圣人的头上甚至还有光环。[①] 由于穆斯林不允许展示人像，这位水手也从未听说过印度教的存在，因此他兴奋地推测该寺庙其实是一座基督教堂。此外，他还发现，圣歌中有个词是“Krishna”（其实是印度教中代表怜悯和爱情的黑天神），长得和“Christ”（基督）很像，因此他更加确信自己的推测是正确的。不过，当他回去向船队汇报自己的见闻时，印度人正在敬奉着这些奇怪的圣人，其中某些圣人长着多条手臂，拥有蓝色的皮肤，有个圣人甚至还长了一个大象的脑袋。

几天以后，葡萄牙人想办法正式觐见了这座城市的首领。达·伽马呈上了来自葡萄牙国王的厚礼：食糖、食用油、蜂蜜、棉花、珊瑚、一些带有装饰的碗。那些印度官员认为那号称“伟大的”葡萄牙国王实在过于无礼，竟然给他们送来这堆毫无价值的破烂儿。他们不明白为什么礼品中没有黄金白银，毕竟对于一个杰出的君主来说，金银才符合他们的身份。葡萄牙代表团离开以后，那些阿拉伯商人便前来和首领商谈，他们说达·伽马根本不是什么王室大使，他更像是一个常见的海盗。印度是地球上最富有的国家之一，卡利卡特的集市上摆满了宝石、珍珠、丝绸、珍贵香料，他们根本不需要这些不值钱的小玩意儿。

最终，达·伽马只购得一小货箱的胡椒和肉桂，他从中意识到，必须用武力铲平阿拉伯人在印度的影响力。三个月后达·伽马准备离开印度，他无视当地水手的建议，决定逆着季风穿越非洲。这是一段不堪回首的旅程。当初从非洲到印度只用了 23 天，而返程时长却是这个数字的 5 倍多——他们足足逆风行驶了 132 天。剩下的船员有一半都死在途中，大多数幸存者都被坏血病折磨得痛不欲生。1499 年 1 月，

① 3000 年前荷马所著的《伊利亚特》中就已经出现关于“光环”（halos）的记载，其形象最早出现于亚历山大大帝侵略印度时期的亚洲艺术作品中——可能受到古希腊文化的影响。

船队终于抵达非洲海岸，停靠在马林迪港口休整。

回家的路虽然还很长，不过却好走很多。途中达·伽马的兄弟保罗病倒，达·伽马不得不在佛得角稍事停留，以便照顾保罗。不久后保罗去世，达·伽马又花了一个月的时间，才乘坐着卡拉维尔帆船从西非回到了家乡。这是欧洲人自罗马时代以来第一次航至印度，尽管损失惨重，但仍被视为是一场巨大的胜利。达·伽马被赐予“阿拉伯、波斯、印度及全东方的海军上将”的尊贵头衔，这可能是对西班牙赐予哥伦布“世界洋海军上将”头衔的直接挑战。船队用所获香料所换回的丰厚利润，是整个远征开销的许多倍。当然，这趟旅程也让葡萄牙认识到，葡萄牙人必须诉诸何种级别的武力，才能控制印度洋。

和达·伽马的探险之旅不同，葡萄牙后续的远征队由佩德罗·阿尔瓦雷斯·卡布拉尔率领，共计有13艘军舰和1500多名士兵、水手，这绝对算得上是一支军队。抵达印度后，卡布拉尔在科钦这座小型港口城市修建了一座战地堡垒。之后，他又航行至卡利卡特，建立了一座贸易站。阿拉伯商人行会很快便发起了作战行动。作为报复，葡萄牙人动用大炮残忍地轰炸了这座城市。他们实行封锁政策，并开始攻击所有往返印度的船只，甚至包括前往麦加的朝圣者的船只。葡萄牙人把这些船只封了起来，一把大火将其烧成灰烬，残忍地屠杀了上面的乘客。随着冲突的不断升级，每年都有更多的舰队、更多的士兵被葡萄牙人派往此处。

某天晚上，葡萄牙舰队正停靠在卡利卡特之外，突然听到一阵水花飞溅的声音，看到一个人正朝着他们游来。他们发现，这个人正是意大利冒险家卢多维科·迪瓦尔泰马。迪瓦尔泰马循着马可·波罗的足迹，游遍了整个已知世界。水手们把他拉上船，拿出了热腾腾的食物和干衣服，随后迪瓦尔泰马便开始讲述自己那些令人难以置信的旅行故事。迪瓦尔泰马曾经当过一阵雇佣兵，服务于埃及的统治者马穆鲁克，在这里他接到了护送商队的任务，并跟随商队经陆路来到波斯。途中他有幸来到了麦加和麦地那，这可能让他成为第一个到过伊斯兰圣城的基督徒。之后迪瓦尔泰马又从波斯乘船前往印度，后来又去了远东地区，停靠在马六甲的贸易中心，这又很可能让他成为第一个到访香料群岛的欧洲人。

在异国他乡居然能遇到欧洲同胞，葡萄牙人立刻对迪瓦尔泰马产生了浓厚的兴趣。不过，尽管迪瓦尔泰马的确非同寻常，但这并不意味着他是独一无二的。欧洲人能够坐船航行世界，并在中途遇到来自家乡的游客，这表明整个世界已经初步连接在一起。迪瓦尔泰马很快便成了葡萄牙人在亚洲的重要情报来源，他提供的第一份情报就是敌人即将发动袭击。于是葡萄牙人立即派兵前往战场，命令舰队集中火力多炮齐射，成功击退 200 多艘来自阿拉伯和印度的小型战船，这就是 1501 年的坎纳诺尔之战。[①] 之后迪瓦尔泰马又向葡萄牙人提供了印度港口防御工事的详情，他的语言能力在和当地统治者的谈判过程中起到了关键作用。然而，尽管葡萄牙人一再尝试攻下卡利卡特，这座城市还是坚持到 1588 年才向葡方投降。[②]

之后葡萄牙人一边继续努力控制印度，一边于 1511 年征服了位于马来半岛的马六甲，试图直接掌控整个香料贸易。他们的目标是在欧洲和远东之间铺满葡萄牙的贸易中转站，并肢解掉已经存在几千年的印度洋贸易网络，彻底消灭竞争对手。1513 年，第一批前往中国的远征队在澳门停了下来，随后澳门便成了欧洲人在亚洲占领时间最长的

① 受伤的葡萄牙士兵中，有一个名叫 Fernão de Magalhães（即 Ferdinand Magellan，斐迪南·麦哲伦）的年轻人，之后我们会讲述他的故事。

② 在接下来的几个世纪中，卡利卡特接连被荷兰人、英国人、荷兰人（第二次）、法国人、英国人（第二次）占领，直至 1947 年印度独立，这一局面才得到改变。

地区。直到近5个世纪以后的1999年，澳门才最终回归中国。1543年，葡萄牙人在日本登陆，抵达了亚洲的外缘，此时距达·伽马启程寻找通往印度的海上航道还不到50年。至此，欧亚大陆最西边的国家和最东边的国家联系在了一起。至此，链条的最后一环被补全，旧世界永久性地绑定到了一个单一的全球化体系之中。

第 11 章　掠夺与黄金

当葡萄牙人一路沿着非洲海岸南行时，一位名叫克里斯托弗·哥伦布的热那亚航海家正在规划前往亚洲的更短路线。他不是第一个到达美洲的欧洲人——维京人早在几个世纪以前就来过这儿，甚至可能还有其他人来过——但他却是第一个让旧世界与新世界之间发生持续交流的人。这是有史以来第一次，人类、植物、动物、疾病、思想穿越了大西洋，不久之后又穿过太平洋，将整个世界变成一张相互连接的网。近些年，我们开始从现代视角看待哥伦布的历史功绩，这位航海家的名声也因此受到一定影响，但毋庸置疑，他绝对是一位重要的历史人物。更令人觉得有意思的是，直到临终之日哥伦布都拒绝承认这些让他名扬历史的功绩。即便已经经历 4 次航行，哥伦布也无法接受自己抵达的不是亚洲，而是一片新大陆这个事实。

克里斯托弗·哥伦布于 1451 年出生在一个热那亚中产家庭。由于父亲是一位贩卖羊毛和奶酪的商人，哥伦布从小便浸淫其中，10 岁时就有了出海经验。热那亚是一个商人共和国，也是欧洲最权威的制图师学校所在地。意大利制图师在这段时期制作出了标注有罗盘方向和航海距离等信息的可靠航海图。在这些所谓的波特兰海图出现之前，大多数地图出于宗教等目的，通常只会标出个别地点的相对位置，并且几乎不考虑精度和比例问题。葡萄牙航海家沿着非洲海岸航行时，也会向热那亚制图师咨询航海信息，而此时哥伦布的兄弟巴托洛梅奥已经在地图制作行业工作多年。哥伦布可谓赶上了成为探险家的天时地利：在他的青年时代，意大利的文艺复兴运动声势日隆，那些重现天日的科学、地理、天文学作品也被印制成书，广泛传阅。

1473 年，22 岁的哥伦布在热那亚百夫长银行找到了一份旅行代理人的工作。虽然我们不知道他的全部行程，但他似乎借此机会游遍了整个地中海地区，甚至很有可能到达过黑海，因为当时黑海有很多热那亚共和国的殖民地。[①] 1476 年，哥伦布随商队前往英国，途中遭到了盘踞在葡萄牙海域的法国海盗的袭击。由于船只被破坏，哥伦布不得不在水中游了好几英里，才在葡萄牙海岸登陆，并最终想方设法到了里斯本。我们之前已经提到过，里斯本是一个繁华的商业中心，它的码头上挤满了来自欧洲各地的水手，葡萄牙船只则源源不断地从非洲运回奴隶、黄金、象牙。这样的景象势必也会让哥伦布有所触动。哥伦布继续留在当地的热那亚百夫长银行分行工作，不久后便游览了英格兰和爱尔兰。他想必在爱尔兰听说了航行者圣布伦丹的故事，后者在大洋彼岸发现了新的陆地。

实际上，当时的欧洲地图上常常会标注出某些大西洋深处的岛屿，但哥伦布之所以有此后的事迹，是因为他错误地认为这些岛屿是亚洲边缘地区的定居点。根据他儿子给他写的传记，哥伦布是受了他

---

① 前文提到过，皮西亚斯之前到访过这些曾属于希腊人的殖民地。卡法是其中最大的殖民地，后来传遍欧洲的黑死病，最初便是在 1347 年蒙古围城期间于此暴发。奥斯曼帝国于 1475 年征服了卡法，在此之前的一两年哥伦布曾探险至此。

在爱尔兰亲眼见证的怪异事件的影响，才会认为大西洋对面的土地上有人居住。一天，一艘载有两具外国人尸体的神秘船只被海水冲到岸边。这些尸体很可能是偏离了航线的美洲原住民（很有可能是因纽特人）——盛行风把他们吹到了爱尔兰，而由于北方气候寒冷，尸体才得以完整留存下来。当然，这一切也可能只是哥伦布道听途说，并非亲眼所见。除此之外他还了解到，一些木雕和其他人类物品偶尔会被海浪冲到欧洲海岸上。尽管没有证据表明这些东西来自大海的另一头儿，但对哥伦布来说，这些神秘的漂流物——人类尸体和其他物品——已然变成他探寻世界的一系列累积线索。

1477 年左右，哥伦布可能已经踏足过遥远的冰岛，而此时距格陵兰岛维京人殖民地与世界失去联系，也不过才几十年时间。那些来到冰岛的水手本该意识到，大西洋之外不应该只是几个岩岛，而是一整片大陆。这会不会就是马可·波罗提到的那个欧亚大陆之角？如果哥伦布真的到过冰岛，那么这一定会成为促使他下决心继续西行的一个关键事件。坚信一直西行就能到达亚洲的不止哥伦布一个人。1474 年，一个名叫托斯卡内利的佛罗伦萨天文学家给葡萄牙国王寄了一封信和一张地图。后来人们对地球真实大小的误判可能就是因为这张地图的误导，而这其中就包括看过此地图的哥伦布。正如我们所知，希腊哲学家埃拉托色尼早就算出了地球的周长，误差不到 10%。托斯卡内利要么是没听说过埃拉托色尼，要么是根本不相信他的计算。

与华盛顿·欧文于 1828 年所撰哥伦布传记宣扬的观点相反，当时几乎没人相信地球是平坦的。地球是个球体，这是中世纪天文学的根基，也是那些依靠恒星导航、每天都能看到弯曲的地平线的水手坚信不疑的真理。既然如此，那些距离上的误差是从哪儿来的呢？根据波斯天文学家阿尔法甘尼的计算，1 纬度（以及赤道附近的经度）大约相当于56“里”，但托斯卡内利并没有意识到这个“里”指的是阿拉伯里，而不是常见的罗马英里[①]，由此便导致30%的数字低估。错上加错的是，托斯卡内利还大大高估了欧亚大陆的宽度。根据托勒密的估算，欧亚大陆大约跨越了180个经度（占世界的一半），而托斯卡内利却以225个经度（世界的2/3）作为基础进行演算。事实上，就连托勒密也高估了欧亚大陆的大小（真实数字大约为130个经度）。这样的结果就是，托斯卡内利把一大半的地球给搞丢了。

此外，托斯卡内利眼中的日本要更大一些，所以也更容易抵达。据他估计，加那利群岛和日本之间的距离只有2300英里。然而其真实数字超过了12000英里，中间还隔了北美和整个太平洋。于是，哥伦布在亚洲的距离只有真实数字的1/5的错误理解下起航。认为亚洲刚好处于船只最远航行距离之内，这确实有些一厢情愿的成分。可对于哥伦布来说，既然已经知道大西洋另一头有陆地存在，那这些陆地为什么就不能是亚洲？尽管有很多学者都得出了正确的结论，认为从欧洲一直向西航行至亚洲的方案不切实际，但哥伦布认为他才是真正的专家。这将是一个改变整个世界的错误。

在整个15世纪80年代，哥伦布反复试图为自己的西航之旅募资。1484年，他以深航大西洋为由向葡萄牙的若昂二世申请三艘船只，结果很快便遭到了拒绝。若昂二世的理由非常充分：欧洲最顶尖的地理学家认为，即便真的存在一条一直向西的航线，亚洲也比哥伦布估算的距离要远得多。1479年，阿拉贡国王费尔南多二世与卡斯提尔女王伊莎贝拉一世举行婚礼，西班牙实现统一。7年后的1486年，哥伦布向伊莎贝拉皇后呈交远航方案，后者以同样的理由拒绝了他。1488年，

---

① 1罗马英里（起源于拉丁文“mille passus”，即1000罗马步）为5000罗马英尺（大约相当于现代的4860英尺），而1阿拉伯里大约为6584英尺。

在迪亚斯从非洲南端返回之后，哥伦布又向葡方请求资助，可是当时葡萄牙人的手里已经有了一条通向印度的航线，对哥伦布如此牵强的冒险计划根本不感兴趣。后来哥伦布又向热那亚、威尼斯甚至英格兰国王亨利七世寻求帮助，可惜全部无功而返。

事实上，哥伦布曾经引起过伊莎贝拉皇后的兴趣，但当时西班牙正陷于和摩尔人的苦战，无暇旁顾。1489 年，为了防止哥伦布把他的计划带到别的国家，皇后给他发了一年的津贴，并同其展开初步谈判。最终在 1492 年 1 月，也就是在征服了格拉纳达之后，费尔南多与伊莎贝拉又把哥伦布传唤了过来。根据传说，起初他们又一次，也是最后一次拒绝了哥伦布，不过当哥伦布失望离开之时，他们改变了主意，并派出皇家守卫把他抓了回来。之后双方达成协议：西班牙负责此次航行的所有费用，一旦冒险成功，哥伦布将成为任何新发现领土的总督，且永远都可以分得全部收入的 10%。此外，经皇室批准，他还可以随意指派任何人担任各地方的管理者。为什么西班牙的统治者们会改变主意呢？尽管他们确认此次航行荒诞不经，但哥伦布正确、其他人错误的概率并不完全是零。考虑到此时西班牙已经统一，而且葡萄牙远征队已经抵达印度，西班牙统治者们急切地想在和葡萄牙的对抗当中获取优势。他们心里肯定早已将哥伦布的计划视为一次划算的赌博：尽管大概率一无所获，但也存在一丝以小博大的机会。

尽管已经给出承诺，费尔南多与伊莎贝拉仍然花费了好几个月才把这次航行组织起来。当然，他们并没有为了旅费而去典当王冠上的珠宝（在某个相当流行的故事版本中的确有类似的描述），只不过是以皇家债务为偿，下令让港口小镇帕洛斯为哥伦布提供船只和水手。帕洛斯想尽办法才凑齐三艘勉强合格的船只：两艘卡尔维尔帆船——平塔号和尼尼亚号，还有一艘卡瑞克帆船圣马利亚号。这三艘船尺寸都很小：平塔号和尼尼亚号只有 50 英尺长，跟一节火车货运车厢的长度相仿，但载货量却更小。圣马利亚号只比它俩大 20%。这三艘船的尺寸其实和今天的休闲游艇相仿，不仅比当时的欧洲船只还要小上许多，更无法与 60 年前印度洋上的巨型郑和宝船相提并论。这些船不仅不舒适，而且非常拥挤、潮湿，即便是大西洋较为缓和的波浪，也能让它们粉身碎骨，更不用说那些暴风雨了。

哥伦布的小型船队于 1492 年 8 月 3 日离开港口，首站驶向可补充物资并有盛行风的加那利群岛。[①] 之后，9 月 6 日，哥伦布一行踏上了前往未知海域的征程。尽管哥伦布搞错了自己和亚洲之间的距离，但好在他是一名技艺高超的航海家。当时测量经度的方法尚未被发明出来，不过哥伦布还是凭借聪明才智在航行期间精确计算出了船只的航行距离。理论上来说，距离就是速度乘以时间。后来的水手们可以通过向海中抛出打了很多结的绳子，通过计算一定时间内冲走的结的个数计算航行速度（因此船只的航行速度以“节”为单位），但这种方法要在一个世纪以后才会出现。哥伦布为了判断自己船只的速度，不得不用肉眼估算海浪冲刷的速度，这种方法不仅需要极高的注意力和丰富的经验，而且无法根据水流和风向进行校正。至于计时，则全要倚仗那些难得靠谱的船上侍者每过半小时翻一次沙漏。

到 10 月初，哥伦布和他的手下已经有一个月都没见过陆地了，船员们因此变得焦虑不安。他们不是担心继续航行会导致自己从地球边缘掉下去，而是担心哥伦布对亚洲的真实距离判断有误，担心自己已经航行太远，凭借船上仅存的补给根本无法逆风返回陆地。穿越马尾

---

① 在加那利群岛附近，“东风带”（easterlies，又称信风）的风向由东向西，而“西风带”（westerlies）的风吹向欧洲北部，在二者的共同作用下，北大西洋形成一个巨大的环形风带。

藻海[①]时，由于那些在夜间暗暗发出诡异光芒的马尾藻和船体纠缠在了一起，船队被迫放慢了速度。最终哥伦布同意，如果一周之内还没见到陆地他们就返航。10月7日，船员们见到了一个鼓舞人心的景象：一只水鸟正在朝着西方飞去，他们推测那就是陆地的方向。之后在10月12日清晨，也就是在海面上航行了5个星期之后，平塔号上负责望风的水手终于第一次见到了陆地，并高呼："Tierra[②]！"[③]

当天晚些时候，船队停靠在了一个被他们称为圣萨尔瓦多岛的地方。尽管我们知道这个岛属于巴哈马，但并不清楚具体是哪一个。哥伦布蹚水登岸，以费尔南多与伊莎贝拉的名义将这座岛的所有权归到了西班牙的名下，船员们则纷纷签下自己的名字，作为这份声明的见证人。很快，他们面前出现了一群好奇的岛民，于是他们赶紧把阿拉伯翻译（一个已经改变信仰的犹太人）叫了过来。令大家失望的是，这名翻译听不懂当地人讲的话，这些原住民也没有穿着中国传统的长袍，反而处于近乎全裸的状态。这些登陆初期的种种迹象都表明，哥伦布船队来到的这片土地实际上可能并不属于亚洲。另外，可能是因为这个岛过于偏远，哥伦布此行并没有受到太多阻碍。不过，尽管这些"印度人"热爱和平，态度友好，但西班牙人发现他们身上有很多伤疤，据此推断出他们时不时地会被其他人俘虏，而俘虏他们的人应该是居住在其他岛屿上。事实上，这些掠劫者是几个世纪以前从南美移民到加勒比海的卡利勒人。在卡利勒的语言中，"人"就是"karibna"，"加勒比"（Caribbean）以及以同类为食的"食人族"

① 马尾藻海是世界上唯一一个没有海岸线的海，其边界由北大西洋的几个洋流所确定。

② Tierra 在西班牙语中意为陆地。——译者注

③ 根据某些文献的记载，第一个看到陆地的水手可以获得一份终身津贴，可是这位名叫罗德利哥·德·特利安纳的水手却没能拿到这笔钱，因为哥伦布坚称自己在几个小时之前就看到了象征陆地的地平线。

（cannibal）这两个词，都源于此。[①]

西班牙人发现，这些原住民过着相当简单的生活，对金钱、科技、武器这些概念一无所知，可是看上去似乎比欧洲人更为快乐幸福。后来哲学家们提出了一个“高贵野蛮人”的概念（也有人认为这是一种谬见），而这大概就是其第一批典型形象。哥伦布航行结束之后没多久，“高贵野蛮人”就成了各种小说中用来衬托、批判人类社会内在丑恶的一个常用设定，一直沿用到詹姆斯·卡梅隆2009年的电影《阿凡达》当中。1580年，法国作家米歇尔·德·蒙田写下了一篇名为“Des Cannibales”（食人族）的文章，作为对颠覆根植于以自我为中心的欧洲人内心深处的西方文化优越性的一种早期尝试。根据对南美人的采访以及他们回复中的描述，蒙田在作品中不仅刻画出了一个单纯无知的蛮族文明，还强调了这种自然和谐的生活所必不可少的善良内在。蒙田表示，尽管这些蛮族有可能具有食人习性，但欧洲人的所作所为更为恶劣，人们应当为此感到自责和羞愧。当食人族吞食同伴尸体的肉块时，欧洲人也在肆意折磨自己的同类，并把他们活活烧死，而这一切全部缘于宗教信仰。

哥伦布认为这些温顺的原住民可以被调教成理想的奴仆，于是便抓了一些呈送给费尔南多与伊莎贝拉。不过在此之前，哥伦布注意到这些原住民身上有纯金饰品，便命令他们带路找到黄金的来源。原住民们表示，这些黄金来自一个位于南方的、由一位富有的国王统治的大型岛屿。哥伦布听了之后非常高兴，以为这就是传说中的日本。据马可·波罗描述，日本城市由大量黄金连接在一起（马可·波罗的信息源于中国人，也是二手的）。可事实上这座岛并不是日本，而是海地岛。

① 卡利勃人是食人族的说法历史上并没有留下证据。这个故事很可能是西班牙人瞎编的，旨在体现他们奴役行为的正当性。

虽然哥伦布的确找到了一些黄金，但这点儿黄金根本无法满足他庞大的胃口。

在将近5个月的时间里，哥伦布逐步探索了加勒比海地区。每当船队遇到岛屿，哥伦布便派遣侦察员上岸，向当地人咨询中国伟大的可汗，以及通往元朝朝廷的正确方向。然而，对于这些问题（我们只能猜测他们是通过手语交流的），西班牙人看到的只有一张张充满迷惑的脸，不过他们的确发现了一些有意思的东西。侦察员回报说，当地人会睡在一张用绳子绑在两棵大树之间的吊床上，这些吊床被他们称为“hamacas”（在泰诺族的语言中，这个词是“渔网”的意思）。不久之后，欧洲所有的船只上都引进了这种吊床，那些平时晕船的水手可要好好感谢这些生活在加勒比海的人。因为在波涛汹涌的大海当中，当船体剧烈地晃来晃去时，睡在这些吊床上的人可以保持不动。西班牙人还发现当地人会随身携带一些装满干叶子的圆筒，只要点燃其中一端，这些东西便会暗暗发光燃烧。人们从另一头吸吮，便如“吞云吐雾”一般。这些小圆筒被当地人称为“烟草”（tabacos）。

瓜卡纳加里克斯是海地岛上泰诺族的5位首领之一，在哥伦布探险队到来时，他给予了热情的接待。根据西班牙人的记载，在产生冲突时，泰诺人从来不跟自己族人打架，而是会把各自的支持者召集起来，举办一场类似足球的球类比赛。虽然我们可能有些误解，但球类运动在新大陆的确相当流行，这让西班牙人如痴如醉，因为尽管团队运动曾流行于罗马时代，但自那以后欧洲地区几乎再也看不到此类活动的踪影。1492年圣诞节，正当一行人在海地岛四处巡游之时，悲剧发生了。哥伦布船队最大的船只圣马利亚号触礁搁浅。由于平塔号和尼尼亚号无法承载圣马利亚号的全部船员，瓜卡纳加里克斯允许他们在海地岛留下39个人。这些人在圣马利亚号的残骸当中匆忙建起了一个名为拉纳维达德的定居点之后，平塔号和尼尼亚号便起航回国了。

随着这两艘卡拉维尔帆船在凛冬的暴风雨中遭受严重损坏，返航之行变得越发艰难。当时哥伦布在尼尼亚号上，不小心和航行在前面的平塔号走散了。由于船只在风暴中受损，哥伦布被迫在亚速尔群岛一带展开紧急修复工作。在这里，船员们因“涉嫌从事海盗活动”被葡萄牙总督囚禁起来，不过好在哥伦布辩才无碍，一番交涉之后，众人得以释放。之后，另一场风暴又迫使尼尼亚号在里斯本寻求避难，而哥伦布也在这里见到了巴尔托洛梅乌·迪亚斯。此前哥伦布未能获得葡萄牙官方的资助，多少也是拜迪亚斯三年前的航行所赐。① 葡萄牙人指控哥伦布违反了签订于 1479 年的《阿尔卡索瓦斯条约》，后者规定未来所有发现于大西洋的土地都应归属葡萄牙。所幸他们并没有深究此事，哥伦布成功乘船回到西班牙。

费尔南多与伊莎贝拉热情迎接了哥伦布，他们渴望了解亚洲的那些奇闻逸事。尽管这趟旅程没有让西班牙和伟大的可汗结盟，但仍有很多成果值得庆祝。除了吊床和烟草这些神奇事物，哥伦布还带回了能展现东方风情的当地植物、鸟类，甚至还有一些原住民。除此之外，他们还带回了些许黄金。没错，他们并没有找到马可·波罗提到的那些宏伟的黄金宫殿和大理石城市。尽管有人发出了质疑之声，但这并不能浇灭人们心中的喜悦和兴奋。西班牙人已经做好了先葡萄牙一步发现印度的准备，他们坚信，印度就在哥伦布所发现的那片岛屿的不远处。

在此之后，哥伦布又率领船队进行了三次航行。第二次航行始于 1493 年 9 月，船队共有 17 艘船，载有 1200 名殖民者，目的就是找到

---

① 哥伦布很有可能还遇见了后来实现了环球旅行的斐迪南·麦哲伦，当时麦哲伦是一位年轻的宫廷护卫。

海外定居点。哥伦布一行人回到了海地岛，却发现拉纳维达德已经变成废墟，当时留下的船员在争斗中被当地人杀害了。于是船队开始沿着海地岛海岸向东航行，沿途建立了一个新的定居点——拉伊莎贝拉。不过这个定居点很快就被废弃了，船员们于 1496 年迁到了位置更好的圣多明各（今天变成多米尼加共和国的首都）。哥伦布随后继续在加勒比海域寻找亚洲的线索，试图将自己看到的景象和马可·波罗描绘的景象拼接起来，可惜一无所获。返回海地岛之后，哥伦布担任了一段时间的总督，可惜他实在不擅长行政管理。不久之后当地便隐隐出现了叛乱之象，他只好于 1496 年回到西班牙，向国家寻求帮助。

尽管这次哥伦布仍旧给西班牙王室带来了各种新奇见闻，但王室的态度明显冷淡了许多。因为在多年的搜寻以后，他仍然没有任何证据能够证明自己抵达了亚洲。不过，哥伦布仍有一线希望。1498 年，也就是第三次远航，哥伦布在海地岛发现了跟鸡蛋一样大的金块，还找到了奥里诺科河的河口，这里有大量河水倾泻而出，意味着附近肯定有一片大陆。于是哥伦布强迫船员们郑重发誓，承认自己已经抵达亚洲，仿佛只要相信梦想便可成真一样。在第四次远航中，哥伦布终于在尤卡坦州找到了能够说明伟大的亚洲就在不远处的证据：据当地人形容，那些宏伟的内陆城市中有让人心生敬畏的宫殿，统治者皆为身披金袍的贵族，这肯定就是马可·波罗笔下的中国。①

与此同时，哥伦布逐渐麻烦缠身。1500 年，由于有人指控海地岛殖民统治残暴，管理不善，费尔南多与伊莎贝拉便派出一位代表前往调查。这位代表回报说，哥伦布利用酷刑和威吓维持当地统治，并奴役了大量原住民。随后哥伦布便因所犯下的罪行被捉拿归案，押送回

① 其实当地人指的是阿兹特克的首都特诺奇蒂特兰（墨西哥城）。

西班牙。最终，他想办法说服君主将其释放，但被剥夺了头衔和特权。哥伦布最终死于1506年，在生命的最后几年当中，他陷入了无尽的痛苦，一直纠结于权力被人剥夺这件事。在他死后，他的后人向西班牙国王申诉，试图拿回当初承诺好的权益。可是国王认为哥伦布犯罪证据确凿，任期表现极其糟糕，政府理应收回这些权益。尽管其他人早就猜到这片大陆的真实身份，但哥伦布直到临死前仍然坚信自己到达的是亚洲。

哥伦布给世界留下的最宝贵的财富，恰恰就是他穷尽一生都在极力否认的那件事。无论从哪个角度来看，我们都不能说哥伦布"发现"了美洲——在哥伦布之前就有欧洲人发现了美洲，大量人口早已在此定居——但毫无疑问，哥伦布开启了一个令人类、动物、植物以及思想持续交流的新时代，而无论这些交流是好是坏，它们都改变了世界。加之葡萄牙人对亚洲的探访，如今地球上绝大多数区域已经不可避免地被连接到一起。美洲的玉米、豆子、南瓜、土豆传播到了世界各地，如何养活大量人口的问题也因此有了全新的出路。更高产量和更多样化的食物供应，几乎让那些隔三岔五就肆虐欧洲的饥荒消失，这片大陆上的人口因此得以迅速增长。

尽管奴隶制并不是哥伦布发明的，但它已经变成哥伦布留给世界的一个难题。虽然海地岛上有很多人因疾病死亡，但其人口锐减程度之夸张，更像是一场蓄意的种族灭绝。那些西班牙人蹂躏、残杀了大量原住民，却没有受到任何惩罚。欧洲封建制度在新大陆上以"监护征赋制"的名义重新发展起来。在监护征赋制下，西班牙殖民者被分配了特定面积的土地和特定数量的原住民，并对他们负责。监护征赋制发展于罗马时代，那些土地领主本应向群众提供人身保护，换取一部分粮食作为回报，形成一种互惠互利的局面，可是在远离皇室监督范围的新大陆上，这套系统充斥着各种暴虐。为了让自己变得更加富有，这些对长远利益毫不关心的殖民领主似乎没有什么理由不让这些原住民活活累死。尽管伊莎贝拉王后下令禁止奴役当地人，但监护征赋制只是徒有虚名，其本质还是奴隶制。

有些西班牙人对这种监护征赋制提出了反对，其中最著名的便是巴托洛梅·德拉斯·卡萨斯。1502 年，正值青年的卡萨斯随父亲来到海地岛，参加了几场针对当地泰诺人的突袭行动。1510 年左右，他成为新大陆上的第一位牧师，开始为监护征赋制进行辩护。1513 年，他跟随西班牙士兵征服了古巴，亲眼见证了好几场残暴的大屠杀。他深信西班牙人对这片土地的统治严重有违人道，之后便开始了一场长达 50 年的针对普遍人权的保护运动。卡萨斯自己主动放弃了监护征赋制，并劝导其他人也应该这样做。不过，意识到自己其实在西班牙拥有更大的影响力之后，他于 1515 年回到祖国，向西班牙王室提起诉讼。

卡萨斯撰写了许多小册子和书籍，试图揭露西班牙人在新大陆那些令人发指的虐待行为，以及对原住民生活环境的彻底破坏。根据他的记述，在刚刚抵达海地岛时，岛上有几十万原住民，可是不久之后，这些人纷纷死于过度劳累、残酷虐待、饥荒和疾病。西班牙人并不会直接奴役这些原住民，而是会时不时地向他们征税，规定每人每季度必须上缴一定的黄金。那些有能力上缴黄金的原住民会被西班牙人在脖子上套一个铜牌，而没有铜牌的原住民则会遭受残害、折磨，甚至死亡。另外，从欧洲传入的疾病使当地人口锐减，1519 年的一场天花疫情更是让那些好不容易活下来的幸存者伤亡惨重，几近灭绝。到 1548 年，整个岛上只剩下了几百人。

尽管巴托洛梅·德拉斯·卡萨斯并没有能够结束殖民者的暴行，也没能终结奴隶制，但他的努力的确取得了一些成效。他在著作《西印度毁灭述略》（1542）和《印度通史》（1552）中记录了西班牙人的残忍暴行，这两本书在欧洲广为流传。1542 年，西班牙通过了新法，卡萨斯对王室的游说终于取得回报。不过，虽然这些条文拓展了法律定义，为原住民提供了很多保护，但虐待行为仍旧非常普遍。卡萨斯认为这些法律条文还不够完善，然而现有的这些改革已经引起殖民者的不满，以致出现了骚乱。奴隶制就这样存续下去，并最终流传到非洲大陆，于是卡萨斯开始致力于就种族问题和殖民主义道德问题和全世界展开对话。1550 年的巴利亚多利德会议上，卡萨斯坚决主张，无论是针对哪个民族，征服和镇压行为都不存在任何正当理由。①

在新大陆生活了几十年之后，这些西班牙人已经沉迷于开采各种黄金白银，早就忘了当初驱使哥伦布横跨大西洋的香料。新一代的探险家们在美洲大陆上不断为西班牙王国开疆拓土，短短一个世纪之内，西班牙的领土面积已经达到西班牙本土面积的 27 倍。不过，几乎没有哪一次领土扩张是西班牙统治者领导的。恰恰相反，这幕征服大剧全部由个人演员精心策划，他们率领着私家军队探索、征服了一片又一片新土地。这些“征服者”通常是来自西班牙贫穷地区的、在家乡没有任何晋升机会的低阶贵族。新大陆为这些人描绘了一幅全新的图景，让他们有机会抛弃欧洲乡村的单调生活，攫取令人难以想象的巨大财富，在一座座由免费原住民劳力建立起来的庄园中展开美好生活。少数征服者极大地扩充了欧洲的地理知识体系，大多数征服者只是单纯地满足了自己下流、残暴的欲望，所有人都给这片土地带来了毁灭性的、延续多年的伤害。

1513 年，瓦斯科 · 努涅斯 · 德 · 巴尔沃亚成为第一个在美洲大陆

---

① 在早期作品当中，卡萨斯曾提议引进非洲奴隶来取代当地劳力。不过他最终意识到所有形式的奴役都令人憎恶，随后便发起了反对奴役非洲人的运动。

上看到太平洋的欧洲人，不过没几年，他就被巴拿马总督斩首了。同年，胡安·庞塞·德莱昂来到佛罗里达，成为自维京人以来第一个踏足墨西哥北部大陆的欧洲人。1521 年，当试图在当地建立定居点时，他被原住民杀死。1539 年，埃尔南多·德·索托徒步穿越美国南部，从佛罗里达来到阿肯色州，成为第一个穿越密西西比州的欧洲人。当他在河边去世之后，为了前往由西班牙控制的墨西哥安全区，他的 700 人远征队不得不穿过路易斯安那州和得克萨斯州，牺牲了过半人力才艰难地走完这段长达 1200 英里的旅程。几乎是在同一时间，弗朗西斯科·巴斯克斯·德·科罗纳多率领着一个类似的远征队穿越了亚利桑那州、新墨西哥州、得克萨斯州、俄克拉何马州和堪萨斯州，从另一个方向抵达距埃尔南多·德·索托路线只有几百英里的地方。他最终成为第一个亲眼看到大峡谷的欧洲人，却没能找到自己苦苦追寻的神话般的黄金七城。

那些最成功的征服者只带了很少的同伴便征服了强大的文明，埃尔南·科尔特斯就是其中一位。科尔特斯出生于埃斯特雷马杜拉一个低阶贵族的乡下庄园。1493 年，还是个小男孩的科尔特斯可能亲眼看到了从新大陆凯旋的哥伦布远征队。1504 年，科尔特斯搬到伊斯帕尼奥拉岛，并被授予监护征赋权，成为一个种植园的主人。不过很快他就发现这种足不出户的生活有点儿无聊。1511 年，他加入前往古巴的远征队。因为军事才能突出，他于 1519 年受命主导对墨西哥的入侵行动，可是刚出发没多久，总督就撤了科尔特斯的职位，命令他返回古巴。科尔特斯并没有理会这个命令，而是选择继续前行。在抵达墨西哥海岸的时候，科尔特斯击退了前来追捕他的西班牙军队（这些人后来投降归顺），之后他烧掉了自己的战船，以破釜沉舟之势向阿兹特克帝国进发。[①]

然后，根据故事中的记载，这个由数百名西班牙士兵、15 名骑兵、几门大炮组成的小队伍，一举击败了拥有数百万人口的帝国。当然，这个故事纯粹是胡说八道。尽管西班牙人拥有枪支、马匹、盔甲、钢剑的优势，但只要阿兹特克人愿意，他们仍旧可以轻而易举地消灭西班牙人。不过，身为阿兹特克的君主，蒙特苏马二世对这些外来访客感到十分好奇，不断赠送礼物试图讨好他们。这种行为并没有填满西班牙人的胃口，反而起到相反的作用。更为重要的是，当这些西班牙人踏进阿兹特克首都时，他们发现了很多愿意加入他们队伍的当地人。几个世纪以来，阿兹特克一直都是一个松散的城邦联合体，那些向中央进贡的小城邦遍布整个墨西哥，其居民必须向特诺奇蒂特兰缴纳包括物品和人在内的沉重赋税。对于玛雅这种早期文明来说，人祭是其不可或缺的一部分，他们认为人类必须想办法维系宇宙神族的正常运转。在阿兹特克时期，人祭的规模达到史无前例的程度。

据西班牙人估计，墨西哥每年被献祭的人数高达两万，不过这个数字有故意夸大之嫌。有人说这些被献祭的人知道自己是在侍奉神族，甚至有些人是自愿牺牲的，但对于大多数人来说，这些观点似乎有些不切实际。西班牙人认为阿兹特克的人祭仪式无比野蛮，事实也的确如此。然而欧洲人以向天堂寻求救赎为名所进行的那些行刑处决方式，也同样是一种宗教仪式化的公共景观，导致大量暴力性死亡。每年有两万人因人祭被害，这个数字看上去似乎很高，但如果我们假定墨西哥总人口为 2000 万，那么这些遇害者就只占 0.1%，这一比例其实和

---

① 严格来讲，“阿兹特克帝国”（Aztec Empire）这个概念根本不存在。首先，特诺奇蒂特兰的统治者们自称为“Mēxihcah”[Mexico（墨西哥）一词的原型]；其次，这个帝国其实是由三个政体组成的联盟。1810 年，探险家亚历山大·冯·洪堡（后文中我们还会提到他）用“Aztec”（阿兹特克人）来指代“三位一体联盟”中的人，之后这个词便流行开来。

同一时期的欧洲差不多。总之，我们可以清楚地看到阿兹特克帝国有很多敌人，许多墨西哥原住民都和科尔特斯站到了同一阵线，反抗之前压迫他们的人。当西班牙人攻进特诺奇蒂特兰的时候，有很多原住民盟军伴随在两侧。

即便如此，阿兹特克人也可以轻易击溃由西班牙人和本地原住民组成的小小联军。可蒙特苏马二世并没有这样做，而是主动把西班牙人邀请到首都，以便能够更加仔细地了解他们，结果却被西班牙人趁机俘为人质。之后，科尔特斯将蒙特苏马二世设为傀儡，迫使他交出财富，解散军队。即便已经到了这种地步，西班牙人也面临一场苦战，因为祭司们设法将阿兹特克军队组织了起来，试图击溃西班牙人。在特诺奇蒂特兰的小巷和河道中激烈交锋后，殿后部队遭到屠杀，卡尔特斯一行人好不容易才逃出生天。后来在古巴援军、原住民盟友、流行病以及特诺奇蒂特兰持续数月的大饥荒的共同帮助下，西班牙人才勉勉强强把这座城市攻了下来。即便拥有更先进的科技、更狡猾的策略、成千上万的原住民盟军、致命疾病的优势，西班牙人也差点儿输掉这场战斗。其实，阿兹特克人很大程度上是被那些遭到残忍对待的墨西哥原住民击溃的。当科尔特斯出现时，这些墨西哥人牢牢把握住了千载难逢的机会。

另一个成功推翻神话般强大的帝国的征服者出身要更低微一些。弗朗西斯科·皮萨罗本是一个出生于西班牙贫困家庭、大字不识的私生子，却于1532年成功率领182人征服了拥有1200万人口的印加帝国。虽然看上去不可思议，但事实的确如此。尽管印加帝国拥有上万人的强大军队，可是却意外地被新出现的来自欧洲的疾病以及内战摧毁。即便如此，西班牙人的这场仗也打得很勉强，其胜利很大程度上要归功于印加当时的皇帝阿塔瓦尔帕（他成功在内战中击败了他的兄弟瓦斯卡尔）。这位皇帝并没有认真对待西班牙人的入侵，只是把他们当作某种新奇玩意儿。在卡哈马卡与西班牙人遭遇时，阿塔瓦尔帕身旁有 5 万人的军队，但他却只带了少数仪典卫兵陪他一起接近西班牙人。弗朗西斯科·皮萨罗设计让手下伏击了印加人，手持钢剑把敌人砍得四分五裂，落荒而逃。正像科尔特斯对阿兹特克人所做的那样，皮萨罗将阿塔瓦尔帕俘为人质，让印加帝国的指挥系统陷入一片混乱。①

可是，即便西班牙人有阿塔瓦尔帕作为傀儡，征服印加帝国也不是一件容易的事。强迫阿塔瓦尔帕交出了整整一屋子的黄金和整整两屋子的白银之后，西班牙人杀掉了他，继续向首都库斯科进军。此时西班牙士兵的数量已经得到极大扩充（至少有 5000 名），再加上一些原住民盟军的帮助，眨眼间就占领了库斯科。不过印加帝国的残余力量仍旧想办法组织了长达 40 余年的有效抵抗。几十年间，印加的游击队不断沿着秘鲁山路袭击西班牙车队，利用山上的滚滚巨石和投石器将西班牙人碾成肉酱。哪怕是短兵相接，印加人也未落下风，他们使用弓箭、标枪、铜锤、战斧等各种各样的武器发起了相当有效的进攻。此外，印加人的布甲既轻便又结实，非常适合于安第斯山脉的地形。西班牙人对秘鲁的征服绝非一场短平快式的胜利，而是一场持续了数十年的艰苦战争。

对美洲原住民而言，欧洲人的到来是毁灭性的，90% 的人口死于这次人类史上最大的灾难。与此同时，西班牙通过对黄金、白银的开采建立了一个庞大的帝国。虽然这些财富将会在短期内填满西班牙统治者的金库，并为西班牙人从意大利到荷兰发动的一系列欧洲战争提

① 没错，皮萨罗知道西班牙人在征服墨西哥时发生了什么，并故意采取了一模一样的手段。如果阿塔瓦尔帕也知道阿兹特克人和西班牙人相遇时的状况，那结果该有多么不同！

供充足的资金，但从美洲涌入的大量真金白银也引发了严重的通货膨胀。从长远来看，这场通货膨胀削弱了欧洲经济，还导致西班牙帝国的实力迅速衰退。与此同时，美洲被永久性地植入一张不断膨胀并即将笼罩整个世界的巨网。

第 12 章　新大陆

哥伦布直到临死前都坚信自己成功抵达了亚洲。结果到 16 世纪初，除了哥伦布自己，所有人都清楚地知道，他发现的其实是一片新大陆。1497 年，热那亚航海家乔瓦尼·卡博托，以“约翰·卡博特”之名航海启程，他此行的目的是替英王亨利七世寻找一条从北方前往亚洲的航线。在绕过纽芬兰，沿着海岸线驶过拉布拉多、新斯科舍、缅因州之后，卡博特报告说他发现了一片绵延数百英里的茂密林地。1500 年，葡萄牙航海家佩德罗·阿尔瓦雷斯·卡布拉尔想要从非洲海岸远航至印度，却意外发现了巴西。综合分析这一系列事件之后，人们意识到，他们发现的绝不只是几个零星的小岛。

在 1497—1504 年的 4 次航行当中，意大利航海家亚美利哥·韦斯普奇沿着海岸线一直从加勒比海航行到了巴西。1500 年，他在第二次远航中发现了亚马孙河口。这条巨大河流中的淡水占地球全部河流淡水量的 1/5，周边好几英里海域的含盐量都因它而降低。即便是文艺复兴时期的欧洲人也能猜到这背后肯定有一片巨大的土地。在沿着海岸线航行的过程中，韦斯普奇越来越确信这些土地实际上是一片大陆。

他以“Mundus Novis”（新世界）为题的信件随后在欧洲各地印刷、出版，新大陆的观点因此得以深入人心。不久，德国制图师马丁·瓦尔德塞米勒在 1507 年出版的地图集《瓦尔德塞米勒地图》中用韦斯普奇的拉丁姓氏标注了新大陆的位置。也正是在此时，“美洲”这个名字第一次出现在历史当中，一个鲜为人知但却有勇气挑战未知世界的意大利人的名字就这样被载入史册。

搞清了美洲其实是一片大陆以后，紧随而来的问题就是如何才能绕过这片土地。人们坚信，大陆另一头肯定有一个未知的大洋，而且在环绕非洲海岸成功抵达东方以后，葡萄牙人也说他们曾在香料群岛以东发现了一片海域，看上去很像是一个大洋。1513 年，终于传来了一个激动人心的消息，人们预期中的大洋终于被发现了。当时瓦斯科·努涅斯·德·巴尔沃亚刚刚穿过巴拿马丛林，突然就成为第一个亲眼看到太平洋的人。如果有一条穿越美洲的路径或是航道，那么继续西行是不是真的能够抵达亚洲？①

一个名为斐迪南·麦哲伦的野心勃勃的葡萄牙海军军官认为他知道这个问题的答案。他设想，只要沿着南美海岸一直南行，就能寻找到新航道。在他看来，只要找到这条捷径，便能够穿越太平洋直达香料群岛。虽然不知道麦哲伦到底掌握了怎样的信息，但我们可以推测他是受了 1516 年西班牙探险队的影响。当时这支探险队曾远航至拉普拉塔河口，由于该河宽度达 150 英里，因此很容易被误认为是一条贯穿东西的航道。麦哲伦带着他的计划向葡萄牙国王寻求资助，可是由于葡萄牙人已经找到香料群岛，国王对向西航行并不感兴趣。于是麦

---

① 由于巴拿马地形足够狭窄，人们考虑是不是可以从中开凿一条运河。不过西班牙王室禁止人们抱着这种想法，因为它有违上帝旨意——如果造物主想要设立一条通道，他会自己创造的。于是在整个殖民时期，西班牙人只能通过巴拿马陆路运输各种物资商货。

哲伦又带着他的计划找到葡萄牙人的竞争对手，也就是西班牙人，后者对麦哲伦的计划表现出强烈的赞赏，因为他们非常希望能够打破葡萄牙人对香料的垄断。

麦哲伦把自己的乐观态度放错了地方，这让他成为哥伦布的翻版。就像那位热那亚航海家一样，尽管观点和所有专家相悖，但麦哲伦仍旧深信自己掌握了绝密的地理信息，下定决心无论如何都要为自己的计划拉到赞助。和哥伦布一样，麦哲伦也大大低估了地球的尺寸。在他的设想当中，地球上最大的大洋的尺寸严重缩水，他觉得自己短短几天之内就能坐着小船横穿过去。所以说，史上最伟大的两次探险都源于绝对的无知。地理和科学一样，最严重的错误有时候能带来最伟大的发现。

和哥伦布当年的情形一样，西班牙人批准了麦哲伦的这次远航，但并不想花太多钱。尽管麦哲伦得到了一个由 5 艘小船组成的船队，并乐观地将船队命名为“来自马鲁古群岛的海军舰队”，可是这些小船的状况实在是太糟了，以至于他怀疑它们是不是从海军墓地里挖出来的。配给他的船员也没好到哪儿去：整体来说，他们就是一群从世界各地淘换来的大杂烩，有几个人甚至是从西班牙地牢中给揪出来的。麦哲伦从来没向这些人透露过此行的目的地。如果船员们知道这位队长正在为史上最长的航程厉兵秣马，他们可能更愿意待在监狱里。1519 年 8 月 10 日，船队正式起航，一路沿着南美海岸进发。当停在里约热内卢修整船只时，一行人受到了当地人的热情款待。严格意义上来讲，他们的这次停留并不合法，因为当时这片地区已经被葡萄牙人据为己有，只不过还没来得及派人殖民而已。在里约热内卢待了一个月以后，他们开始朝着麦哲伦眼中的最后一站进发：冲过航道，迅速跨越太平洋。

随着一行人沿着海岸不断前进，越来越多的证据表明，麦哲伦设想中的那条航道根本不存在。为了寻找这条航道，船队仔细检查了每一个海湾，浪费了大量的宝贵时间。于是麦哲伦迎来了一个让人头疼的问题：他既不想放弃发现新航道的机会，也不想向船员们坦白他根本不知道这条航道到底在哪儿。最让人感到失望的是，其实只要尝几口河水，哪怕是几英里之外的海水，他们就能立刻意识到拉普拉塔并不是一条航道，只是一个巨大的河口。徒劳无功搜索了几个月后，船员们终于受不了了。1520 年 4 月 1 日，当一行人在阿根廷过冬时，三名西班牙船长发动兵变，试图夺取船队的控制权。

麦哲伦立刻予以反击，并成功夺回一艘叛变船只扭转战局。现在麦哲伦一方有三艘船，叛军只有两艘船。短暂对峙之后，叛军向麦哲伦投降，麦哲伦迅速对两位船长展开报复。他下令处决其中一位船长，由其仆人施刑以换取自己被赦免。另一位船长则被他放逐到无人岛上，此后再也没有人见过他。现在西班牙人的处境非常艰难：这些船长眼睁睁地看着自己的船队被一个鲁莽的外国人带进了绝境。他们到底是该继续服从命令，还是该予以反抗？

此时的麦哲伦已经有些癫狂，决意不惜任何代价也要完成任务。叛变事件后没多久他又遭遇了悲剧——船队中最小的船只圣地亚哥号在风暴中沉没了，不过船员们却奇迹般地死里逃生，甚至有两位水手挣扎着来到陆上的冬季营地试图寻求帮助。他们并不是唯一进入营地的人：在好奇心的驱使下，一些原住民也来到这里，并和那些访客做起了生意。在西班牙人眼中，这些身材高大的原住民无异于巨人[①]，便给他们起了个名字叫“Patagón”，意为“大脚汉”，并将这片土地命名

① 现代学者估计他们的身高大约为 6.5 英尺，并不是真正的巨人，但在当时的标准下仍然很高。

为“Patagonia”（巴塔哥尼亚）。

离开西班牙一年多后，船队于 8 月 24 日恢复航行。之后又过了一个半月，船队终于在偶然之中发现了一条海峡，而这看上去正是他们苦苦寻求的新航道。不过由于补给已经所剩无几，其他几位船长极力要求麦哲伦终结任务，立即返航，至于之后前往亚洲的任务，可以交给下一支远征队。可是麦哲伦态度很坚决，表示船队必须继续前进。将南美洲最南端和火地群岛[①]一分为二的这条海峡是一条极其狭长的水道，海浪汹涌，地势曲折。在一个半月的时间内，船队于环环险象之中如履薄冰，缓缓前行。就在麦哲伦继续前行寻找最佳路径时，圣安东尼奥号的船长埃斯特旺·戈麦斯突然表示自己已经忍无可忍，扭头返航。[②] 11 月底，麦哲伦仅剩的三艘船终于进入太平洋。尽管补给几近见底，但麦哲伦仍然决定继续前行，期待着能够率队迅速跨过太平洋抵达香料群岛。

这次航程简直可以说是人间炼狱，其“视野中看不到陆地”的天数甚至创下当时的纪录。虽然顺风，航速喜人，但想要跨越 1/3 地表仍旧需要大量的时间。船队在太平洋中航行了 4 个多月，沿途愣是没看见一个岛屿。船上的淡水已经发臭，让人难以下咽，剩下的几块饼干也发了霉，一堆象鼻虫在上面飞来飞去，就连肉干都已经腐烂，在磷光发光杆菌的影响下发出暗暗荧光。实在没办法，船员们只能把皮革煮沸来吃，偶尔抓到的老鼠都算是珍馐美味。1521 年 3 月 6 日，船队终于看到了陆地，此时船员数量已经因为饥饿和坏血病减少了一半。

---

① 根据麦哲伦的船员所述，麦哲伦看到岛上原住民不断地燃起各种烟柱，于是将其命名为“火地群岛”。

② 1521 年 5 月回到西班牙时，戈麦斯和他的船员被囚禁起来。不过在一年多以后，当麦哲伦船队最后一艘幸存船只进港时，这些人又被释放了。之后戈麦斯亲自率队，试图带领船员们从西北方向的航道抵达香料群岛，但没有成功，只发现了缅因州和哈得孙河的存在。

虽然他们登上了关岛，可当地居民的态度并不友好。根据意大利探险家安东尼奥·皮加费塔对这段旅程的记载，面对麦哲伦的几艘船只，当地人蜂拥而上，劫掠了这些虚弱不堪的船员，将所有能抢到的货物洗劫一空。

之后麦哲伦一行继续前进，几个星期之后来到另一个岛屿。态度友好的岛民划着桨，带了满满一船的异域水果前来迎接，船员们终于得以饱餐一顿。之后麦哲伦会见了当地首领，令他惊讶的是，尽管有些磕磕绊绊，他的仆人恩里克居然能在初次见面的情况下和当地人顺利交流。于是大家一致认为这个岛肯定离恩里克在马来西亚的故乡非常近，麦哲伦一开始也以为他们终于抵达了香料群岛。[①] 可是麦哲伦错了，由于他们的航程过于偏北，这些岛屿实际上属于菲律宾（以西班牙国王腓力二世的名字命名）。为了能够得到当地人的持续款待，麦哲伦同意插手当地政治，与麦克坦岛上的一个敌对部落开战。之后麦哲伦率领 49 名身披铠甲的欧洲人于麦克坦岛登陆，迎战 500 名原住民勇士。尽管这群美洲大陆征服者曾拿下过实力更为悬殊的战斗，但这次奇迹并未上演。原住民以摧枯拉朽之势，用长矛、弓箭、飞镖击溃了麦哲伦部队。在辨认出谁是这支队伍的首领以后，原住民冲上前去，杀死了全副武装、仍在激战的麦哲伦。

由于领导暴毙，人员锐减，水手们烧掉了其中一艘船只，把仅存的船员分散到剩下的两艘船中。之后船队继续在未知水域中漫无目的地流窜，在又经历了一段让人绝望的航行之后，他们终于来到文莱的加里曼丹岛。根据日记作者皮加费塔的记载，这里有一个富有的王国，国内有很多大炮和训练有素的大象，军事力量相当现代化。其实葡萄

① 恩里克来自东南亚地区（1511 年在马六甲被麦哲伦俘虏），是世界上第一个环球航行的人。

牙人之前绕着非洲海岸东行的时候就来过这里，现在这些人属于故地重游。令他们欣慰的是，可能是觉得这些西班牙人可以成为一起对抗葡萄牙人的有力盟友，文莱的苏丹友好地接待了他们，还向船队提供了大量补给。之后麦哲伦船队仅剩的两艘船再次起航，终于在离开西班牙两年多之后抵达附属于香料群岛的蒂多雷岛。此时船员的人数已经不足最初的一半，不过这些幸存者可算是能够在这个热带天堂好好休息休息了。①

由于不想再完成一次跨越太平洋的壮举，剩下两艘船的船员决定向西航行返回西班牙。这相当于间接承认葡萄牙人穿越印度洋的路线要更为优越，不过，这条航道对于西班牙人来说其实充满了风险，因为路上全是敌军领土。1522 年 1 月，在装满了昂贵的香料之后，这两艘船终于起航，可是没多久特立尼达号就漏水了。由于尺寸较小，维多利亚号不足以承载全部船员，一行人不得不就此分开。维多利亚号继续前行，其余人留在后面修理特立尼达号。几个月之后，葡萄牙人俘虏了特立尼达号及其船员，把他们关了好几年，其中只有寥寥数人逃回家乡。不过，被囚禁的这些人其实还算是比较幸运的。

维多利亚号的返乡之旅比之前的太平洋马拉松还要糟糕。由于担心船只被葡萄牙人劫掠，在长达 6 个月的时间里，船长胡安·塞巴斯蒂安·埃尔卡诺一直没让船只靠过岸。维多利亚号于 5 月绕过非洲最南端的好望角时，船队已经弹尽粮绝，虚弱不堪的船员甚至开始苦苦恳求，希望船队能在最近的葡萄牙据点上把他们放下船。7 月 9 日，在大海上漂泊了 187 天之后，维多利亚号终于得以在佛得角（位于距

① 尽管香料群岛仍由原住民首领管理，但已经有一些欧洲人以监管人的身份移居至此，其中最著名的便是弗朗西斯科·施兰。弗朗西斯科·施兰是麦哲伦在政府当差时交的一个朋友，也是麦哲伦船队最为忠心的船长若奥·施兰的兄弟。兄弟二人原本期盼着当麦哲伦船队抵达香料群岛时大家能够重聚，结果在 1521 年，再过几个月船员们就能抵达香料群岛的时候，二人双双撒手人寰。

非洲西部隆起350英里的海中）稍事停留。当初维多利亚号从蒂多雷岛起航时，船上有50多位船员。如今，这支一开始有270名船员的远征队只剩下18名饥肠辘辘、病入膏肓的幸存者，坐着此船回到了家。[1]这是历史上第一次环绕地球的航行，并且证明了地球是个球体。毫无疑问，这次旅程是史上成就最高的探险之一，也是人类耐力所面临过的最大挑战之一。[2]可惜这次旅程新发现的麦哲伦海峡位置实在太远，非常不实用，而且就算是成功穿过，香料群岛仍远在千里之外。最终，麦哲伦船队此次探险得到了一个和最初目的截然相反的结论：没有任何一条切实可行的路径可以让人们穿过美洲直抵亚洲。

麦哲伦探险队给世界留下的最宝贵的财富就是，它解开了束缚在人们身上的锁链，补全了全球连接的最后一环。在接下来的几十年中，西班牙舰队将横跨太平洋殖民菲律宾。位于马尼拉的据点不仅吸引了欧洲人，还引来了大量的中国人、日本人、印度人、越南人。之后的250年中，大量盖伦船不断穿梭于马尼拉和阿卡普尔科之间，用美洲的白银换来了中国的瓷器、漆器和丝绸。数不清的中国货物经陆路运送至墨西哥城，之后又被送往欧洲。当然，这些路线不仅运载了大批货物，还带来了大量的人口流动。1613年，一位武士成为第一位抵达墨西哥的日本人，之后他又穿越大西洋到达罗马。中国移民抵达新大陆，和欧洲人以及美洲原住民混住在一起。种种迹象表明，一场遍及世界的全球大交融即将来临，现代世界正在向人类招手。

---

① 除此之外，还有4名特立尼达号的船员最终设法回到西班牙，当时在圣安东尼奥掉头返航的50多名船员也成功回到家乡。

② 返程时，船员们发现自己的时间莫名其妙少了一天。后来大家发现，只要是环球旅行，日期必定会减一天。

3

现代世界的形成

从征服北极到奔向太空，

科学让世界联系得比以往更紧密，

也开启了人类探索故事的新篇章，

等着我们去书写。

第 13 章　贸易帝国

1400 年，处在顶峰时期的中国是世界领先的大国，这种盛况直到 1800 年之前都没有大的改变。但自从放弃了探索事业，中国开始脱离世界，从此走向停滞。1793 年，英国的一次外交出访也许能很好地诠释中国与欧洲的疏远。那一年，乔治·马戛尔尼作为英国第一个出访中国的外交使臣来到北京。此次出访的目的之一，就是向中国展示欧洲最先进的科学技术，并期望中国可以向欧洲商品放开市场。这次远行带来了 18 世纪的科技奇迹——望远镜、火器、纺织品、机械钟表等，马戛尔尼把这些作为礼物献给了中国皇帝。尽管当时皇帝已经收集了一些钟表，但都没有新款的英式表设计精巧。然而，他并没有表现出太大兴趣，只是把它们和之前收集的钟表一并放在皇家库房里落灰。中国开始变得封闭，对进步这件事丧失了兴趣。[①]

1400 年，欧洲疆土只占全世界的 10%，人口占 15%。到了 1900 年，它已经掌控了全世界 60% 的疆域和人口，以及 75% 的经济产量。

---

① 中国转达了一封致乔治三世国王的信，宣称“我们的王朝拥有一切丰富的物质，境内不缺任何东西。因此，没有必要进口异邦人的东西”。

为什么欧洲选择了一条和中国不同的道路？一部分是地理原因。中国拥有广阔的平原以及两条同向而流的大河，欧洲则是一个锯齿形的半岛，拥有极长的海岸线，并被许多海湾、水湾和水渠包围。欧洲的河流朝着不同的方向外流，汇入不同的海域。它的河道、山脉和森林把这块大陆自然地隔离成块状，从而促进了贸易。中国是一个庞大的统一王朝，欧洲则是由不同国家熙熙攘攘拼凑成的。这就意味着竞争在欧洲会持续存在，从而促使科技经济进步。中国是很多发明创造的源头，欧洲则为了从中得到可以与对手匹敌的优势，将这些发明优化。

在中央集权的帝王官僚体系之下，中国几无革新动力，因此停滞了几个世纪。同一时期的欧洲则陷入了一场无休无止的霸权斗争。例如，英国在1337—1914年，有94%的时间都在与世界上的某个国家发生战争，尤其令人惊讶的是，这一时期还囊括了1815—1914年所谓“大英盛世”的99年。尽管这些战争并非都是重大的冲突（英桑战争仅持续了38分钟），但不断的斗争无疑刺激了技术创新，这不仅是在军事领域，在经济和科学领域也同样如此。即使没有战争，欧洲也在为战争做准备。工业、运输和通信系统的规划都考虑了军事因素。俄罗斯铁路网络的目的就是把军队运送到西部以对抗德国和奥匈帝国，或是运送到远东与日本和中国接壤的地方。

欧洲国家之间的竞争不仅促成了技术的迅速完善，也促进了技术的迅速传播。活字印刷术是1000多年前在中国发明的，但在中国普及得很慢。这在一定程度上缘于中文和拉丁文的文字差异：大多数欧洲语言只有26个字母，但中文有9万多个不同的汉字。这意味着要操作许多完全不同的字块。在中国，书还可以雕版印刷的方式出版，但从体量上讲，中国的印刷业和欧洲不可同日而语。几个世纪里，中国的十几家政府印刷厂仅印制了大约一万本图书。然而在欧洲，印刷机的应用是爆炸性的，因为为了赢得竞争，每个国家都在争先恐后大规模地印制宣传册和书籍。印刷书籍相当于15世纪版本的互联网，传播速度几乎和互联网一样快。1465年，当谷登堡印刷他的谷登堡《圣经》时，全欧洲只有三家印刷店。仅仅35年后，250个城市的1000台印刷机总共印了1000万本书。

欧洲的识字率在15世纪下半叶翻了一番，至1500年达到10%左右。到1600年，书籍的普及使北欧的识字率飙升至50%，到1900年，识字率继续上升至90%左右。有了这种自我赋能的新方法，那些自我驱动力极高的人，有史以来第一次实现了自我教育。许多科学家是从阅读广为流传的书籍和期刊开始了解最新的成果与发展的。例如18世纪的钟表匠约翰·哈里森，他原本只是默默无闻之辈，却解决了历史上最大的航海难题。凭借开发了一种可以计算地球上任何一点的经度的方法，他获得了相当于今天500万美元的奖金。

印刷在世界其他地区的应用进展也非常缓慢。奥斯曼帝国在1729年以前禁止印刷业，起初，从业者甚至会被判处死刑。在印度，印刷书籍于1580年被献给阿克巴大帝，但显然没有引起他的兴趣。可能印度文字的印刷确实比26个字符的拉丁字母要困难，但这绝不是唯一的理由。如果有足够的激励机制，印刷业在当年的印度和中国肯定会像今天一样普遍。

科学技术在专制帝国发展缓慢，因为创新被视为对当权者的威胁。变化源于对颠覆现状而不是维持现状的渴望。东方帝国的掌权者几乎没有动机去鼓励创新，而欧洲的各个国家需要互相争夺霸权，这就促进了竞争，而竞争就意味着机会。如果某个想法在一个王国没能得到赞赏，那么总有邻国愿意尝试。哥伦布至少向4位君主请过愿，最后才给他的西方航行之旅争取到了支持。麦哲伦之所以前往西班牙，是因为葡萄牙对打破自己的垄断地位并不感兴趣。在中国，一道禁令就能终结一切。

我们有时会臆断，欧洲是先变得比世界上所有其他国家都强大，之后才开始探索和征服世界的。但这是从结果论事的说法。最早开始探索的欧洲人，无论是从技术角度来看，还是从经济角度来看，都尚未有明显的优势。在美洲，欧洲人可能拥有枪炮、病菌与钢铁的优势（正如贾雷德·戴蒙德生动地提到的那样），但是在亚洲并非如此，和亚洲人相比，欧洲人在这些方面可以说一直居于下风。我们看待探索世界与技术发展之间的关系，在很大程度上因果颠倒了。不是欧洲先变得更加先进，然后开始探索世界，相反，正是通过探索世界和确定了贸易主导者的角色，欧洲才获得了相对的经济和技术优势。

中国为了维护稳定而禁止了海外贸易，而欧洲国家则走向世界，接触新的思想、产品和技术，并于优胜劣汰的过程中，择优选用。通过航行和征服，欧洲人成为国际交流的仲裁者，甚至在以前彼此开展过贸易的国家之间（例如，印度和中国）充当起中间人的角色。到1900年，欧洲人控制了世界60%的人口和75%的经济产出，所以他们通常也可以向最初的产品生产者和最终消费者征税。

大发现时代同时出现了科学革命，这并非偶然。哥伦布和麦哲伦是在验证各种地球地理的假设。葡萄牙人同样也是在验证绕过非洲到达印度的可能性。探索与科学齐头并进：海外航行的那股动力同样推动了国家内部的创新。随着探险者环游世界发现了新的大陆、新的人、新的植物、新的动物，他们也同时扩大了我们对可能性的认知。世界成了我们探索科学、经济学、社会规范甚至政府形式的实验室。与此同时，新发现也削弱了传统的权威。亚洲有完整的文明体系，欧洲之外还有美洲，但传统宗教文本却从未提及。这样的文本能有多可靠？

欧洲的竞争意味着，一旦西班牙和葡萄牙建立了自己的海外帝国，和它们抢夺地盘的竞争对手便会接踵而至。英国和法国最终会成为这场竞争的胜出者，但是从 16 世纪末开始的一个多世纪中，世界的经济和海军霸主其实是小小的荷兰共和国。① 荷兰人把文艺复兴时期的竞争精神发挥到了极致。大多数国家都以贵族和神职人员为重，但荷兰则培育出庞大的中产阶级。商业、法律、艺术和科学的所有领域都繁盛起来。读大学成为进入政府工作的途径。荷兰是欧洲包容度最高的国家，荷兰也因此变成了宗教和政治受迫害知识分子的聚集地。犹太人在西班牙遭到驱逐，但荷兰欢迎他们。在国外被禁的科学和哲学类著作在荷兰被狂热印刷，并且还经常偷偷出口到国外。伟大的法国哲学家和数学家笛卡儿实际上居住在荷兰，只有出差时才去自己的祖国。

在荷兰的黄金时代，艺术和科学都达到空前繁荣。在此之前，绘画大多以古板的宗教形象和《圣经》场景为主题。但是，伦勃朗和维米尔等荷兰大师拒绝这种局限，他们通过对光与几何的精心实验，呈现出日常生活中的场景。克里斯蒂安·惠更斯利用望远镜进一步发展了伽利略首创的天文学，他对土星环做出了解释，并发明了摆钟，时间由此第一次得到了精确记录。列文虎克将观察带入微观世界，他发明了显微镜，并发现生命是由细胞组成的。从巨型恒星和行星，到池塘一滴水中那令人难以置信的生物多样性，这些新发现让宇宙变得比以往任何时候都更令人着迷。

荷兰人同时革新了经济学，建立了第一个证券交易所和第一家中央银行，并发明了保险和退休金等多种集合资产和分摊风险的概念。1602 年，他们建立了第一家公开上市的股份制公司，即荷兰东印度公

---

① 1568 年，荷兰的 7 个省推翻西班牙统治，成立了荷兰共和国，争取独立的斗争一直持续到 1648 年。西班牙保留了南部省份，这些省份大部分仍信奉天主教，后来成为比利时。

司。集中起来的资源为远征探险提供了资金，大量进口的香料带来了巨大的利润。荷兰人长期以来都以经商为业，其内陆河上贸易路线深入德国腹地，但现在它成为海上霸权的主导者。荷兰人口 150 万，仅占地球人口的 0.25%，其国土面积只有缅因州的一半，但就是这样一个国家，掌控了全世界绝大部分的海外贸易。

随着荷兰人的崛起，西班牙和葡萄牙纷纷衰落，而这在很大程度上也与经济有关。在整个 16 世纪，全欧洲的物价都急剧上涨，但起初没人能解释其中的原因。普遍常识认为，货币是取自地下的，因此西班牙可以通过掠夺美洲的贵金属致富。这种方法一开始很奏效，但问题是西班牙人没有把这些钱投资于经济，而是花在了宗教战争以及从北欧进口制成品上。最终的结果是，随着时间的推移，北欧既获得了制造能力，又赢得了货币。与此同时，物价不断上涨，来自新世界的金属使流通的黄金、白银增加了三倍，结果导致越来越多的金钱追逐同样数量的商品。[①] 西班牙在 1557—1653 年被迫 7 次宣布破产，一些西班牙人因此开始怀疑，他们的美洲帝国可能不是一笔资产，而是一笔负债。

阿姆斯特丹和鹿特丹的造船厂在创纪录的短时间内交付了船只。到 1650 年，超过 1.6 万艘荷兰船只占据了世界各大洋，这是迄今为止世界上最大的海洋舰队。荷兰东印度公司几乎变成一个独立国家，在全球范围内建立了殖民地和贸易站。1621 年，该公司将葡萄牙从香料群岛驱逐出境，并声称对此处拥有直接控制权，还屠杀了许多当地居民。1641 年，荷兰人攻陷了葡萄牙的马六甲堡垒，打开了同中国和日

---

① 这看起来很不寻常，但直到 16 世纪之前，没有人对通货膨胀有概念。早期货币数量理论的先驱是哥白尼（众人皆知，他重新定义了一个以太阳为中心的太阳系）。1568 年，法国哲学家让·博丹最终将价格上涨归因于黄金和白银的过度供应。

本展开贸易的大门。[①] 他们在好望角建立了一个补给站，这也是如今的南非白人大多数都讲南非荷兰语的原因。1642—1644 年，亚伯·塔斯曼远征南太平洋，他最远到达斐济和新西兰，并且环绕了澳大利亚。

荷兰最为知名的殖民地，兴许要算新阿姆斯特丹，该定居点最早建立于 1624 年，其主要目的是与哈得孙河沿岸的美洲原住民进行贸易。尽管英国人在 1664 年占领了这里，并以约克公爵的名字重新命名，但像布鲁克林、哈莱姆和布朗克斯这些地名还是暴露了这座城市的荷兰血统。[②] 新阿姆斯特丹的遗产远远超出你对一个仅仅持续了 40 年的、三个多世纪前就消失了的殖民地的期望。大约有 500 万美国人的血统可以追溯到最初的荷兰殖民者，美国英语中约 1% 的单词，包括“酒”“老板”“凉拌卷心菜”“曲奇”“游轮”“诱饵”“毒品”“怪癖”“幽灵”，甚至“美国佬”等，都源自荷兰语。荷兰文化中最具标志性的可能要算圣诞老人，他的原型是一个叫辛特克拉斯的大腹便便的荷兰水手——一种对纽约荷兰文化的讽刺。

不久，英国和法国加入海外争夺战，并出动海盗骚扰葡萄牙和西班牙的航运。最著名的海盗是弗朗西斯·德雷克，1577—1580 年，他环航世界，一路攻击西班牙的船只和港口。另外一个不太出名的荷兰船长奥利维尔·范·诺特，在 20 年后再次实践了同一壮举。像荷兰人一样，英国和法国也联合建立了股份公司。英国东印度公司与荷兰人在亚洲竞争，而密西西比公司则试图把法国领土扩张到北美洲。事实证明，没人愿意搬到充满沼泽的路易斯安那州，因而密西西比公司也

---

① 在日本 200 多年的闭关锁国期间（1639—1853 年），荷兰人是唯一获准在日本进行贸易的欧洲人。当日本人打破封闭，派使者去欧洲时，他们说的唯一欧洲语言是荷兰语，令他们惊讶的是，荷兰语并没有那么有用。

② 华尔街（Wall Street，原名荷兰语为“Waalstraat”）是一堵真实的墙的名字。修建该墙是为了保护城市免受美洲原住民、海盗和英国人攻击。

随之倒闭。为了吸引国人移民到美洲，法国当局规定，巴黎监狱中的囚犯只要和妓女结婚并定居在新奥尔良，便可获得释放。这些新婚夫妇被绑在一起，一路被带到登船启程的港口。

美国广阔的中部大平原曾经是法国的地盘，其面积从加拿大延伸至五大湖，并一直扩张到俄亥俄州和密西西比河谷。与此同时，英国人将其殖民地集中在东部沿海地区。也许是地广人稀这一因素注定了法国人的失败。在 1756—1763 年的 7 年战争中，英国取得了最终的胜利①。鉴于参战的欧洲帝国在当时已经踏遍全世界，因而这场战争是事实上的第一次世界大战，其战火几乎席卷所有的大洲和大洋。这就是 18 世纪中期欧洲的势力范围，一场欧洲国家之间的战争，其战场绝不局限于美洲，而是同时波及印度、非洲和远东。最终英国赢得了战争，成为海洋、印度以及北美的主人，直至 20 年后北美殖民地反抗英国并取得独立，英国才失去了北美大部分的控制权。

欧洲的全球影响推动了经济和技术的发展，但也带来了糟糕的后果，其中包括殖民主义和奴隶制。早在 1501 年，由于美洲当地人口死于欧洲人带来的传染病，西班牙定居者开始将非洲人贩运到美洲。不久，欧洲、非洲和美洲之间形成了“三角贸易”。枪支、弹药和制成品从欧洲运到非洲，用来购买奴隶。奴隶又被运到美洲生产糖、烟草、朗姆酒和棉花，然后出口到欧洲。奴隶制并非欧洲人发明，它在历史上大多数文明中都存在过，但欧洲人强迫性地把人运送到大西洋另一边，并让他们在恶劣的条件下工作至死，这种行为使奴隶制变得更加罪恶。在美洲，奴隶制度下的非洲人被视为一种可剥削的财产，他们不再被当成人，而是像物品一样被合法地买卖、惩罚或者随意杀害。

---

① 一个更好的名字应该是“9 年战争”，因为它比欧洲早两年在美国开始（1754 年）。

非洲被奴隶贸易摧毁了。在长达三个世纪的岁月之中，欧洲人把2500万杆枪支送到中非和西非。昔日，非洲许多的王国繁荣程度可以和欧洲国家匹敌，但大量流入的武器破坏了非洲国家长期以来的稳定。如今非洲人面临一个严峻的选择：要么加入“奴隶换枪支”的交易，要么成为加入这场交易的邻国的牺牲品。非洲所受到的破坏已经超出大规模劫持的范畴：据估计，每捕获一名奴隶，就会有另一名非洲人死于奴隶贸易导致的暴力。

有时，奴隶会通过夺取权力来掌控自己的命运。但这样做的成功率很低，因为奴隶主会竭尽所能防止反抗，包括实施体罚，强制愚民，以及最大程度地隔离。尽管如此，奴隶起义仍屡禁不绝。美国最有名的一次奴隶反抗，是1831年的纳特·特纳起义，他们仅获得了几天的胜利，不久便被赶到的军队镇压。这种反抗招致了力度更大的压迫，黑人也因此被踢出受教育的行列。不过，这些起义也使弗吉尼亚州立法机构对奴隶制的前景进行了辩论，甚至差一点儿为奴隶带来逐步的解放。运送奴隶的船上的叛乱也很广泛，仅有记录在案的案件就近500件，这其中就包括阿米斯塔德号案。1841年，最高法院对船上一群造反的黑奴展开审判，但在前总统约翰·昆西·亚当斯的辩护下，这些黑人洗脱了罪名，最终被释放。

最成功的黑人起义当属1791年革命，这次革命最终使海地成为继美国之后的第二个独立的美洲国家。在南美和中美洲，逃脱出来的奴隶建立了自由社区，他们的非洲语言和文化也因此得以保留。在巴拿马，一些由黑人形成的锡马龙社区甚至还让西班牙正式承认了其独立性。巴西是拥有奴隶最多的国家，因此也存在大量的自由非洲裔社区。黑人奴隶会逃到丛林中，在毗邻葡萄牙人定居点的地方，建立起一些“逃亡黑奴”社区。后来一些自由社区发展成为在美洲的非洲王国，其中最持久的是帕尔马雷斯共和国，在1694年葡萄牙人入侵将其首都夷为平地之前，该国持续了近一个世纪。鼎盛时期，在孔戈列斯贵族后裔国王祖比的统治下，帕尔马雷斯形成了一个超过万人的自由社区。帕尔马雷斯毁灭之后，它的许多居民逃入丛林，建立了新的定居点。

自从在原始阶段走出非洲后，人类的重新聚合就一直是个动荡的过程，其影响更是持续至今。它以自由或非自由的方式，把人类带到世界各地。它推动了政治、交通、经济学和科学的革命。这是一场空前的人类、植物和思想的交流，现代世界肇始于此。不断拓展已知领域是我们人类的本性，一个将整个地球都囊括在内的全球网络，也正是因此而建立。连接世界不可否认地造成了悲剧和残酷，但它同样推动了技术和社会的变革，改善了数十亿人的生活。人类重新聚合的短期影响经常是灾难性的，但从长远来看，人类一直对了解差异、治愈旧伤、建立新的人际关系，以及分享理念充满执着，而正是这种不屈不挠的意志，让我们总是禁不住对未来充满希望。

第 14 章　地图上最后一块空白

整个世界已经被贸易路线环绕与连接，但一路向西航行直抵亚洲的梦想却始终没有消失。麦哲伦确实找到了一条路线，但它太过遥远，不切实际。那在北极附近或者美洲大陆内部，会不会存在其他替代路线？在哥伦布发现新世界后不久，人们开始便开始寻觅一条北部通道。[①]为了这一执念，十几位西班牙、葡萄牙、法国、丹麦、荷兰和英国的探险家前赴后继，许多人更是因此命丧征途。当新通道的希望日渐渺茫时，他们才开始把重心放到新世界的定居点，并萌生出新的目标和宏愿。

欧洲人认为，这条通往亚洲的路线可能是途径加拿大的一条无冰的水路，也可能是一条贯穿大陆的河流。[②]在这一理念的驱使下，1535年，雅克·卡蒂埃沿圣劳伦斯河北上，并将魁北克变成了法国的殖民

---

① 如果通过“大圆弧航线”航行，欧洲和亚洲的距离其实非常近。因此飞机在北美和欧洲之间航行通常会选择经过格陵兰岛飞行，如此，英国到日本的距离其实比到南非还要近。

② 这是基于两个错误的假设。第一，欧洲人认为盐水不会结冰，所以才会认为有一条无冰的海洋通道存在。第二，他们认为河流可以贯穿大陆，这暴露了人们水文知识的不足，因为河流只能在顺坡时受重力作用流淌。

地。他认为蒙特利尔的拉欣河（Lachine）是他到达中国的唯一障碍（因为法语里“中国”就叫作“La Chine”）。1607 年，一群英国人被无情地抛弃在了弗吉尼亚的詹姆斯敦，按照指令，他们要么像西班牙人一样征服当地人，要么通过贸易来获得黄金。但这群殖民者长远的目标其实是沿河流穿越美洲大陆到达太平洋，然后抵达亚洲，甚至美国最大的城市也是在类似的征途中建立的。1609 年，受雇于荷兰人的亨利·哈得孙沿河而上，一路航行至奥尔巴尼，后来这条河便以他的名字命名，变成了哈得孙河，沿河的这片区域则变成纽约。

哈得孙回到英国后，将航海日志交给了荷兰大使，同时决定要在 1610 年再次启程，继续寻找通往亚洲的道路。这一次，代表英国的他驾驶着发现号船舰，经格陵兰岛南部进入加拿大北极区。在到达今日被称作哈得孙的海峡后，发现号乘兴而下，于 8 月绕过拉布拉多半岛。呈现在他们面前的是一片看起来极度广阔的，似乎可以通向亚洲的大海。但实际上他们只是进入了一个面积是地中海两倍的水湾，也就是今天的哈得孙湾。在 1610 年余下的时间里，哈得孙和船员们都在探索哈得孙湾，但进行得并不顺利。冬季来临时，发现号被冰封在海里。1611 年春，哈得孙决意继续前行，但到 6 月时，船员们再也忍无可忍，发动了叛变。

幸存者返回英格兰后立刻被捕，之后的事情也只能听凭他们的说辞。他们承认将哈得孙以及包括他十几岁的儿子在内的 8 个人丢弃在一艘小船上，任其自生自灭。虽然哈得孙等人奋力划桨试图追上大船，但很快被返航的发现号甩到后面。根据证词，煽动这次叛变行动的人已经在返航途中丧生。虽然这种说法有为自己开脱的嫌疑，但鉴于他们掌握了价值连城的地理知识，这批人也幸得赦免。尽管哈得孙的结局悲惨，最终也没能抵达亚洲，但他却探索了加拿大广阔的北极地区。

哈得孙海湾很快成为皮草商人深入北美大陆的重要路线。随着香料贸易的衰落，皮草贸易开始蓬勃发展，追求时尚的欧洲人也戴上了由北美动物毛皮制成的温暖厚实的帽子。①

当英国殖民者专注于管理他们的 13 个殖民地时，法国人则与美洲原住民交好，他们乘着独木舟，带着本地人向导，在美洲大陆上长途跋涉。这种模式是由人口特征决定的：尽管法国竭力把巴黎街头的女性孤儿运送到美洲，但它在这片新法兰西土地上的移民数量依然很少，特别是女性。正是因此，法国人与美洲当地妇女通婚的情况非常普遍。后来一些英国探险家也开始采用法国人的模式，乘着小舟沿河流，尤其是在哈得孙湾一带探险。这其中的佼佼者要数亚历山大·麦肯齐（实际上是苏格兰人）。1789 年，麦肯齐从美洲原住民那里了解到，在美洲的内陆，有一条流向西北方向的大河。由于当时已知的河流都注入墨西哥湾、大西洋或者哈得孙湾，所以麦肯齐怀疑，这条河可能最终会流向太平洋。于是他决定驾驶小船追溯到这条河的河口，一探究竟。

这条河实际上是北美第二大河系的一段，最终流入北冰洋。麦肯齐没能顺着这条河抵达太平洋，于是给它起了个名字叫“失望河”（这条河后来以他的名字更名为麦肯齐河，这也许违背了麦肯齐的意愿）。麦肯齐仍不放弃，于是三年后带着当地向导，6 名法裔加拿大航海家，以及他的苏格兰堂兄再次出发。他们还带上了一只似乎没有名字的狗（在麦肯齐的日记中只是称呼它“我们的狗”）。这次他们向西划行，往河流的上游进发。途中所遇的一些原住民告诉他们，前方有一条蜿蜒的水路，在流入落基山脉后，便可直通海洋。于是他们沿着这条水路

---

① 1670 年，做皮毛生意的哈得孙湾公司成立。作为北美历史最悠久的公司，如今它经营的百货公司包括哈得孙湾（加拿大）、泰特斯百货公司、洛德泰勒百货公司和萨克斯第五大道百货公司。

找到了一条自山脉径直西流的大河，这就是今天的贝拉·库拉河。麦肯齐一行沿着贝拉·库拉河向西行进，最终成为第一批越过北美大陆到达墨西哥北部太平洋海域的欧洲人。[①]

史上最为知名的一次横跨美洲的远征，也采取了与麦肯齐大同小异的模式。1803 年，建国不久的美国从拿破仑的法国手中购得路易斯安那，以仅花费 1500 万美元的代价将其领土扩大了一倍。[②]托马斯·杰斐逊总统于是策划了一次行动，名为“刘易斯与克拉克的远征”。这次远征有多重目的：一是对新领土进行勘察；二是给已成为美国居民的原住民送去问候；三是寻找通过大陆抵达太平洋的通道；四是宣示对太平洋西北地区的所有权；五是进行科学探索，以便了解该地区的气候、植物以及动物。杰斐逊是一名化石狂热爱好者，他命令刘易斯和克拉克要特别注意寻找猛犸，他认为猛犸仍然存活于平原地区。如果当初他们真的找到了猛犸，今天美国象征国家的动物恐怕就不是老鹰而是猛犸了。[③]

杰斐逊的助手梅里韦瑟·刘易斯是一名业余科学家和前陆军上尉，杰斐逊起初挑选他作为这支“发现之队”的领队，但刘易斯提出要与他的前长官威廉·克拉克一起扛起领导之责。通常来说，共同指挥往往会带来诸多不便，但恰恰相反，刘易斯的活力与才智和克拉克的冷静稳重相得益彰，令这次合作变成了历史级典范。为了准备这次旅程，

---

① 令人惊讶的是，麦肯齐一行并不是第一批到达贝拉·库拉河出海口的欧洲人，在他们到达的 48 天前，第一支海路探险队已经抵达此地。这支队伍由乔治·温哥华率领，他们绕过非洲后由印度洋进入太平洋，然后沿美洲太平洋海岸航行，经过俄勒冈州、华盛顿州和不列颠哥伦比亚省。

② 大约相当于今天的 2.5 亿美元，或者每英亩 45 美分。即便一个常规农场的价格都要高出它 6000 倍，这使得这次交易成为历史上最划算的交易之一。

③ 杰斐逊迷恋猛犸象的一个原因是，欧洲人声称，在美国的植物、动物和人都比欧洲的要小，且低等。这可能是美国人所有东西都想要最大的根源，例如“猛犸奶酪”事件中，马萨诸塞州柴郡镇向杰斐逊呈上了一块 1234 磅的奶酪，耗费了镇上所有奶牛挤出的牛奶。

刘易斯与全国顶级的科学家学习研究了植物学、制图学以及航海术。一位叫本杰明·拉什的医生则贡献出“拉什霹雳”之类的药方，这种氯、汞和某种根茎的混合物号称包治百病，但实际上它只会导致腹泻（这种药不能治好你的病，但确实能让你从床上爬起来）。准备工作完成后，刘易斯前往圣路易斯（刚刚从法国购得的领土）与克拉克以及另外30个人会合。

刘易斯与克拉克的探险队于1804年初启程，他们沿着密苏里河前行，径直深入美洲大陆内部。他们没有选择逆流行船，而是用绳索从河岸上拉着装满补给的浅底船往上游行进。他们向沿途的美洲原住民发放他们精心打造的银质友谊徽章，同时也借此传达信息：“你们现在是美国的一部分了。”尽管探险是出于和平目的，但整个队伍还是全副武装。这期间仅发生了一次暴力事件，当时黑脚人试图在夜幕掩护下从营地偷盗枪支（有两个人在由此引发的小规模冲突中丧命）。探险团队还险些与西班牙人起冲突（他们行进的沿途有部分西班牙领地）。当时，一支从圣菲出发的50人西班牙武装，企图抓捕探险队成员，却得知探险队早在几周前就已经穿过了内布拉斯加的拦截点。

沿着密苏里河经过现在的堪萨斯城和奥马哈，探险队进入满是鹿、麋鹿和野牛的大平原。[①] 他们在这里见到了土拨鼠——一种擅长挖掘宽广地道，还会用尖叫声发出危险预警的动物。因为杰斐逊要求他们收集动植物样本，于是刘易斯寄回了一只活体土拨鼠。这只土拨鼠后来被送到费城展览，继续存活了多年。随着冬天的临近，行程过半的“发现之队”便在北达科他州建立了一个名为曼丹堡的营地。这让美洲原住民对这群新来者的身份产生了好奇。为了进一步增进关系，刘易

① 曾经有数千万头美洲野牛在大平原上驰骋，但到1889年，捕猎使它们的数量减少到1091头。得益于保护措施，如今野牛数量已经恢复到50万头左右。

斯和克拉克参观了当地人的营地，并对一个原住民的烟斗产生了浓厚兴趣。此外，也就是在这里，刘易斯和克拉克遇到了一位奇女子。

这位名叫萨卡加维亚的女子当时只有 17 岁。5 年前，被俘虏的萨卡加维亚被卖给当时正在曼丹的法国捕猎者杜桑·沙博诺做老婆。因为萨卡加维亚来自西部，所以刘易斯和克拉克决定雇用沙博诺，这当然不是因为他的才能，而是因为他年轻的妻子可以担当探险队的翻译。萨卡加维亚很快证明了自己的价值。她精通谈判技巧，一路上帮助探险队化解了与美洲原住民之间的紧张关系。甚至她特殊的形象也对探险队起到了帮助，因为一位抱着婴儿的年轻女性会释放一个强烈的信号：这是一支和平的队伍，而不是一群好战分子。①

1805 年 4 月大雪融化之时，“发现之队”继续西行，穿过了蒙大拿州。当他们到达密苏里河的源头，并沿着小道翻过落基山脉到达大陆分水岭时，萨卡加维亚开始认出这正是她童年待过的地方。探险队途中屡次遇到个头远大于东部熊的西部灰熊。在纽芬兰还有一种叫西曼的狗，它们时刻保持对危险的警觉：一旦熊靠近，它们就会紧张地大声吠叫。到了 8 月，探险队的食物即将耗尽，还在山里迷了路。刘易斯和另外三个队员于前方探路，碰巧遇到了从未见过欧洲人和美国人的肖肖尼部落原住民。为了建立友好关系，刘易斯向他们赠送了礼物，并且用他学的一些当地方式向他们释放友好和平信号。肖肖尼人似乎理解了这些人的来意，但仍然将信将疑。

刘易斯足足等待了 4 天。肖肖尼人拥有马匹，刘易斯想把它们买下来，然后以骑行的方式翻越比特鲁特山脉抵达太平洋。当探险队的

---

① 6 年后，萨卡加维亚去世，威廉·克拉克收养了这个名叫让·巴普蒂斯特·沙博诺的孩子。他长大后成为美国著名的探险家和军事侦察员，会说 6 种以上的语言，包括英语、法语、西班牙语、德语和数种地方语言。

大部队赶到，萨卡加维亚上前翻译时，突然一个意外的巧合让她意识到自己已经到家了。肖肖尼部落的首领就是她的兄弟。于是部落为探险队提供了马匹，并为他们指明了到达太平洋最好的路线。随后萨卡加维亚展现了她的过人之处：她放弃留在家人身边，决定陪刘易斯和克拉克走完剩下的路程。翻过山脉后他们一路又顺流而下，一直航行至哥伦比亚河。当遇到戴着英国水手帽的原住民时，他们知道太平洋已经近在眼前。[①] 果然没过多久，一片汪洋就映入眼帘。

他们终于抵达太平洋，但此时冬天也开始降临。为了决定在哪里驻扎过冬，探险队进行了一次投票。包括萨卡加维亚和一个名为约克的奴隶在内的所有人都参与了这次投票，这也许也是美国历史上妇女和黑人第一次参与投票。最终他们在俄勒冈州的阿斯托里亚附近建造了堡垒，美国国旗也第一次飘扬在太平洋海岸的上空。

冬天变得极其寒冷，随之而来的是食物短缺，而此时的探险队已经弹尽粮绝，再也没有货物能和当地人做交易。探险队一边等待，一边紧盯着海平线，期待能有船只经过此处——当时有一些做水獭皮草生意的船只会定期来到这一区域。杰斐逊曾经告诉刘易斯，任何能将探险队安全送回的船只，都可以获得酬劳。但直到 1806 年 3 月他们也没有等来一条船。于是他们选择从陆地返程。一路上他们行进得非常顺利。等到 9 月下旬，他们终于看到了第一个人类文明的迹象：一头母牛在河岸安静地吃草。几天后他们到达圣路易斯，向热情的国民报告了这一路的故事。

从严格意义上讲，我们不能说刘易斯和克拉克发现了任何新事物。

---

① 英国、法国、俄罗斯、西班牙和美国的船只当时已经在太平洋西北部航行了 20 年。这一区域同时被英国的乔治·温哥华和美国的罗伯特·格雷宣布占领（罗伯特·格雷曾在 1787—1790 年环游世界）。这一所有权纠纷在 1846 年解决，美国保留了华盛顿、俄勒冈州、爱达荷州、蒙大拿州和怀俄明州，英国保留了不列颠哥伦比亚省，即哥伦比亚河的不列颠部分。

他们到达的所有地区都已经为美洲原住民所知，欧洲人也已经抵达过其中 3/4 的地域。然而这支探险队在整合与传播方面做出了贡献。在此之前，地理知识非常零散，且基本没有记录。第一批到达西部的欧洲人是一群捕猎者，他们肯定不愿意泄露敏感的商业信息。而刘易斯和克拉克编制了详细的地图，并对该地区的气候、地形、动植物进行了分类，与世界分享了他们的观测结果。

刘易斯和克拉克的成就令人赞叹，但在许多方面他们其实比不上那些穿越西伯利亚的人，尽管后者并不被人熟知。人们也许会好奇俄罗斯是如何成为地球上国土面积最大的国家的。实际上，俄罗斯的故事与美国相似，而它们的区别在于，俄罗斯早于美国两个世纪，且只用了美国一半的时间就把疆土扩大了两倍。毫无疑问，这是有史以来最惊人且持久的国家领土扩张。1450—1850 年，俄罗斯平均每天增加 35 平方英里的领土——相当于每年增加一个比利时的面积，并以这个速度持续扩张了 400 年。在摆脱掉蒙古统治之后，俄罗斯用整个 15 世纪统一各个公国。到 1556 年，俄罗斯击败了蒙古继承国喀山和阿斯特拉罕汗国，打开了通往亚洲的通道。从那时起，俄罗斯探险者用了不到一个世纪的时间，于 1639 年到达太平洋，并于 1647 年在太平洋建立了第一个定居点。第二年，谢苗·杰日尼奥夫从北极穿过西伯利亚和阿拉斯加之间的白令海峡进入太平洋。1689 年，俄罗斯成为第一个与中国建交的欧洲国家。

由丹麦探险家维特斯·白令领队的探险堪称俄罗斯最为令人印象深刻的远征。1725 年，白令带着 34 名队员从圣彼得堡出发，穿越了广阔的西伯利亚。他们艰苦地跋涉了两年时间，行程相当于刘易斯和克拉克的两倍，然而这仅仅是一个开始。到达太平洋后，他们造了一艘船，然后对阿拉斯加的海岸线进行了勘测绘制。用美国人的话来说，这个工作量相当于杰斐逊命令刘易斯和克拉克穿越美洲两次，然后再造一艘船远征日本。在两次航行中，白令宣称阿拉斯加属于俄罗斯，并且确定亚洲与北美并没有接壤，而是被一个仅仅 55 英里宽的海峡分隔开来。[①]之后的俄罗斯探险者甚至把俄罗斯堡垒修建到了加利福尼亚，这些堡垒到澳大利亚的距离甚至比到莫斯科或圣彼得堡还要近。

“发现之队”并不是托马斯·杰斐逊派出的唯一一支探险队。1806年，红河探险队从路易斯安那出发，沿着和探险队同名的河流行进了600 英里，直到在得克萨斯被西班牙军队击退。同年，泽布伦·派克带领一支探险队穿过了堪萨斯和科罗拉多。但是由于地理上判断失误，他们在穿越落基山脉时选错了路，最终被西班牙人俘虏。然而这恰恰成就了一个意外收获，当派克被带着穿过西班牙占领的新墨西哥、墨西哥和得克萨斯时，他把一路所见所闻都详细记录下来。派克的这次旅程当时几乎与刘易斯和克拉克齐名，他的旅行记录更是被翻译成 6种语言。当东部的探险家与来自墨西哥和太平洋的人会师时，这场长达三个世纪的探索努力也由此画上了圆满的句号。地图上的这一大片空白最终被填补完毕，而此时距离横贯美洲的铁路完工还有半个世纪的距离。

---

① 1867 年，俄罗斯以 720 万美元的价格将阿拉斯加卖给美国。这笔交易在当时被认为不可思议，然而现在看来却是可以和路易斯安那州收购案比肩的史上最划算的交易之一（英国特使拒绝收购阿拉斯加，所以阿拉斯加原本也可能归加拿大所有）。想象一下，如果俄罗斯的基地距离西雅图仅仅 100 英里，那么冷战的情形会有多么不同。

第 15 章　勘探的科学

社会的变迁会影响人们探索世界的模式。18 世纪，人们开始领悟并接受启蒙思想。启蒙思想扫除了旧的正统观念，取而代之以解放、理性和宽容的新思想。这些新思想同样引发了美国革命和法国大革命，这些革命活动正是科学革命的政治枝叶。在启蒙思想的推动下，探索活动逐渐从对外大规模掠夺土地行为转化成更高级的对科学的追求。植物学家、物理学家、天文学家和人类学家取代了掠夺者，成为新一代的探险家。探索也不再仅仅意味着发现新的世界，而是要真正从新世界获得知识。

好奇心一直以来都是探索活动的驱动力，但现在又多了一种新的动力来源：国家之间开始在科学探索领域进行竞争。就连船只的名字也要体现出新思想的概念，它们纷纷被命名为发现号、决心号、奋进号、冒险号、地理学家号、博物学家和星盘号。有一些探险活动确实摒除了那些和科学无关的目的，例如，1735 年法国发起的一次在厄瓜多尔测量地球形状的项目。[1] 然而，当时的大环境类似一场发生在 18 至 19 世纪的冷战，即使是纯粹的科学活动，其背后逻辑也是以提升赞助国形象为目的的。在这场探索领域的竞争中，一类新的人物形象逐渐凸显，他们就是能代表国家战胜无知的科学家英雄。

科学勘探活动本质上是由新的科学技术推动的。一直以来，人们可以通过太阳高度角测量地球纬度，但却无法测量经度。直到 18 世纪中期，一个名叫约翰·哈里森的钟表匠发明了一种精确的计时器，人们这才获得了确定经度的方法。比如你从一地出发时，需要先将计时器与出发地的时间同步，等到达目的地后再将计时器的时间与根据太阳位置测量的当地时间进行比较，就会得出你在地球上走过的距离。[2] 大多数船只都会携带多个计时器备用（比如查尔斯·达尔文的贝格尔号船上就有 22 个计时器），并在港口将它们同步校准，与此同时，人们会将一些球抛下去（这就是时代广场新年落球活动的起源）。营养的改善使长途旅行成为可能。尽管西班牙和荷兰的船长已经绘制了太平洋的航线，但他们没办法在海上停留太久，因为坏血病会把他们的船变成一所漂浮的医院。

天文学家们知道，通过从地球上的不同地点观测金星，就可以计算地球和太阳的距离。埃德蒙·哈雷曾预言，金星会分别在 1762 年和 1769 年两次从太阳面前经过，而且在接下来的一个世纪里都不会再次经过。为了能观测到 1762 年的金星凌日，人们做了精心的准备，然而由于当时阴天，大部分数据都被破坏了。科学家们于是把希望寄托在 1769 年。为了这次观测，科学家协调了全球各个地方的观测点，而这

---

① 他们的计划是要测量赤道附近的纬度，并将其与更北边的纬度进行比较，以此来判定地球是否在赤道的地方鼓起来，而在两极变平（确实如此）。

② 想象一下，你在纽约时把手表校准时间后飞往洛杉矶。到达洛杉矶后，你的表指在 3 点钟，而太阳在正午的位置，那么你就知道这一趟旅程的距离大约是围绕地球一圈路程的 3/24。

成就了历史上最令人期待的科学合作之一。即将出征太平洋的英国观测船队需要一名全能的船长：他需要同时担任航海家、制图者、天文学家和指挥官。人们在詹姆斯·库克身上看到了所有这些特质。①

为了准备这次探险，库克翻新了一艘运煤船。这艘名叫奋进号的船航行速度并不快，也不引人注目，但非常实用：它结实，载货量大，能够航行至浅水区或海滩进行维修。② 奋进号的目标很明确，它要载着当时以顶尖的植物学家约瑟夫·班克斯领衔的 14 名科学家，驶向南太平洋。对于如此长时间的航行来说，营养补给至关重要，所以库克从维京人那里拿了份食物清单，把几大缸酸菜、汤粉和胡萝卜蜜饯装进了奋进号的货舱。于是在这次探险旅程中，船员们第一次可以吃到多种多样的食品，而且食物的多样化显然起到了显著作用。在此之前，长途航行中因坏血病而损失船员的事稀松平常，但奋进号上却没有出现一例坏血病。船队后来前往塔希提的航程进展非常顺利，金星凌日的天文观测也取得了全球性的成功。

奋进号实际上是第四艘到访塔希提的欧洲船只。两年前，法国和英国船只争先恐后地驶过太平洋，并在几个月内前后脚到达塔希提。英国的海豚号是第一艘到达的船舰（船上搭载了一只山羊作为吉祥物，后来库克在旅程中也把它带上了，于是这只羊成了两次环游世界的非人类生物）。法国方面的两艘探险船由著名的科学家和探险家路易斯·安托万·德·布干维尔（Louis-Antoine de Bougainville）带领，这位科学家的名字被用来命名了岛屿、植物 [叶子花属（bougainvillea）]，以及法国海军的 13 艘船舰。布干维尔被人称作神童，因为他在 25 岁

① 《星际迷航》中星舰进取号的舰长詹姆斯·柯克深受库克船长的影响。他提出的“大胆地去以前没有人去过的地方”的口号其实是呼应了库克所说的“不仅要比任何人走得更远，而且要尽可能走得更远”。

② 奋进号航天飞机（Endeavour）是以库克的这艘船命名的，因此是英式拼法。

时就发表了关于积分的论文并因此被招入英国皇家学会就职。1759 年，他和詹姆斯·库克共同参加了魁北克战役，彼此距离不到几英里。[①]

英国船长塞缪尔·沃利斯形容塔希提是个很友好的地方，他对岛上美女的一番评头论足，八成会让古板的英国海军感到震惊。布干维尔则更加直截了当，直接称呼这座岛屿为“新塞西拉”，而塞西拉正是爱情女神维纳斯的出生地。这次航行在欧洲引起轰动，因为有消息说，这艘船上的外科医生把自己的情妇也偷偷带上了船（这让她成了第一个环球航行的女性）。这位欧洲女人让塔希提人着迷，他们向她慷慨献礼，并为她谱写颂歌。哲学家让-雅克·卢梭利用这件事举例向公众普及了他提出的“高尚的野蛮人”这一概念，即免于受到人类文明腐蚀的“原始人”恰恰展现了人性的善良。

为了防止奋进号船员发生意外，库克下令只允许船上的军官代表上岸。双方相处得很融洽，但库克很担心塔希提人会被欧洲的思想污染腐蚀。在这之后，库克也曾观察过澳大利亚的原住民，他发现这些人“比我们欧洲人幸福得多；他们不但不熟悉奢华的事物，对欧洲人追求的一些必要便利设施也完全不了解，而且他们非常满足于这种无知。他们生活于平静之中，不曾受到不平等环境的侵扰”。深邃的库克捕捉到人类心理的一个关键之处，那就是物质财富不能使我们幸福。生活在现代的便捷社会中，我们不去追求幸福，却总是在拿自己的地位、身份同旁人攀比，只要发现自己没有赢过别人，便仍不会满足。

金星凌日结束，在塔希提修整多日的库克又开始了新的行程。他的任务是继续向南进发，寻找一个预言中的“未知的南方大陆”。人

① 1757 年，作为蒙特卡姆的副官，布干维尔在奥尔巴尼附近参与关于威廉·亨利堡投降的谈判。他也是 1992 年的电影《最后的莫希干人》中的一个配角（电影中的细节刻画主要来自布干维尔的日记）。1781 年，在美国革命的关键战役中，他在约克镇一带击败英国部队的任务中发挥了重要作用。1799 年，他被拿破仑任命为参议员。

们认为这块大陆坐落在南太平洋，并且相信它的存在是为了让地球保持平衡，如果没有它，地球就会在太空中倾斜。虽然人们已经发现了大洋洲大陆，但它没有大到足以平衡地球，而且当时并没有欧洲人深入南太平洋。地图上的这片空白大到足以隐藏一个像亚洲一样的大陆。奋进号向正南方向出发，但航行了近 2000 英里都没有看到陆地。按照指示，库克转而驶向新西兰（阿贝尔·塔斯曼于 1642 年发现了新西兰），以求证它是否可能是这个预言中大陆的一个半岛。答案是否定的，库克于是绘制了新西兰的海岸线图，并明确了新西兰是由两个岛屿组成。①

奋进号返航途中，库克决定顺路绘制澳大利亚（当时的“新荷兰”）的轮廓图。1770 年 4 月，奋进号在悉尼附近的植物学湾靠岸。作为船上的首席科学家，约瑟夫·班克斯之所以给海湾起了这个名字，是因为在这里遍布着奇妙的植物和动物群。库克记录说，澳大利亚看起来是一个美丽的平原，且从遇到的原住民数量和从海岸线升起的烟雾判断，当地人烟稀少。库克特别喜欢当地的袋鼠，他觉得它们既迷人又美味。在沿着澳大利亚东北海岸航行时，库克碰到了让人难以置信的广阔珊瑚群（实际上是绵延 1500 英里的大堡礁的一部分），以致奋进号在浅滩航行时差点儿出事故。大多数船只都会被这里汹涌的海浪和锐利的珊瑚撕个粉碎，但奋进号很坚固，也很幸运。库克发出指令，只要没有被钉在船上的东西，全部扔到海里。船员们费力用链条将船体拖回较深的水域，奋进号才脱险。②

奋进号在一个海滩上靠岸修补了船体（现在被称为库克镇的一个地方），之后缓慢艰难地驶向荷兰印度尼西亚进行维修。几个月后，库

---

① 分隔这两个岛屿的海峡以库克的名字命名，奋进号则被刻在了新西兰 50 分的硬币上。

② 被奋进号丢弃的大炮于 1969 年被找到，现藏于悉尼的一家博物馆。

克和他的部下启程返航，终于在出发三年后回到英国。库克的第一次航行取得了巨大的成功，但地图上的这块巨大空白仍然存在，一个巨大的南方大陆可能就潜藏在那里。库克第二次航行的筹划全部集中在搜索地球南部的海洋。这将是一趟危险而单调的旅程，看不见陆地的时间将会是有史以来最长的。约瑟夫·班克斯本来打算前往，但在出发前改变了主意，于是约翰·福斯特和他的儿子乔治（乔治之后凭自己的实力成为著名的博物学家）代替班克斯踏上旅程。这次出航的两艘船都配备了和奋进号一样的装备。1772 年，库克指挥着这两艘船舰——决心号和冒险号——再次启程前往南太平洋。

在第二次航行中，库克朝着相反的方向进发。这一次，他们穿过了结着深厚冰层且弥漫着浓雾的海洋，比以往的任何船只都要更深入南方。整个过程中，他两次返程回到新西兰，一次返回到塔希提。库克尽力填补着地图上的空白，同时他还发现了许多南部的岛屿，但无论如何都没法证明南部有一个巨大的大陆在保持着地球的平衡这一猜想。于是，人们默认了由澳大利亚继承“南方大陆”的称号，只是它再也不是“未知之地”。[①] 尽管没能亲眼看到南极洲，但库克预测到了它的存在：他发现冰山下埋藏有岩石，而这些岩石必然来自南方的一块被冰雪覆盖的大陆。

远航持续了三年后，库克结束了他的第二次探险，于 1775 年返程。但是对于像库克这样难得且经验丰富的船长来说，长时间待在岸上是一种浪费。于是这位海军上将又有了一个新的使命：寻找西北航道。数个世纪以来，寻找西北航道一直是探险界的圣杯，前后数十名探险家都曾尝试过打通这条航道，但都以失败告终。库克这一次将要

---

① 未知的南方大陆（Terra Australis Incognita）一词中，Australis 其实就是指南方，澳大利亚（Australia）的名字便因此而来。——译者注

排除万难，尝试从阿拉斯加附近的白令海峡进入北极。这也将填补地图上位于西北太平洋的最后一块空白。虽然美国独立战争刚刚爆发不久，但本杰明·富兰克林还是让羽翼未丰的美国海军相信，库克的这次航行会让所有人受益。因此双方如果在海上相遇，美国海军应将他们视为友好船只并给予帮助。当时站在美国一边的法国、西班牙和荷兰也在和英国交战，但它们同样也承诺向库克提供援助。举世公认的一位探险家正在为了全世界而航行，这在历史上可是头一遭。

库克于 1776 年 7 月 12 日，也就是《独立宣言》发表 8 天后从英国启程。这一次他仍然坐镇决心号，同行的还有另一艘名为发现号的船舰。① 绕过好望角后，船舰在新西兰做了短暂停留，然后到达塔希提。他们从那里向北驶向白令海峡，然而沿途却误打误撞到达了夏威夷。在几个世纪的时间里，在马尼拉和阿卡普尔科之间航行的西班牙大帆船一度从这片海域附近驶过，但从未有欧洲人发现这些岛屿。② 短暂停留后，库克向美洲海岸进发，在今天哥伦比亚河南边的俄勒冈州靠岸。然后，他沿着海岸北上前往阿拉斯加，一路上他向美洲原住民打探，以找寻可能通往北极的通道。库克绘制了从俄勒冈州到阿拉斯加的整个西北海岸线，并最终到达此前已有俄罗斯人踏足的白令海峡。

在试探着通过白令海峡的过程中，库克遭遇了无法穿越的冰墙。因为冬天临近，他决定折返到夏威夷，等到春天再继续航行。库克形容夏威夷人是地球上最热情的人，他们还拿热带美食招待了库克的船员们。但是，随着船员持续消耗岛上的食物并且找岛上的女性寻欢作

---

① 和库克同行的是威廉·布莱，因之后的电影《叛舰喋血记》而为人所知。

② 库克将夏威夷命名为“三明治岛”（Sandwich Island），这个名字源于一位海军上将（Sandwich 家族的第四个伯爵），他发明了在面包片之间夹上肉，以便他在打牌时可以吃东西充饥，所以这种吃食被叫作“sandwich”。夏威夷的州旗上至今还留有英国国旗的标志，夏威夷与英国的历史渊源以这种方式被保留下来。

乐，他们和夏威夷人的关系开始变得紧张。有传言说，这些强取豪夺的欧洲人是被饥荒逼迫逃离了自己的土地，现在要把夏威夷的食物都吃光。冲突终于爆发，英国海军向愤怒的夏威夷人群开了枪。库克上岸试图安抚局势，但是当他转身走向海滩上的自家船舰时，被夏威夷暴民殴打致死。① 沮丧不已的决心号和发现号船员们在没有船长的情况下驶离了夏威夷。他们再度尝试寻找穿越白令海峡的无冰通道，无果而终后便折返回乡。

经过库克的努力，世界各大洲的轮廓已经基本确定下来。当时间从 18 世纪进入 19 世纪时，一批新的探险家开始着手解决当下重大的科学问题，他们对地球的性质、气候和气候特征，以及生活在这个地球上的人类、植物和动物等开展了深入研究。达尔文于 1831—1836 年乘贝格尔号环游世界时发现了物种多样性，这为他后来提出的进化理论提供了灵感和思路。但是还有另外一位更早期的科学家推动了生物学、气候学、生态学、地理学和地质学等各个学科的进步，就连达尔文都视他为对自己影响最大的人。此人就是亚历山大 · 冯 · 洪堡。事实上，洪堡时至今日仍不为人所知的原因，或许正是因为他的建树涉及了太多领域。总在探究一切事物内在联系的他，是世界上最为杰出的科学旅行者。②

在当年纳粹焚烧大量书籍的柏林广场对面便是洪堡大学，而大学前所矗立的雕像，纪念的正是这位“古巴的第二发现者”。虽然这个描述很准确，但亚历山大 · 冯 · 洪堡的贡献远远不止这些。截至 18 世纪

---

① 夏威夷人如何看待库克，这一问题仍存在谜团。如果不是上帝，那么他至少被当成了一位有权势的首领。他的部分尸骨作为遗物被保存下来，有些则被送还给他的船员用于海葬。

② 洪堡被认为是那个时代第二著名的人物（仅次于拿破仑），有 39 个美国城镇和地理景观以他的名字命名。内华达州差一点儿就被命名为“洪堡”；埃德加 · 爱伦 · 坡曾在自己的最后一部重要诗集《我发现了》中向洪堡致敬。

末，距离欧洲人发现美洲新大陆已经有几个世纪之久，但在许多方面美洲仍然是神秘之地。西班牙一直禁止外来者进入它在美洲的殖民地，从未对这片土地开展过任何科学性的探索。洪堡从小就对探险故事着迷，作为一个普鲁士低阶贵族，他学习了地质学并接受了一份在政府的工作。作为主管矿业的总理事，洪堡可以在德国境内随意游历。为了激发自己的探险欲望，洪堡请乔治·福斯特帮忙牵线，认识了约瑟夫·班克斯。约瑟夫·班克斯给洪堡讲了库克的航海故事，并给他展示了大量库克航行时期的动植物收藏品，这让洪堡十分着迷。他当下决定放弃作为一名德国官员的生活，转而去周游世界。

洪堡继承了一些家族遗产，所以他有能力为自己的旅行买单。洪堡写了一封信给西班牙国王，请求国王允许他访问美洲殖民地，令他吃惊的是，国王竟然批准了。洪堡的美洲之旅（1799—1804 年）是在这片土地上进行的第一次科学考察。洪堡和他的法国同伴艾梅·邦普朗带着堆积如山的科学仪器登上美洲大陆，他们背着温度计、气压计、雨量计和无数其他在当时十分新奇的装备穿越南美洲的丛林。出于好奇心，他们居然品尝了当地人用来涂抹吹镖的毒药（这种毒药只有在静脉注射时才会致命），还喝了一棵橡胶树上流出的“奶”（之后他们吐了几个小时的橡胶球）。这些新发现让洪堡和邦普朗发自肺腑地感到兴奋，洪堡甚至担心“如果这些奇妙的新发现不停止，邦普朗可能会发疯”。他们在厄瓜多尔的奇姆博拉佐山上攀登到了 19286 英尺的高度，这在当时是人类登山所到达的极限，且这个纪录保持了 30 年。他们采集到的动植物样本使美洲已知的动植物物种数量增加了一倍，然而这些仅占他们实际观察到的物种的 10%。此外，通过采访原住民，他们第一次系统地记录下了当地社会。

洪堡此后继续旅行，他穿越了俄罗斯以及中亚，并于 1829 年抵达中国的边界。在余下的大部分时间里，他都在致力于分享他的见闻。洪堡胸怀大志，他的代表作《宇宙》一共由五卷组成，被视为“宇宙自然史大全”。《宇宙》也成为第一本普及的科学书，为卡尔·萨根于1980年出版的同名书和之后的电视连续剧奠定了基础。① 作为第一位现代科学的传播者，洪堡将这个世界呈现给了普通大众。拉尔夫·沃尔多·爱默生称洪堡为“世界的奇迹”，西蒙·玻利瓦尔将其视为“美国真正的发现者”。而洪堡本人却认为自己只是一个“人类的普通公民”。

旅游业的兴起同样始于19世纪。洪堡有一个叫艾达·菲弗的奥地利朋友，她也许是第一个独自环游世界的女性，也是第一位靠撰写自己的探险故事谋生的人。艾达·菲弗在一个大家族中长大，作为一名早期的女权倡导者，她坚持要像她的兄弟们一样接受教育。虽然很不情愿，菲弗还是被迫嫁给了一个老男人，生养了两个儿子，并且靠着教授音乐课赚钱养家，但她总是渴望做点儿别的事情。1842年，在丈夫去世、儿子搬走后，45岁的艾达·菲弗踏上探索世界的旅程。她给自己设计了探险装备：一条裙子、一个披肩、一顶蚊帐和一顶宽边帽，然后带着刀和枪在世界最大的丛林中穿梭跋涉。危险不时发生：有一次她用匕首成功击退了一个强盗，而另一次她为了不被吃掉，和一些食人族开玩笑说，自己太老了，并不好吃。

每一次旅程结束后菲弗都会写一本书，然后再用写书赚来的钱继续下一趟旅行。与以往的探险家不同，她专注于讲述旅途中遇到的形形色色人物，包括女性以及家庭生活的细节。她的旅行书成了国际上的畅销作品，被翻译成多种语言。很快，各国的统治者都邀请她到自

---

① 之后于2014年被改编成另一个版本，由尼尔·德格拉斯·泰森主演。

己的国家游历，以便能吸引更多的人到他们的国家旅游。可以毫不夸张地说，艾达·菲弗开了全球旅游业的先河。如果说洪堡向人们展示了世界科学的奇观，那么菲弗则让人们接触了跨国旅行的概念。至此，普通人历史上第一次可以为了自己的目的探索世界了。

第 16 章　征服北极

探索激发了更多探索，来自未知的呼唤如同给我们的灵魂鸣响的警笛。即便前途艰险，我们也会走上先驱开辟的道路，力求完成前人未竟的事业。再没有比北极探险更能体现这一点的了，在那里，一次次的灾难造就了英雄历险的传奇。在商业目的之外，征服北方已经变成一场人类与自然的对抗。在维多利亚时代，一个自信心十足的欧洲社会已经下定决心，要通过对最新的工业技术的掌控最终统治世界。而英国战胜了拿破仑，皇家海军的精力也终于可以转向和平时期的探索。有了精心的准备，再加上最新的发明成果，这些努力又怎么会失败呢?

1845 年，约翰 · 富兰克林爵士受命远征，他的任务是率领探险队彻底打通西北航道。北极对富兰克林来说并不陌生，在此之前他已经三次带队前往。1819 年的那次探险最为惨烈，有一半船员饿死在途中，而富兰克林也因此得了个“吃靴子的人”的绰号。当被问及 60 岁年龄是否构成探险的障碍时，他做出了一次经典反驳：“没搞错吧？我才 59 岁。”为了 1845 年的探险，英国人改装了幽冥号与惊恐号两艘战舰。这两艘战舰都是有着厚重外壳的迫击炮战舰，除了用金属铁板加固，还配有蒸汽加热器、除盐水机，以及驱动着7英尺推进器的蒸汽引擎。这两艘战舰此前在北极和南极海域都有着卓越的表现。在1814年的英美战争中，这两艘战舰被美国巴尔的摩麦克亨利堡放出的“空中炸弹”（其实是迫击炮和舰用火箭）击中。麦克亨利堡后来成为美国国歌的诞生地，从此名垂青史。此外，这还是第一次装配了照相机的远航探险，船上装载的罐头，足够他们吃上三年。①

1845年5月，幽冥号和惊恐号载着129名船员从英国启航。②7月，它们曾经在格陵兰岛附近从一艘捕鲸船旁驶过，之后再也没有人见过它们。到底发生了什么？通过2014年和2016年在加拿大北极地区发现的残骸，我们现在已经能够重现这两艘船的遭遇。船员们在第一年进展顺利，并在比奇岛过了冬。1846年，他们继续前进，然而到了第二年冬天，舰船被冰封住，从此便再也没能脱险。据后来找到的一张笔记显示，富兰克林于1847年6月去世，随后整个船队迎来了第三个冬天。到1848年春天，由于舰船被困，食物减少，幸存的船员决定上岸，徒步前往安全地带。从后来在北极冻土带上发现的散落尸体来看，这些船员也没能走太远。

两年杳无音信后，人类历史上的第一次大规模国际搜救拉开了序幕。为了能找到船队，英国政府给出了相当于200万美元的悬赏。包括法美等敌对国船只在内的数十艘船参与了搜救行动，其中至少有5艘船在搜寻过程中失踪。③人们将一些刻有补给站位置信息的金属纽扣

---

① 罐头是在拿破仑战争期间发明的，目的是为远在战场上的部队提供补给，但开罐器直到1855年才发明出来。也就是说最初的50年里，罐头是用锤子和凿子打开的。

② 两艘船都有帆，以及发动机驱动的螺旋桨。

③ 为了感谢美国的帮助，维多利亚女王向时任美国总统拉瑟福德·伯查德·海斯赠送了一张由皇家海军其中一艘搜救船坚决号木材制成的桌子。现在它就放在白宫椭圆形办公室，成为总统的办公桌。

分发给当地的因纽特人，寄希望于他们能够找到幸存者。1854 年，一个因纽特人告诉调查员，几年前曾经有 40 名白人饿死在这里，并且给他看了失事船上的餐具、硬币、书籍和其他遗物。营救行动于是被叫停，但富兰克林的夫人却没有放弃，并且在后续搜索中发现了两条信息。第一条信息的记录时间为 1847 年 5 月，它描述了探险的进展，并且充满信心地写道：“约翰 · 富兰克林爵士指挥舰船，一切顺利。”第二条信息写于将近一年之后，其语调大相径庭。记录者在同一张纸的边缘以颤抖的笔迹记录道，幽冥号和惊恐号已经被困了两个冬天，许多人已经死去；幸存者明日将启程，寄望于通过陆路脱离险境。

这次探索航行中有几个奇怪的地方。例如，最后一条信息存在几处错误，包括拼写和日期错误。此外，人们还发现，船员废弃的雪橇上竟然堆放着厚厚的书、银器和其他一些在灾难中几乎用不上的东西，这说明当时的船员可能已经失去清醒的意识。探险队出发前的记录显示，食物罐头是用像蜡烛油一样的铅焊料匆忙封装起来的，因此有可能是铅中毒导致了他们的认知障碍。另外，由于当时巴氏杀菌法还没被发明出来，许多罐头可能已经被污染，无法安全食用。这件事让人们见识了大自然的威力，也将维多利亚时代人类的骄傲自大暴露无遗。现代技术在征服北方的过程中遭遇惨败，而处在相同恶劣环境中的因纽特人却兴旺蓬勃。

尽管有危险，或者也许正是因为危险的存在，人们始终无法放弃征服北方的梦想。北极探险事业演变成一场为了名誉而战的竞赛。挪威探险家罗阿尔德 · 阿蒙森于 1903 年开始了为期三年的远行，最终他成为第一个穿越冰层从格陵兰岛到达阿拉斯加的探险家。与富兰克林相反，他的通关秘诀是轻装上阵，靠陆地获取补给。阿蒙森的船员从因纽特人那里学到了必要的生存技能，他们猎杀海豹和其他动物，通过摄取含有维生素的鲜肉避免营养不良。他们用雪橇进行陆路运输，还用暖和又防水的动物皮取代了笨重的防风衣。

征服北极只是近来才实现的壮举。1888 年，一支由 6 名挪威人和芬兰人组成的队伍滑着雪橇横跨了格陵兰岛。他们原打算让芬兰人驾驶驯鹿雪橇托运补给品，不幸的是，与驯养的驯鹿不同，固执的野生驯鹿拒绝帮人类干活，因此队员们不得不自己拉起雪橇。幸好这些人都是滑雪高手，最终他们还是成功地穿越了格陵兰岛。这次探险队的领队是弗里乔夫·南森，后来他又打算再次向北极进发。驾驶着经特别设计的前进号，南森打算故意让船困在冰里，然后一路漂移到北极。他于 1893 年 6 月出发，初段航程也异常顺利，但前进号在冰中漂流数月之后速度开始减慢，南森也因此变得不耐烦。到 1895 年 3 月，他终于等不及了。南森和另一个人结伴出发，打算乘雪橇滑完剩下的 400 英里冰路。

这个计划本来进行得不错，但很快南森就发现冰层正在向南漂移，这抵消了他们的前进速度。食物越来越少，然而他们离北极仍有 250 英里。在遭遇了“一直延伸到地平线的一大片难搞的冰块”后，他们被迫返程。随着天气变得更加寒冷，南森决定在法兰士约瑟夫地扎营过冬。① 他们搭建了一个小避难所，靠储备的北极熊、海象以及海豹的肉度过了寒冬。1896 年 5 月，他们打算继续南行。一天早晨，南森被狗吠声吵醒。真是无巧不成书，他竟然和当时正在北上的英国探险家弗雷德里克·杰克逊在此偶遇。南森和同伴获救后返回挪威。几个月后，前进号从冰层中脱险，船员们在奥斯陆重聚，挪威举国欢庆。②

此时北极仍然没有被征服，所有人还在跃跃欲试。1909 年，罗伯

① 西伯利亚附近的一个岛屿，被 1872 年奥匈北极探险队以哈布斯堡王朝皇帝的名字命名。

② 1922 年，南森因挽救了战争难民而获得诺贝尔和平奖，并发行了全球认可的“南森护照”。

特·皮尔率领23人的队伍从加拿大的埃勒斯米尔岛出发，一路拉着雪橇奔向北极。当到达距目标还有150英里的地方时，皮尔和同伴换乘滑雪板进行最后的冲刺。[①]1909年4月6日，皮尔测量到他们与极点的距离仅剩下最后5英里，然而由于没有人会用六分仪，这一距离从未得到确认。此外，他返程后还发现存在一些计算错误，所以实际上他的队伍与北极的距离起码还有30英里。更糟糕的是，另一位探险家弗雷德里克·库克也声称自己是和皮尔差不多时间从北极回来的。皮尔的支持者们迅速发起了一场抹黑行动，他们诽谤库克的名声，污蔑他的探险数据。接着他们打起了官司，1911年，美国国家地理学会和众议院的海军事务小组委员会裁定皮尔胜诉，但这一裁定可能有失偏颇，因为这两个组织都是皮尔探险队的资助者。皮尔赢得了人气，但他们两人到底是否到达过北极极点，却始终没有定论。

如果不是皮尔或者库克，那么到底谁是第一个到达北极极点的人？1926年，海军上将理查德·伯德从斯匹次卑尔根岛出发，经15小时的长途飞行后，完成了穿越北极上空的壮举。但随后由于飞行时间问题（时间太短，不可能覆盖所述距离），加上他和副驾驶对这次航行的说法相互冲突，人们对这次航行的真实性产生了怀疑。仅仅三天后，一个乘坐挪威号飞艇的16人团队成为世界首支确定到达北极极点的队伍。这次远行由挪威人诺尔韦根·罗尔德·阿蒙森发起，由美国人林肯·埃尔斯沃思资助，意大利飞行员翁贝托·诺比尔担任领航员。因此，当飞越北极上空时，挪威号同时抛下了挪威、美国和意大利三国的旗帜。后来大家发现意大利的国旗比别国国旗更大，诺比尔和意大利独裁者墨索里尼因此沾沾自喜，并吹捧这次行动证明了意大利法西

① 他的同伴包括第一位非洲裔美国北极探险家马修·汉森和三位因纽特猎人。

斯的英勇崛起，争议也由此爆发。

两年后，诺比尔驾驶着一艘与挪威号一模一样的飞艇意大利号，打算再续辉煌。但当他们到达北极极点时，一场风暴袭来并摧毁了飞艇，这次行动因此遭遇了惨败。意大利号上的6名成员被狂风卷走，音讯全无。另有10人虽在灾难中幸存，却被困在了北极的冰面上。一场国际救援随即展开，一个月后，人们终于找到幸存者的下落。一架瑞典的滑雪飞机降落下来和他们接头，但飞机只能够搭载一个人飞抵安全地带。诺比尔本想和他的船员们坚守，但在被劝说下还是上了飞机。这一举动带来了糟糕后果，因为在媒体舆论眼中，这就是一种怯懦行为。诺比尔从此再也未能恢复名誉。他在一次采访中尽陈对墨索里尼的不满，但法西斯分子反而把责任甩给了诺比尔。随后诺比尔从空军辞职，逃出了意大利。最终苏联的破冰船又救出了7名船员，但整个事件已经成了一场公共关系的灾难，到处都是关于意大利人残杀瑞典气象学家的骇人传闻。最严重的一波舆论危机出现在阿蒙森失踪后，因为他的飞机恰巧是在搜寻意大利号成员过程中失踪的。

1948年，一支苏联科学探索队在北极附近登陆，之后步行到达北极极点。至此，世界的北方被彻底征服。10年后，世界上第一艘核潜艇鹦鹉螺号核潜艇在浮冰下面穿越了整个北极。第二年，另一艘核潜艇鳐鱼号成功撞破北极冰面，在世界的最北端浮出水面。如今，随着现代科技发展和海洋变暖，北极也似乎不再那么遥不可及。海冰的融化每年都在破纪录，西北航道也于2007年首次开通。从欧洲通过世界最北端到达亚洲的梦想终于变成现实，至少一年的几个月内如此。2013年，中国的集装箱货轮穿越北极，从中国到欧洲的行程从此缩短了一半。北极不仅被人类征服，而且成为旅游胜地。2016年，水晶邮轮推出了从温哥华经西北航道至纽约的28天邮轮度假路线。想要享受这趟旅行需交纳 5 万美元的撤离保险，但很明显，至少部分人认为，这一路叹为观止的美景值得他们掏这笔钱。

对南极的探索几乎与北极探索同期展开，探险家基本也是同一批人。但与北方不同的是，这片地球上最后一块陆地没有明显的商业价值，对它的征服纯粹是一场人类精神之战。詹姆斯 · 库克从冰山下的岩石推断出了南极洲的存在，但他认定不会有人踏上南极洲的预言，却是一次罕见的误判。人类从来不会让一片土地长期保持未被征服的状态。到 19 世纪中期，包括富兰克林的幽冥号和惊恐号（它们的名字后来被拿来命名了南极的山脉）在内的数艘船都成功抵达南极。当然，几乎是美国国土面积两倍的南极内陆地区，此时仍然遥不可及。

在对北极的征服达到高潮之际，南极探险也成为一场国际竞赛。俄国人、德国人、瑞典人、挪威人、法国人、英国人、美国人、澳大利亚人和其他国家的人都争先恐后地抵达这个地球上的最偏僻之地。1898 年，一支比利时探险队在南极大陆过冬。20 世纪初，英国探险家罗伯特 · 福尔肯 · 斯科特乘雪橇到达南极内陆深处。1909 年，欧内斯特 · 沙克尔顿率领一支探险队乘坐机动雪橇前往南极极点（皮尔在同一年“到达”北极）。虽然恶劣的天气迫使他们最终返程，但在返程之前他们已经到达距离南极极点不到 100 英里的极地高原。最后的冲刺一触即发：1911 年，两支互相竞争的队伍踏上了征途，其中一支是罗阿尔德 · 阿蒙森带领的挪威队，另一支则是罗伯特 · 福尔肯 · 斯科特带领的英国队。比赛正式打响。

斯科特的团队装备豪华，他们有机动雪橇、小马和拼装营地。然而，雪橇很快就坏了，所以他们只得用人力拖着所有设备在冻土上行进。团队在距离南极极点 175 英里的地方建立了营地，随后斯科特带领 4 名队员开始了最后的冲刺。人力拖运补给极度耗费体力，但在经过两个星期的艰苦跋涉之后，斯科特的团队最终到达南极极点，但令人意想不到的是，阿蒙森的团队已经提前 34 天到达此处。挪威队伍轻装上阵，他们用狗拉雪橇，并且在途中以狗为食。在南极极点，阿蒙森留下了一面挪威国旗、帐篷和一些物资，还有一封写给挪威国王的信，并礼貌地请斯科特把信转交。斯科特的队伍意志消沉，悄悄返回了他们的营地，恶劣的天气很快使情况变得更糟。

斯科特的团队顶着骤降的气温撤退，队员们的身体一天比一天虚弱。其中一名叫奥兹的队员不仅手上有伤，而且脚上也有了严重的冻伤。为了避免拖累队伍，奥兹在某天晚上对大家说了句“我要到外面去，可能要待一会儿”，之后便毅然出走。奥兹的牺牲让队伍加快了进度，但在离下一个补给站还有 11 英里时，探险队又遭遇了一场暴风雪。6 个月后，一支搜救队在斯科特的帐篷里发现了整支队伍被冻住的尸体。他们最后一篇探险日记里写道：“我们将坚持到底，但我们越来越虚弱，目的地不会太远。这听起来很遗憾，但我想我再也写不下去了。斯科特。最后之记录。求上帝保佑我们。”斯科特在当时被誉为悲剧英雄，但随着时间的推移，后人对他的态度逐渐转为批判，因为正是他不计代价地想要到达南极极点的这种鲁莽，才导致他的手下全部丧命。

这并不是人类的最后一次南极探险。1914 年，欧内斯特·沙克尔顿重返南极，打算进行首次南极大陆穿越，但他的船舰坚忍号还没到达南极洲，就已经被困在冰里。坚忍号扛了一年才彻底毁坏。由于补给不足又无路返程，沙克尔顿率领一支队伍开始从冰上行进，他们把小船拖到冰川上，慢慢向北移动。当冰川破裂时，船员们把船放下水，驶入大海。他们设法到达了大象岛，但那儿只是一块不适合居住的岩石，离过往的船只还有好几英里的距离。[1] 他们已经熬过一年半的时间，现在他们唯一活下去的机会是划船抵达 850 英里外的南乔治亚岛捕鲸站。

沙克尔顿和 5 个同伴先行出发寻求帮助，他们冒着随时倾覆的危险，在风浪汹涌的海上航行了数个星期。当抵达岛屿时，他们拼尽全力才经受住飓风的冲击，避开了险峻的礁石。[2] 即便已经爬上岸，沙克尔顿和一个同伴还得继续沿着颠簸的石路跋涉 32 英里，方才抵达位于南乔治亚岛另一侧的捕鲸站。尽管没能达成踏上探险之旅时定下的目标，但沙克尔顿战胜重重障碍保住了船员的性命，完成了历史上的一次伟大救援。多亏了他钢铁的意志和坚韧的领导力，整个团队无一伤亡。当他于 1921 年再次组织南极远行时，许多人仍踊跃报名，由此一项便足见船员们对他的忠诚度。尽管有危险，又或许正是因为危险的存在，他们才无法克制对探险的冲动。

南极洲最终被科学技术征服。1929 年，海军上将理查德·伯德重演了三年前的北极故技，驾驶飞机飞越了南极。探索很快演变成为对所有权的争夺战，各种互相矛盾的声索层出不穷，其中最为罪恶的当属 1939 年的那一次。当时德国南极探险队跨越南极大陆，把小小的纳粹标识扔得到处都是。为了防止冲突，世界各国于 1959 年签订了《南极洲条约》。该条约规定在南极大陆禁止使用武器，并声明南极大陆对任何因科学目的而来的国家应保持开放。唯一没有人类的大陆现在成为唯一没有战争的大陆。这项国际性的管理模式很可能给地球以外世界的主权宣示开创范例，实际上在许多方面南极洲与火星的冻土带或

① 谢天谢地，那里有海豹作为食物。虽然缺乏碳水化合物，但船员们的肚子里塞满了肉和脂肪。他们每晚都要看食谱，以重新唤起对家乡味道的回忆。

② 同一场风暴击沉了一艘从布宜诺斯艾利斯起航的 100 吨重的轮船。

木星的卫星欧罗巴并没有太大区别。最近的调查显示，南极洲巨大的冰层下埋藏着大量液态水。即便在这些与世隔绝、不适宜居住的环境中，我们也发现了生命。这也许是我们从地球偏远地带所获得的最为深刻的教训：生命总是在竭力克服困难，且经常蓬勃发展。

第 17 章　奔向太空

从进化的角度看，直到近代之前人类的行进速度也从未超过跑步的速度，而且只制造出最基础的工具，但今日的人类不仅能够操作机动车辆，而且还创建了遍及世界的网络，这绝对是一项了不起的成就。早在一个多世纪前我们就掌握了设计、建造及驾驶飞机的技术，但飞行之于人类仍然略显神秘，甚至有点儿反自然。我们对飞行活动早已习以为常，因此也就不会时常想到这件事情的不可思议：仅依靠弯曲突出结构的气流引导，一个金属架子便可以承载上百万磅的机身、燃料、乘客以及行李。[①] 如果不是对压差原理特别熟悉，我们可能会对此细思极恐。当然，尽管忧虑很难完全消除，但航空旅行还是一件极为安全的事情。

如果不信，那你不妨随便找个大型机场，去看看那里排成长队等待降落的飞机。全球每个月大约有 300 万趟商务航班起降，而重大航空事故平均每月还不到一起。人们死于车祸的可能性要比航空事故高 80 多倍。即使乘坐世界上最烂的航空公司，你丧命的概率也要比中

---

① 最大的飞机安 -225 可以承载 640 吨重物，相当于 150 头非洲象。

彩票的概率（两百万分之一）低，那些优秀的航空公司更是安全得多。飞行的安全性一部分源于它的固有特性。交通的风险源于同其他物体的潜在撞击，而撞击会导致身体的减速速度超出我们的承受能力。飞行本身需要与潜在障碍物保持更大的距离，而这也使它获得了更多的反应时间。所以，处在高处实际上会让你更安全。

飞行的基本物理原理意味着飞机可以长距离滑翔。波音 747 的下滑率为 15:1，这意味着即使所有引擎都脱落，一架处在巡航高度的波音 747 仍可以向前滑翔 100 英里。然而引擎几乎很少失灵，这种事发生的概率大约是每几百万飞行小时有一次。大多数飞机可以靠一个引擎飞行，一个多引擎飞机上所有引擎都坏掉这种事在全世界范围内发生的概率，几年都不到一次。这种可靠性部分源于我们对其所进行的各种特殊测试。我们会把发动机置于极端的气温中，或以每分钟 800 加仑[①] 的速度向它们倾倒水流或冰雪，抑或用炮筒向它们发射包括冷冻鸡肉在内的各种碎片。它们非常牢靠。密集的排查能够防患于未然，而且即使有什么万一，飞机的备用系统也可以让它们在严重受损的情况下持续飞行。

安全性还来自飞机的设计，那就是飞机能够在保证安全的情况下承载惊人的重力。而且颠簸气流几乎不可能对飞机造成损伤，事实上，从来没有一架飞机毁于气流颠簸。[②] 工程师会计算出一架飞机在最极端条件下需要承受的最大重力，然后以此为依据做足飞机的安全系数。安全系数的大小因结构而异：桥梁和建筑物的强度通常是其所需强度的两倍，而飞机的安全系数为 150% 或更高。这意味着你所遇到的任

① 1 加仑≈ 4.5 升。

② 在极少数案例中，突如其来的阵风会导致飞行员暂时失去对飞机的控制，而如果此时飞机正巧在建筑物或山脉附近，就可能发生坠机事故，但飞机并不是被半空中的颠簸气流吹落的。

何工程机械或构造都是以超安全的标准设计的。航天器和火箭的安全系数通常较低，因为这种超安全标准设计会影响它们的运行效率。

航空飞行也有不安全的时候。大多数航空拓荒者至少经历过一次飞机坠毁。1908 年，也是人类第一次飞上天空的 5 年后，奥维尔 · 莱特飞机上的乘客托马斯 · 塞尔弗里奇中尉成了第一位空中遇难者。莱特兄弟交付的 6 架军用飞机于一年内全部坠毁，11 名军队飞行员因此丧生。1909 年，路易斯 · 布莱里奥成为第一个飞越英吉利海峡的人，但在此之前他曾两次遭遇空难。自君士坦丁堡飞向埃及的首架长途飞机，自出发后便再也不见踪影。第一次世界大战中的飞行员尚未熟练掌握射击技巧，全凭一股猛劲儿冲锋在前，他们当中的大多数都不是死于军事行动，而是因飞行事故而丧命。这些飞行员在接受了短短 17 个小时的训练后便匆忙投入战斗，多数人都活不过几个星期。为了防止轻易弃机而逃，部队甚至都没有给他们配备降落伞。

经过先驱们的不懈努力，飞行逐渐从一项冒险的尝试转变为最安全的交通方式。尽管查尔斯 · 林德伯格的传奇故事流传甚远，但他绝非第一个飞越大西洋的人，至少有 81 人先于他抵达彼岸，有些人甚至仅凭一人之力就完成了此项壮举。1919 年，英国飞行员阿尔科克和布朗驾驶着改装的轰炸机首次横渡大西洋。林德伯格仅仅是这群飞行员中最出名的一个，而这主要是因为他是一个美国人，善于宣传，并且还因为完成了纽约至巴黎的单人无间断飞行拿过奖。那时候飞机的速度较今天要慢，所以跨大西洋飞行要花很长时间。和乘坐商用喷气式飞机 5 个小时就可抵达不同，林德伯格在控制室坐了 33 个小时。这毫无疑问是一项艰苦的耐力比拼，而在方向盘前丧失清醒，正是他和其他远程飞行员所面临的最大危险之一。

第一次空中环航发生于 1924 年，也就是林德伯格跨大西洋飞行的前三年。当时四架飞机从加利福尼亚起飞，飞行员选择了尽可能短的路线，避开太平洋，从阿拉斯加奔向日本。四架飞机中有三架在途中坠毁，不时维修则使得这场飞行持续了足足6个月。第二次空中环航发生在1928年，这一次飞机第一次跨越了太平洋。查尔斯·金斯福德·史密斯率领四人团队分三段从加利福尼亚飞往澳大利亚，其中最长的一段航程是从夏威夷到斐济的3200英里，总共耗时34个小时。在接下来的10年里人类又创造了若干个航空领域的里程碑，其中就包括1931年日本和华盛顿州之间41小时的长途直飞。当然，这其中最受公众瞩目的还是明星女飞行员阿梅莉亚·埃尔哈特。埃尔哈特使航空旅行的概念深入美国人心，她在这方面的贡献无人能比。除此之外，谦逊的举止和蓬乱的头发也让她成为媒体时代的完美女性形象。

埃尔哈特是美国第十六位获得飞行员执照的女性，也是第一个飞越大西洋的女飞行员。她还是第一个独自驾驶飞机，于19小时内完成2500英里飞行横跨美洲大陆的女性。在这个男性主导的领域，她打破了数项由男性飞行员创造的速度和耐力纪录。她成立飞行俱乐部，出版畅销书，撰写文章，还在全国进行巡回演讲。作为普渡大学的客座教授，她不仅教授航空工程学，还曾担任理工科女学生的职业顾问。她后来成为美国国家航空协会副主席，并帮助组建了美国最早的航空公司之一。她一路披荆斩棘，不仅推动了航空旅行这一事业的发展，也为全世界人类拓展了新的成就。

阿梅莉亚·埃尔哈特向来敢于冒险。她从小就喜欢爬树、步枪射击，还热衷于自制过山车。一次，她在家中工具棚的屋顶上搭了一个滑梯，然后顺着一个推车飞速滑下。尽管衣服被划破，身上还有瘀青，但年轻的埃尔哈特兴奋无比，她宣布自己的第一次“飞行”取得了巨大的成功。1920年，著名的“空中赛车手”弗兰克·霍克斯带着她上天兜了一圈，这是埃尔哈特第一次真正尝到飞行的滋味，她的一生也从此改变，从地面升起来的那一刻起，她就意识到自己是为飞行而生的。她当过摄影师，做过卡车司机，几经周折后，她终于攒够了支付飞行课程费用的款项。第二年，她坐公共汽车来到加利福尼亚长滩附近的一个机场，径直走到经验丰富的飞行员内塔·斯努克面前，问她是否愿意教她飞行技术。[①] 她没用一年时间就创下了多项纪录，而一头短发和破旧的飞行员夹克也让她变成了人们的焦点。

1924 年，埃尔哈特进入哥伦比亚大学学习医学，但很快钱就花光了，她也被迫放弃学业。她本打算去麻省理工学院继续读书，怎奈付不起学费，于是只好找了份工作，成了一名教师以及社会工作者。但她始终保持着对航空的兴趣，工作期间不仅加入了飞行俱乐部，还为报纸撰写专栏。查尔斯·林德伯格飞越大西洋后不久，艾米·菲普斯·盖斯特（一位百万富翁级别的航空爱好者）便打算寻找一位形象良好的女性飞越大西洋，并联系了埃尔哈特。尽管只能以一名男飞行员的副驾驶、机修工和领航员的身份飞上天空，但埃尔哈特还是欣然接受了这份工作。在降落后的采访中，埃尔哈特把自己的角色轻描淡写成“一件行李，就像一袋土豆”，但她也表示，“也许有一天，我会一个人飞上天空”。尽管只是配角，但埃尔哈特还是被卡尔文·柯立芝邀请到白宫，报纸则给了她一个“空中女皇”的绰号。

进入公众视线的埃尔哈特发现，自己的名气原来也可以成为一种为飞行集资的手段，于是她开始在报纸和杂志上宣扬女性时尚。没用多久，她就拥有了一系列远超其曾经的副驾驶身份的成就。1928 年，埃尔哈特独自飞行横跨美国，1932 年，她又跨越了大西洋。1929 年，她协助筹建

---

① 内塔·斯努克本身就是一位优秀的飞行员。她和埃尔哈特成了朋友，后来主要以埃尔哈特教练的身份为人所铭记。她的自传名为《我教阿梅莉亚飞行》。

了纽约到华盛顿特区的客运服务，这是美国第一个日常客运航空服务。[①]

埃尔哈特在社会领域也同样活跃，为争取妇女权利而积极奔走。在6次被求婚之后，她勉强同意嫁给了一名叫作乔治·普特南的作家，但仍坚持在婚姻中保持平等关系。她没有改姓普特南，反倒是她的丈夫经常发现自己被称为“埃尔哈特先生”。埃尔哈特与当时的第一夫人埃莉诺·罗斯福一起为女性事业奔走，埃尔哈特载着她飞行，并帮助她获得了飞行员执照。一直以来，埃尔哈特都怀揣着一个更大的梦想，那就是完成一次环球飞行。尽管这不会是世界上的首次环航，但尽量贴近赤道的航线，将使这次飞行成为当时距离最为遥远的绕地旅行。在普渡大学的资助下，埃尔哈特改装了一台双引擎洛克希德10E型飞机，将其命名为伊莱克特拉，此外她还聘请了经验丰富的太平洋航海家弗雷德·努南担任副驾驶。

他们的第一次尝试遭遇惨败。1937年3月，在完成从加利福尼亚到夏威夷的横渡后，飞机在从珍珠港起飞时受损，不得不运回加利福尼亚进行维修。6月，埃尔哈特和努南准备再度启程，但这一次他们决定向东飞行，先穿越美洲大陆。随后他们从迈阿密向南飞行，在经过2.2万英里的飞行（占总距离的75%），穿过南美、非洲、印度和新加坡后，他们于6月29日抵达新几内亚。最后他们迎来了整个航行中最为危险的部分，即穿越太平洋。他们的计划是先飞往夏威夷，中途在小岛豪兰岛上加一次油。海岸警卫船艾塔斯卡号驻扎在豪兰岛，可以通过无线电信标引导他们降落。然而伊莱克特拉号最终没能抵达。

发生了什么？整个事件迷雾重重，但似乎很明显的是，埃尔哈特和努南从未接收到艾塔斯卡号发出的信号，最终他们在太平洋上的某个地

① 即洲际航空运输公司，后来成为环球航空公司，2001年被美国航空公司并购。

方耗尽了燃料。原因之一可能是飞机的无线电和天线未能实现频率匹配。当时无线电导航技术还不成熟，而且该系统从未得到充分测试。另外，现代影像技术表明飞机的天线可能在从新几内亚起飞时就已损坏。当埃尔哈特接近豪兰岛时，艾塔斯卡号数次收到她从飞机上发出的无线电信号。最初是例行报告天气和进度，但是不久埃尔哈特就要求艾塔斯卡号打开其无线电信标。当艾塔斯卡号开始传送信标时，船上的工作人员已经开始感到紧张，因为他们意识到发出的信号并没有被接收到。

埃尔哈特曾请求指引豪兰岛的方位，但是艾塔斯卡号没有雷达，因此无法分辨埃尔哈特的位置。更糟的是，艾塔斯卡号无法按埃尔哈特的频率发送语音，因此虽然他们可以听到她的声音，但只能用摩尔斯电码回应。后来她报告说已经到达预期位置，却没有看到岛，而此时飞机的燃料已经不足。艾塔斯卡号把锅炉点燃放出烟雾，试图以此引导她进岛，但无济于事。她发出的最后一个清晰信号是位置报告，之后便只剩混乱的噪声。失去联系后，人们开始对埃尔哈特展开搜寻。海军联系了附近的所有船只，包括科罗拉多号战列舰和列克星敦号航空母舰。这是在当时历史上规模最大、耗费最高的一次搜寻，甚至有两艘日本船只也伸出援手。几天里陆续收到的零星信号让人们猜测伊莱克特拉号已经迫降坠毁，但是由于附近船只和飞机众多，所以也不能断定电波信号是否来自埃尔哈特。连续数月，众多船只一直在太平洋的珊瑚岛间搜寻，期望能发现任何关于失踪飞行员的蛛丝马迹。

他们可能是在燃料耗尽后直接于海上坠毁的，但主流说法认为，埃尔哈特和努南迫降在了偏远的加德纳岛（后更名为尼库马鲁鲁岛），可能受了伤并且存活了数日。许多线索都支持这个说法，例如，飞机出事后收到的无线电传输，以及一张 1937 年的航拍照片，上面显示着一些可能是残骸的东西。1940 年，一名英国飞行员在岛上发现了据说与埃哈特身型匹配的骨头，但后来这些骨头消失了，整件事情因此更加扑朔迷离。岛上还发现了一些可疑的物品，比如一个六分仪的盒子以及折叠刀，当然这些东西也可能是第二次世界大战时岛上广播站的遗物。[①] 一个富于想象力却毫无根据的说法倒是广为流传，那就是埃尔哈特被日本人俘虏。伊莱克特拉号的事故恰巧发生在战争爆发前几年，因此有种说法是，日本人为了获得航空技术而将飞机拆解，而埃尔哈特要么被就地处决，要么作为“东京玫瑰”计划[②] 的一部分被带回了日本（不用说，这个说法很牵强）。

阿梅莉亚·埃尔哈特的致命飞行后不久，第二次世界大战引发了航空技术的革命。喷气式飞机的时代行将到来，飞机很快将可以飞得比之前更高、更快、更远。如今全世界每天有 10 万个商业航班起降，最大的飞机甚至可以承载 1000 名乘客（最高纪录是 1088 名乘客，其中包括 1991 年亚的斯亚贝巴撤离时在飞机上出生的两个孩子）。得益于第一批开拓者的持续努力，飞机比以往任何时候都更加安全。尽管如此，我们仍然可以像早期飞行员一样，继续探索飞行的其他可能性。2016 年 6 月，一架未使用一滴化石燃料的太阳能飞机完成了首次环绕地球飞行。先进的环保设计也许很快就能将货物和乘客运送到遥远的目的地。地对地火箭运输的时代也即将到来，一个小时内到达世界各地的快速亚轨道[③] 旅行也越来越具有可能性。人类的未来在于天空。

---

① 我们并无足够的证据证明一架现代飞机坠毁在加德纳岛上，即便这件事距离我们还不到 100 年。这一事实也显示出确认旧世界与新世界存在早期接触这件事的困难所在（参见第 7 章）。足以延续数百年的东西才能被称为考古证据。

② 在战争期间，日本人让会说英语的女人们通过广播奚落嘲弄那些盟军士兵，这些女人被统称为“东京玫瑰 ”。这原本是想打压盟军的士气，但实际上对于渴望参战的美国人来说这反而是一种刺激。

③ 亚轨道一般是指距地面 20 ～ 100 千米的空域，处于现有飞机的最高飞行高度和卫星的最低轨道高度之间。——译者注

第 18 章　太空竞赛

进军太空仿佛是飞行活动的一种自然延伸，你只要飞得再高一点儿就行。从古代哲学家开始，我们就一直认为气体中空无一物。我们可以如鱼戏水，却无法在空气中畅游。[①] 但是仔细想想，空气里怎么可能什么都没有呢。任何人在有微风的户外行走时（更不用说在飓风中）都会明显感觉到空气的作用力。实际上，我们之所以感受不到空气的存在，是因为它通常会以相同的力从各个不同的方向挤压我们。空气其实是有重量的，它形成了每平方英寸[②]14.7 磅的力的气压，而这意味着空气其实可以被挤压。飞机和直升机依靠产生的压差，如背后生风般把自己推举起来。气球之所以能飘起来，是因为它比空气轻。太空里也不是空无一物，但它的密度确实只有空气密度的 100 万的三次方（也就是 1 后面 18 个 0）分之一，在太空中，每平方英寸只有寥寥几个原子。所以要想在太空中穿行，你就不能依靠空气挤压。

儒勒 · 凡尔纳于 1865 年出版的《从地球到月球》一书提出了一

① 实际上，在空间站里你可以通过划动胳膊和腿在空中“游泳”，尽管速度很慢。

② 1 平方英寸 ≈ 6.5 平方厘米。

种早期解决方案，在小说中，船员们被巨型的大炮发射进入太空。尽管理论上这种方法行得通，但是如果真的付诸实践，那么这种大炮必须比帝国大厦还要大。而且如果真的将船员置于2.2万高斯的强力下，他们不仅会死于非命，而且还会被烧成灰烬。很显然，我们需要一个更具现实性的解决方案。最终这个难题在一个不起眼之处得到了解决：在俄罗斯乡下的一间木屋里，一个古怪的隐士想出了实现太空旅行的方法。1880—1935年，这个名叫康斯坦丁·齐奥尔科夫斯基的人撰写了400多篇有关这个主题的文章。尽管从来没有亲自建造过火箭，但他研究出了火箭的各项基础构造：多级助推器，机动推进器，双基推进剂和低温火箭燃料，再生冷却，空间站，锁风装置，生命维持系统和星际轨道。他1903年的杰出论文《借助火箭装置探索外太空》为太空旅行提供了完整的蓝图，为之后即将到来的一切奠定了基础。

罗伯特·戈达德是第一批检验齐奥尔科夫斯基理论的人之一，他于1926年成功发射了世界上第一枚液体推进火箭。他建造了一个点火测试台，测量出喷管的推力和排气速度（它们是火箭最重要的特性，分别决定了功率和效率）。在工程领域，“知道怎么做”通常比“知道为什么这么做”重要得多。你不需要知道工作原理，有时用不同方法多试几次反倒更加有效。戈达德就是这样做的。最终，他成功制造了排气速度为每秒7000英尺的发动机。以今天的标准来看，这个速度很低，但这在当时是一个给未来所有火箭带来启发的重大突破。戈达德在世界各地拥有众多信徒，其中一位追随者为人类进入太空时代立下了汗马功劳。

韦纳·马格努斯·马克西米利安·弗赖尔·冯·布劳恩是一位非常励志，同时又颇具争议的人物，他先是为纳粹政权研制火箭，然后移居美国，将冷战竞赛带到月球。冯·布劳恩的事业起步很早：12岁时，他就将火箭捆绑在货车上，让货车在小镇上喷着烟火狂奔，他因此被捕。读了关于戈达德实验的文章后，冯·布劳恩热情高涨，决定要穷尽所有手段把人类送上太空。1932 年从柏林工业大学毕业后，冯·布劳恩在火箭先驱赫尔曼·奥伯特的手下工作，他很快就发现，自己正生活在军事化政权的阴影之下。①

冯·布劳恩梦想着展开星际旅行，但他得先找到支持资金。德国军方愿意为火箭研究提供资助，因为这样就可以规避《凡尔赛和约》的武器限制（该条约并未提及火箭）。冯·布劳恩于 1934 年发表的关于液体火箭推进的研究生论文被德国军队归类为机密材料。不久，年轻的冯·布劳恩就开始领导德国火箭计划，并在 1942 年将第一枚火箭发射升空。第二次世界大战结束前，冯·布劳恩一直在为纳粹政权服务，他与纳粹政权也有着复杂的关系。他需要获得纳粹的支持，但也仅仅把这种关系视作达到目的的手段。② 尽管他受到纳粹高层的赏识，但同时也被视为潜在的威胁，并曾经因此被盖世太保带回去问话。当盟军和苏联部队行进至德国中心地带，战争进入尾声之际，冯·布劳恩发现自己的名字出现在美国列出的一份科学家名单上。美国人要尽快找到这些科学家，以免他们落入苏联人之手。1945 年 5 月 2 日，冯·布劳恩和他的火箭研究团队向美军投降。

冯·布劳恩和同事被遣送到美国，他们拿着获发的假雇用文件为美军工作，和纳粹相关的履历则被彻底抹去。冷战已经开始，美国需集中全力以赢得同苏联的竞争。冯·布劳恩火箭研究团队的首项任务就是重新打造并发射 V–2 火箭。在第二次世界大战结束时，美军缴获

---

① 奥伯特是一位火箭技术专家，他在 1922 年和 1929 年出版了基础书籍《进入星空的火箭》和《太空飞行的途径》。

② 讲述冯·布劳恩生平的电影《我志在星空》于 1960 年上映，后来有人给这部电影起了个副标题——“但有时我也攻击伦敦”。

了 V-2 火箭，并将其运送到了新墨西哥州的白沙。这便是美国太空计划的开端。1950 年，冯·布劳恩和团队被转移到位于亚拉巴马州亨茨维尔的红石军械库。这里后来成为马歇尔太空飞行中心，而且至今仍然是 NASA 火箭设计项目的根据地。在亨茨维尔为军队工作期间，这位德国科学家研发制造出一系列越发精密的火箭。

同时，苏联人正在努力建造自己的火箭。美国拥有空中优势，加上美军的欧洲基地又靠近苏联心脏地带，这都让苏联方面更具紧迫感。从苏联的角度来看，打破美国地理位置遥远这一优势的唯一方法，就是拥有无法被拦截的打击能力。这种打击能力意味着他们需要研发一种可以穿越太空进而直接袭击美国的导弹。竞赛由此拉开序幕。苏联的主要领导者是谢尔盖·科罗廖夫。与冯·布劳恩一样，科罗廖夫感兴趣的是出于和平目的的太空探索，但无奈的是，他也只能找到军方的资助。在一帮德国科学家的帮助下，苏联人于 1957 年研制出世界上第一代洲际弹道导弹 R-7，在这场竞赛中拔得头筹。[①] 科罗廖夫意识到，这种打击美国的技术能力同时可以用于和平目的，例如，部署在轨卫星。于是苏联便有了制造斯普特尼克号卫星的想法。斯普特尼克号起初很大程度上被当作一种宣传噱头，但它之后却改变了整个世界。

斯普特尼克号在 1957 年的升空改变了一切。一枚苏联卫星在头顶盘旋，不断发出无线电的啾啾声，这给焦虑的美国民众带来了两样东西：来自天空的威胁，以及太空旅行的伟大可能性。一个月后，苏联发射了斯普特尼克 2 号，将第一只动物——一只名为莱卡的狗送入轨道。苏联人大获全胜，太空竞赛似乎结束了。作为对斯普特尼克号的回应，美国奉艾森豪威尔总统之命创建了 NASA，一个专注于民用航

① R-7 是个成员丰富的火箭家族：其变体“联盟号”如今负责将宇航员（包括美国宇航员）送到国际空间站。

天，致力于“为全人类谋取和平福利”的机构。尽管建立 NASA 的初衷可能是和平的，但至少从政治宣传的角度看，NASA 的设立仍然是为了赢得冷战。经过一番将蓝图实现成可操作系统的忙乱之后，美国计划在 1957 年 12 月发射第一颗人造卫星，这距离斯普特尼克号发射仅两个月的时间。然而天不作美，由海军制造的先锋号运载火箭在发射台上爆炸。冯·布劳恩的德国团队被找来救场，两个月后，他们的丘比特号运载火箭将第一颗美国卫星送入轨道。

美国终于勉强赶上了苏联。但好景不长，由于苏联的火箭比美国的任何火箭都要强大，所以他们取得了一次又一次的胜利。1961 年 4 月 12 日，尤里·加加林的绕地飞行标志着苏联首次将人类送入太空。[①] 美国人似乎从斯普特尼克号上什么也没学到，苏联人再次赢得了竞争。不到一个月后的 5 月 5 日，美国将艾伦·谢泼德送入太空，然而与加加林的环绕地球轨道相比，谢泼德的飞行不过是一场在大西洋上的 15 分钟亚轨道杂耍。共产主义在世界范围内的影响力日趋强大，美国必须有所作为。1961 年 5 月 25 日，约翰·肯尼迪总统召开国会联席特别会议，提出美国应该在 70 年代来临前“将人送上月球，然后把他安全带回地球”。这本是猪湾事件后美国用来转移注意力的一个政治噱头，但它却成了美国历史上最伟大的太空冒险的开端，并且得到美国民众的支持。两年后发生的肯尼迪遇刺事件更坚定了美国人的这一目标。如果美国一开始就赢得了太空竞赛，它可能永远不会登上月球。但是美国输了比赛，现在它必须追赶，重新设立目标，然后赢得竞争。

---

① 加加林从未触碰过控制系统。控制系统都已锁定，非紧急情况无须操作。苏联将机械化与现代化等同起来，而美国则强调“英雄先锋”的形象。1963 年，苏联人首次将女航天员瓦伦蒂娜·捷列什科娃送入太空，一些美国人因此认定苏联的航天器已经高度机械化到女性也可以操作的程度。这听上去不仅有严重的性别歧视，而且还很怪异，因为之前两国都早已有了狗、猴子以及黑猩猩等动物“航天员”。

苏联仍然处于领先地位，并且将继续领先一段时间。[①] 月球则是一个精心选择的目标，因为即便对于苏联，登月也是一项艰巨的挑战。这意味着美国为后来居上争取到了时间。我们很难描述美国在 1961 年离月球还有多远。毕竟美国的第一位宇航员只在太空边缘待了十几分钟而已。没人知道人类是否可以在太空中长期生存，更不知道他们该如何飞行到月球，如何降落在月球，以及如何能跨出太空飞船看月球一眼。双子星座计划（1965—1966 年）的提出，就是为了研究如何做到这一切。美国人将飞行计划按照从易到难的顺序排列，并把攻克太空行走、长距离飞行、轨道交会和对接演习等作为项目重点。1967 年，NASA 宣称航天器已可以在轨道上实现对接，人类则可以从容地在比大众甲壳虫还要小的太空舱中生存两个星期。

与此同时，冯·布劳恩和他的火箭团队也已经备好他们的重器——有史以来最强大的火箭。这枚名为土星 5 号的运载火箭拥有 790 万磅的推力，能够将 105 吨的重物，也就是约 27 头非洲象送入太空轨道。冯·布劳恩最初主张通过多次发射来组建一个可以降落在月球上的在轨大型航天器，但到 1962 年，他提出了“月球轨道交会”的想法。按照这个计划，他们只需一次发射，便可将一艘小型飞船送到月球，之后他们可以再用一个更小的登陆艇完成最终的月球着陆。实际上，当年一共有 4 个航天器部件到达月球，而在命令舱、服务舱、登月舱下降台和登月舱上升台中，只有命令舱（质量不到总发射质量的 0.2%）返回了地球。土星 5 号运载火箭的堆栈比自由女神像高了 20%，但乘员组在整个发射过程中乘坐的飞船只有小型货车那么大。

---

① 苏联的几个“第一”：第一颗卫星，第一位进入太空的人类，第一位进入太空的女性，第一次太空行走，第一次月球探测，第一张月球背面照片，第一次（机器人）登月，第一次对另一颗行星探测（金星）。

最初的几次阿波罗号飞行原本只是为了执行测试任务，但到 1968 年下半年，人们的紧迫感越发增强。这时距离肯尼迪完成登月目标的期限仅剩一年的时间，但登月舱的开发工作仍然进展缓慢。与此同时，苏联正在取得重大进展，并且随时可能赢得竞争。[①] 随着最后期限的临近，NASA 做出了可能是历史上最大胆的决定：它要颠倒阿波罗 8 号和 9 号飞船的飞行顺序，即不带着着陆器发射阿波罗 8 号。这仅仅是阿波罗的第二次载人发射任务，宇航员将在月球周围进行为期一周的旅程，并且没有任何救援措施。1968 年可谓美国天翻地覆的一年，这一年先后发生了朝鲜俘获美国军舰、越南春节攻势，以及马丁·路德·金和罗伯特·肯尼迪被暗杀事件。接着，在 1968 年圣诞节前夜，弗兰克·博尔曼、詹姆斯·洛弗尔和威廉·安德斯成为第一批在遥远太空凝视地球的人类。环绕月球时拍摄的照片《地出》后来成为有史以来最具影响力的摄影作品。看着这个影像，你就能体会到地球这个蓝色绿洲于漆黑茫茫太空中的孤独与脆弱。正如一名评论员对博尔曼所说："阿波罗 8 号拯救了 1968 年。"

几个月后的 1969 年 7 月 20 日，在全球 5.3 亿人的屏息凝视下，阿波罗 11 号指挥官尼尔·阿姆斯特朗走出登月舱，成为第一个踏足另一个世界的人类。1969—1972 年，阿波罗号执行了 6 次登月任务，总共有 12 名宇航员登上了月球。在最后的三次任务中，宇航员为了扩大活动范围，把一辆漫游车带到了月球。一位地理学家也在最后一次任务中首次登上月球，此人便是哈里森·施密特，他成了唯一一个到访过另一个世界的科学家。即便如此，阿波罗到过的月球表面也有限。

---

① 苏联有两个独立的月球计划：一个目标在轨道，一个在于着陆。这两个计划的测试任务都失败了，但是如果它当时只专注于其中一个计划，就可能成功。在输掉登月竞赛后，苏联人淡化了这场竞争，声称他们从未做过这方面的尝试。

所有着陆点都在月球正面的赤道站点，所有任务的地面探测时间累计起来也不过24个小时。说我们“探索”了月球，其实就跟我们在6个购物中心的停车场停一下车便声称已经探索了地球一样。

NASA最终也成了成功的受害者。打败苏联的目标已经实现，公众对航天事业的兴趣日渐消退。尽管尼克松总统曾与阿姆斯特朗、奥尔德林和柯林斯一起参与游行，但他还是取消了阿波罗的最后三次任务。NASA的预算被削减了80%，它不得不做出艰难选择。原本的计划包括一些颇具野心的项目，比如永久的月球基地，地球在轨空间站，飞越小行星和金星，可重复使用的太空飞船，以及登陆火星。按照此前的规划，这些任务将在20世纪80年代有序推进，火星登陆计划也将在1990年前完成。但由于预算削减，NASA只能忍痛割爱，仅留下其中的一项。最后，他们选择聚焦于太空飞船的研发，因为太空飞船有希望降低人类进入太空的成本，为日后更具雄心的项目奠定基础。由此诞生的航天飞船的确是一项技术奇迹，但是由于设计上的折中，它最终成为一项巨大的战略失败。它并没有降低飞向太空的成本，反而令成本大增。由于无法飞行到地球轨道以外，航天飞船只得用于唯一适合它的项目——建造空间站。于是，世界最终拥有了一个国际空间站。建立国际空间站并不是我们的最优选择，而是因为我们只能做到这一步。就这样，探访外太空世界的任务留给了机器人和下一代探险家。

第 19 章　机器之心

随着斯普特尼克号这个小机器人持续发出稳定的射电脉冲信号，太空竞赛揭开了序幕。[①] 人类的视野局限遮蔽了公众的想象力，未曾意识到，其实不同意识形态的机器人探测器之间也已经拉开一场类似冷战的比拼。使用机器人探索太空的优势在于，它们不需要食物、水和空气，因此我们实际上可以把它们送往任何地方，且完全不需要操心它们如何返航。由于太空环境是真空的，因此进行太空探测甚至不需要用到引擎动力（当然许多探索会使用引擎完成操控或着陆动作）。一些航天器，例如，探索土星的卡西尼号，会利用漫游车或较小的独立舱执行特定任务，比如卡西尼号探测器就将惠更斯号着陆器发送到土星最大的卫星土卫六上。有一些航天器最终回到地球，为我们带回了来自另一个世界的物质样品。

1959 年，苏联人将第一个机器人送到地球以外的世界，此时距斯普特尼克号升空还不到两年的时间。科学家们并没有执着于让月球 1

---

① “斯普特尼克”=“旅伴”。射电脉冲除了发出位置信号外，没有其他任何作用。

号进入月球轨道，毕竟能够以每秒 6 英里的速度飞向月球表面，就已经让科学家们感到欣慰。但是，月球 1 号并没能碰撞到月球（距离如此之远的月球实在是一个太小的目标），反而飞进了围绕太阳运行的常规轨道。所以月球 1 号非但没有消逝，反而获得了真正的永生。随后，月球 2 号成功撞击了月球，成为第一个登陆另一个世界的地球探测器。① 第三个机器探测器月球 3 号（1959 年）从月球旁边掠过，向地球发回了月球背面的照片②（2019 年 1 月，中国凭借嫦娥四号飞船成为第一个登陆月球背面的国家）。

1961 年，苏联的“金星 1 号”探测器成为首个奔向另外一个行星的人造机器。当时人们对金星的了解还比较有限，我们只知道金星的大小与地球类似，它可能是岩石构造，并被厚厚的云层覆盖。根据当时掌握的信息推测，金星上面可能会有蓬勃的文明存在，他们正享受着温暖舒适的金星气候。不幸的是，金星 1 号的无线电联络最终丢失了，后来的金星 2 号也遭遇了同样的命运。金星 3 号成功发回了数据，但当它进入云层时数据传输又戛然而止。金星 4 号也是同样的结果。到底发生了什么事？后来的事实证明，覆盖金星的大气层比地球大气层要厚 90 倍。这样的大气层会将热量捕集到一个几乎失控的温室效应中，从而将温度升高至864华氏度③。④金星就像是太阳系中的高压锅，其温度足以熔化铅。它的硫酸云同样也不是很讨人喜欢。苏联人对金星产生了一种迷恋，他们在 1961—1984 年向金星发起了 16 次探

① 冲击器的探索方式很特别，它们会在落地过程中进行测量并得到有用的数据，比如在降落时扬起的岩石碎片就可以作为物质样本。

② 月亮被潮汐锁定，所以有一侧始终面向我们，但是月亮没有所谓“暗面”，因为它的两侧都被太阳均匀照亮。但是，由于月球在轨道上旋转，我们在地球上可以看到它的一大半，确切地说，可以看到它 59% 的部分。

③ 1 华氏度≈ 5/9 摄氏度。

④ 这实际上是我们了解温室效应的方式。同样，研究火星使我们意识到核冬天假说的危险。

测任务。后来科学家给探测器配备了保护壳，于是有些探测器得以成功着陆，并发回了照片，这是我们唯一拍到的云层下的金星。金星 12 号任务是最成功的一次，它在恶劣贫瘠的金星土地上幸存了将近两个小时。

苏联人也曾尝试抵达火星，但运气比探索金星还要差。1960—1964 年，苏联部署了 7 次对火星的探测任务，均以失败告终。这使得美国抢到了首次成功勘测火星的功劳。1965 年 7 月，水手 4 号从距离这个红色星球 6000 英里的地方划过。从历史数据来看，对火星的探测似乎是一段被诅咒的经历，特别对苏联人来说更是如此：在苏联发起的 21 次火星探测任务中，只有两次获得成功。美国人却几乎完全相反：5 次失败，17 次成功。最早登陆火星的机器人是美国在 20 世纪 70 年代中期发射的两台海盗号火星探测器。每艘海盗号火星探测器均由一个轨道飞行器和一个着陆器组成。着陆器降落到火星表面，轨道器则负责从上方拍摄照片并充当通信中继站。在这两次任务中，海盗号提供了高分辨率的火星地表地图，并传输了火星上的化学、气象、地震学和可能存在的生物学相关的重要数据，这些资料彻底改变了我们对火星的认识。

火星看似是一片寒冷的沙漠，但其实它拥有大量的冰层。如果这些冰层全部融化，那么流动的水将把整个火星覆盖成一个 100~1000 英尺深的海洋，另外还有余下的地下水。尽管低温和低压无法让流动水长时间存在于地表，但 2015 年 NASA 已经通过证据表明，火星上存在以咸盐水的形式渗入在地表的流动水。在地球上，到处都存在水，存在生命。我们认为火星一度也非常温暖，而海洋也曾经在火星上存在数十亿年，这个时间是地球上孕育出生命所用时间的 10 倍。从开普勒太空望远镜和其他类似的太空勘测中我们得知，宇宙中遍地都是行星，其中有数十亿颗行星都具备支持生命的条件。那么问题来了：是凡符合生存条件的星球都能孕育生命，还是说生命是一种罕见现象？火星上那些早已灭绝的微生物也许可以证明，宇宙中有大量生命的存在，人类可能并不孤单。

虽然海盗号火星探测器收集的三项实验结果均为阴性（表明没有有机分子），但新陈代谢活动的实验却反馈为阳性。由于缺少有机物，这个阳性结果所指向的化学反应也基本被否定了。然而还有另一种可能。2008 年，凤凰号着陆器在火星上发现了高氯酸盐，这种物质在加热时会破坏有机物（就像海盗号火星探测器带回的样本一样）。因此，海盗号火星探测器在火星上探测到生命的概率仍然存在，只是在到达人类世界之前，这些有机分子可能已经被高氯酸盐破坏。考虑到火星上的环境变化已经持续了数百万年，且直到现在仍然有液态水存在于地下，况且反观地球，生命即便在地球环境最恶劣的时期仍然在繁衍，因此，如果火星上确实孕育过生命，那么似乎它们有可能持续到今天。实际上，火星的部分星体有时会被撞掉然后进入太空，之后可能会落在地球上成为陨石。由于某些细菌可以在太空中生存，并且地球和火星两个行星的细菌适居性存在重叠，因此地球上的生命可能起源于火星。我们可能是火星人。

这些年来，人类已经在火星执行了近 50 次的机器人探测任务，其中近一半获得了成功。尽管进展缓慢，但我们也对火星有了越来越深入的了解。比如，在 6 年时间里，行动极其缓慢的好奇号漫游车只在火星上行进了不到 10 英里。以这样的速度，绕火星一周需要 7000 年，更不要说走遍整个火星星球。如果放到地球上，让好奇号去探索一下纽约中央公园应该是个不错的选择。但是，通过每一次任务我们都会对火星有新的了解，也会提出新的有趣的问题，例如，是什么原因使火星失去了大气层，变成了现在的寒冷沙漠？这样的事情是否可能发生在我们的星球，或是发生在围绕其他恒星运转的行星上？

在探索火星的同时，我们还向太阳系以外的太空发送了探测器。1972 年和 1973 年，先锋 10 号和 11 号成为最先给木星和土星拍摄特写照片并做了测量工作的两台航天器。这仅仅是个开胃菜。1977 年，旅行者 1 号和 2 号发射升空，它们利用外层行星罕见的整齐排列姿态，在太阳系中进行了一次“大巡回”观测。旅行者 1 号遵循的是比较直接的路线，而旅行者 2 号的路线使它不仅可以接近木星和土星，而且可以接近天王星和海王星（到目前为止，旅行者 2 号是唯一访问过这些“冰雪巨人”行星的航天器）。[①] 这些航天器拍摄了为人类所熟知的大多数外层行星的图像，并且发现了这些行星的大部分卫星。[②] 在完成其主要任务之后，旅行者航天器离开太阳系，向星际空间飞去。1990 年，旅行者 1 号接受了最后的摄影任务，将其相机调转对准太阳，从远处拍摄了一张太阳系所有行星的“全家福”。在组成这个画面的 64 万个像素中，地球所占不到一个像素——它着实只是一个淡蓝色的小点。

在太空航行 40 年后，旅行者号飞船如今已穿行在宇宙深处的恒星之间。每台旅行者号上都搭载着脉冲星图，上面都绘有地球的方向。无论外星人的语言有多不同，这些脉冲星图都是可以被解码的。航天器上还有一份录有地球声音的档案，其中包括 58 种人类语言的问好声以及一头鲸鱼的叫声（准确地说是座头鲸的叫声，尽管我们不知道它在表达什么）。这两个航天器被其他生命形式捕获的概率似乎不太

---

① 木星、土星、天王星和海王星是受自身重力束缚的巨大气体星球，但天王星和海王星含有更高比例的冰。

② 最后统计的行星卫星数量是：木星 67 个，土星 62 个，天王星 27 个，海王星 14 个。

大，但无论对于我们还是外星人，它们所携带的信息本身就具有重大意义。“我们在这里”，这个声音正是对我们在宇宙中位置的一个重要提示。而且由于旅行者号将持续工作到宇宙衰落的那一天，而那时地球早已被太阳吞噬，谁也不知道会发生什么。

1989—1995 年，伽利略号航天器在经过金星和地球的引力弹弓作用后，飞向了木星。[①] 用伽利略的名字命名首次木星任务可以说理所当然，当年正是他通过望远镜观察到了木星为众多卫星所环绕，从而证明了地球不是宇宙的中心。在旅途中，伽利略号飞经一颗叫作艾达的小行星，然后发现它还有一颗叫戴克迪的卫星。1994 年，伽利略号飞近木星，正巧碰上了苏梅克-列维 9 号彗星对木星的巨大撞击事件。这颗火球撞到木星上产生的能量比当年撞向地球并毁灭了恐龙的彗星还要大。由于这次撞击释放的能量相当于广岛爆炸的一万倍，苏梅克-列维 9 号彗星在木星表面留下了比一个地球还要大的撞击痕迹（所以木星上没有恐龙）。

伽利略号于第二年进入运行轨道，对木星的卫星进行了勘测，并证实了木卫二冰盖下的液态海洋水量比地球上所有海洋加起来还要多。伽利略号还对木卫一的火山羽流进行了采样，木卫一是木星的一颗卫星，它将长达数百英里的二氧化硫雪喷吐到空中。除此之外，伽利略号发现木星周围也有一个环，但要比土星环暗淡得多。为了避免从地球上携带的微生物污染卫星，经过 8 年轨道飞行后的伽利略号于 2003 年主动撞向木星，结束了自己的使命。

伽利略号撞毁后的第二年，卡西尼号飞船抵达土星。除了研究土星系统，卡西尼号还派出了可拆卸的惠更斯号着陆器，对土星的卫星

① 伽利略号经过地球时也对地球进行了生命探测。基于大气中的甲烷和无线电信号，地球被认为是可能有生命存在的，但不能肯定。

土卫六进行勘探。惠更斯号用了 90 分钟的时间穿越土卫六的云层并最终降落在其地表，并且传回了相关数据。土卫六是人类有史以来最遥远的着陆地点。惠更斯号绘制了土卫六的湖泊地图①，并拍摄了它和地球惊人相似的地表。像旅行者号一样，卡西尼号也从遥远处捕捉到了地球这个淡蓝色的小点，那令人叹为观止的景象更让我们感受到这颗小小星球的珍贵。卡西尼号对土星环的探测结果改变了我们对行星形成过程的认识；事实证明，这些环状的作用类似于年轻的太阳系中的旋涡尘埃云。一些卫星，例如土卫六，已经是众所周知的很有趣的星球，但更让人惊喜的是，就连比大不列颠岛还要小的土卫二都拥有地下海洋，这让它挤进了太阳系为数不多的可以支持生命存在的星球名单。

对太阳系外部世界的探索仍在继续。2016 年，朱诺号航天器进入木星轨道，它的任务是完成伽利略号未竟的事业，对这颗行星的组成和磁场展开测量。此时 NASA 正在规划一个前往木卫二的探测项目，这将是继海盗号火星探测器之后的第二次以寻找生命为主要目标的探索任务。这个号称“木卫二剪刀手”的航天器不仅会从轨道上进行测量，还会实际降落在木卫二并对其冰面进行采样。

太阳系中数量最多的天体是小行星、彗星、大块的冰，以及各种尺寸的岩石（小到尘埃，大到相当于月球 1/4 的矮行星谷神星）。2006 年，星尘号飞船从一个彗星的尘埃尾迹中获取到样本，并将其带回地球，要知道，在气凝胶里捕获颗粒，其难度不亚于在一池子果冻里找一颗豆子。几年后，日本的游隼号探测器成功把伊藤川小行星的地表样本带回地球。这些样本是迄今为止从月球以外带回的唯一物质（目

① 土卫六除了是地球以外唯一拥有地表液体的星球，还是除金星和地球以外唯一拥有厚重大气层的星球。

前还有一些类似的项目在推进之中）。2007 年，黎明号抵达灶神星和谷神星，这是火星与木星之间小行星带中最大的两颗星球。最有名的还要数罗塞塔号探测器，2014 年，它环绕 67P/ 楚留莫夫–格拉希门克彗星飞行，并派出微型着陆器飞来号降落到其表面。所有这些探测工作都至关重要，它们不仅是为了了解太阳系的起源，还为在小行星和彗星上的着陆会合做了预演。知晓如何在这些天体表面操作运行，或许有一天能帮助我们应对类似导致恐龙灭绝的潜在致命威胁。

我们的探测器现在已经开始触达太阳系的外围。例如，新视野号在历时 9 年的旅行后，终于在 2015 年飞越冥王星。太阳带给冥王星的热量比一轮满月带给地球的热量还要小。2019 年元旦，这个探测器拍摄到目前最为遥远的天体——天涯海角。这个名字是为了纪念 2000 多年前启程前往未知地域的北极探险家——希腊人皮西亚斯。未来新视野号将驶往星际空间中广阔的未知领域，但是它目前的任务将至少持续到 2021 年，因为它要继续观测柯伊伯带中其他小的冰冷星球。

有一天人类或许可以将机器人送上其他恒星。但就目前来说，我们只可以用望远镜在黑暗中窥视它们。太空望远镜避开了地球上光和大气的阻碍，可以扫描到从微波到伽马射线的电磁光谱的每个波段，所以用处非常大。最著名的就是哈勃太空望远镜，该望远镜于 1990 年发射升空，至今仍表现出众。哈勃的任务是探索宇宙的起源[①]，所以无论是从科学还是公众参与的角度出发，哈勃望远镜通常都被认为是有史以来最成功的太空探索项目。

在过去的几十年中，为了观测太阳系以外围绕其他恒星运行的行

---

① 由于光需要很长时间才能从太空到达我们这里，所以对太空进行观察其实是在观测过去的时空。如果仙女座星球的外星人可以用巨型望远镜看到我们（我们与仙女座相距 200 万光年），那么他们看到的将是 200 万年前的人类起源阶段的我们。人类所看到的最遥远的物体距离我们数十亿光年，我们看到的它们其实是来自大爆炸之后的婴儿时期的宇宙。

星（“系外行星”），我们开发出了各种技术，其中最成功的是2009年发射升空的开普勒太空望远镜。它能够同时观测14.5万颗恒星。当行星从恒星前方经过时，开普勒甚至能捕捉到恒星因被遮挡而逐渐变暗的光线变化。这就好比我们站在纽约，观测到在巴黎的一个探照灯前飞过的苍蝇一样。拥有精密仪器的开普勒太空望远镜不仅能够发现行星，还能识别行星的很多特征，包括它们的质量、大小、组成以及与太阳的距离。通过这种方式，开普勒已经发现成千上万颗行星，其中许多与地球相类似。这样看来，我们的蓝色星球也无特殊之处：银河系中类地行星的数量比地球上的人类还要多；在整个宇宙中，类地行星的数量比地球上所有海滩上的沙粒还要多。一个巨大的宇宙正在等待着我们。

4

星际穿越

如今，人类来到了宇宙的十字路口，

拥有了离开地球、移民太空的能力。

也许在不远的未来，环境、人口和资源等问题的答案，

就在浩瀚的宇宙之中。

第 20 章　太空基地

地球的年龄高达 46 亿年（是整个宇宙年龄的 1/3）。而且地球诞生没多久，生命就出现了。其中单细胞所存在的时间要占地球全部历史的 80%，而多细胞生物的情况则大不一样。直到地球历史迈入最近的 13% 时（6 亿年前），原始动植物才开始登上历史舞台。而那些比微生物大一些的物种，则又花了几亿年的时间，才逐渐从海洋中繁衍到了陆地上。再之后是哺乳类动物，它们出现于 2.5 亿年前，而灵长类动物出现于 5000 万年前，猿类出现于 1300 万年前，人类则出现于最近的 100 万年。如果把地球全部的历史压缩进一天之内，那么生命出现于凌晨 4 点，鱼类出现于晚上 10∶24，恐龙出现于夜间 11∶15，而人类则出现于深夜 11:59。一切有史料记载的历史，全部发生于这一天中最后的 0.25 秒内。直到午夜的前 0.01 秒，哥伦布才刚刚开启自己的伟大航程。

其实不只是生物学有这种加速发展的趋势，我们的科技也遵循着类似的规律。人类最初的那些科技成果，比如石器工具、生火技巧、兽皮制衣等，足足耗费了数十万年才发展出来。而农业耕种、文字书写、法律法规等成果只用了几千年。对于那些生活在1000年以前的人类来说，他们一辈子也很难见到什么科技变革，甚至有的年代还会出现科技倒退的现象。而对于最近200年内的人类来说，我们不仅利用交通工具摆脱了肉体的束缚，还发明了远超帆船技术的轮船。在轮船的帮助下，那些朝不保夕、动辄数年的旅途被缩短至短短几周。之后铁路技术的出现，让原本困难重重的跨洲出行变成短短几天的休闲之旅。再之后的电报通信和海底电缆技术，能够让信息跑得比人还快，即使传遍全世界也用不了一天的工夫。

据传在1899年，美国专利局局长曾说过这样一句话：所有能被发明的东西都已经被发明了。虽然这句话有可能是谣传，但人们的思考方式的确一直都是这样狭隘，人类其实很容易陷入思维定式。我们在某些方面其实和几千年前的人类别无二致。用削尖的树枝捕猎羚羊和给超级计算机编程本质上没有什么不同——环顾四周，看看我们手头都有些什么，这很容易；但我们必须具有一定的“灵性”，才能看清事物的发展规律，放眼更广阔的未来。其实，新技术、新发明无处不在。我们有很多人在小时候根本没见过个人电脑，更别提那些计算力比当年载人登月的航天器还要强的智能手机了。此外，社交媒体也是近10年才出现的新事物。如果把时间放到30年前，那么只有最痴迷于计算机的“书呆子”才听说过“互联网”这个概念。

1965年，芯片制造商英特尔公司的创始人戈登·摩尔发现了一个规律：计算机芯片上晶体管的数量每隔两年就会翻一番。[①] 在接下来的半个世纪当中，这个被称为“摩尔定律”的规律一直颠扑不破，计算机的计算能力的确每隔两年就会翻一番。1971年，英特尔公司生产

① 晶体管是一种微小的开关，可以被电信号触发。

的计算机芯片中大约封装了 2000 个晶体管，每个晶体管的成本为一美元；40 年后，计算机芯片中大约封装了 70 亿个晶体管，每个晶体管的成本下降到十万分之一美分。芯片技术的飞速提升，其实只是技术改革潮流中的一个小小缩影，它意味着在下个世纪，科技进步将会更加迅猛，简直不像是过了 100 年，而像是过了一万年。没错，计算机技术发展的速度是如此之快，以至于某些专家，比如雷·库兹韦尔，认为人类正在接近某个“奇点”。也就是说，这种近乎失控的、呈指数级增长的进步速度，最终将导致超级人工智能的诞生。

自动化进程极大地减少了社会对传统劳力的需求，提高了社会的生产力和效率。不过，想要用更低的成本创造更大的财富，总归是要付出一些社会代价的。自工业革命以来，工人们一直都在担心自己的工作会被机器取代。但事实证明，自动化进程并没有直接带来大量的工人失业，而是把人力资源需求转移到了技术性更强的岗位上。新技术极大地改变了社会竞争环境，一些行业因此彻底消失，也有一些行业借机催生了萌芽。虽然我们无法保证这种社会平衡会永远存在，但不可否认，自动化会让未来的社会更有效率，它或许能够解放人类，让人类去追寻更远大的抱负。正如科幻电视剧《星际迷航》中，让-卢克·皮卡德舰长于 24 世纪所言：“300 年来世界发生了太多变化，人们不再痴迷于对‘物质’的积累和占有。我们已经消灭了饥荒、欲望，以及对财富的需求。如今我们只为了一个目的而工作，那就是让自己和全人类过上更好的生活。”

人工智能不仅拥有近乎无限的动力，思考方式也和人类完全不同，所以很难想象它们会给人类带来什么好处。虽然我们有机会利用人工智能消灭疾病、饥荒、贫困，但这样做的风险很高。就算人工智能对我们没有明显的恶意，最终也可能会演变成不可预知的灾难。正如埃隆·马斯克所言，那些平时负责对冲基金的人工智能为了实现利益最大化，可能会大量卖出消费类股票，买入国防类股票，最终甚至不惜发动战争来达到目的。就像大家所熟知的寓言故事《猴爪》中所描绘的那样，我们很难预测到故事的结局。[①] 如果你对一辆自动驾驶的汽车进行编程，让它永远不要闯红灯，那么它为了继续前行可能会尝试黑进交通系统，把所有的路灯改成绿色。我们人类其实和蚁丘上扎堆儿的蚁群没有什么不同，可能仅仅是因为挡了别人的路就被铲平了。由于缺乏人类的情感和人文背景，计算机天生就具有反社会属性。

如果我们想要活着看到《星际迷航》的后续剧情，那么人工智能崛起只是我们需要克服的千万种挑战之一。从充满恶意的机器人到气候变化，再到核战争、致命病毒、小行星撞击、地球附近的超新星爆发、超级火山喷发、外星人袭击[②]等，人类文明的威胁清单正变得越来越长，甚至有些威胁我们现在根本没有察觉到。

不过大家不用太担心，因为我们正生活在一个十分独特的时代。虽然人类是有史以来第一个拥有如此强大的科技，以至于能够在瞬间实现自我毁灭的种族，但也正是由于科技的强大，人类才成为有史以来第一个能够离开地球飞向太空的种族。经历了上百万年的进化与发展，我们终于有机会到别的世界去看一看。不过，既然地球是人类已知的最宜居的星球，我们为什么还要关心太空呢？

最显而易见的答案也许就是，人类需要生存下去。一个可持续发展的太空环境，能够为人类在面临生存威胁时提供最后的保障，让

① 《猴爪》是 W.W. 雅各布斯于 1902 年写的一个寓言故事，故事中有一个神奇的猴爪，可以实现人的三个愿望，不过这些愿望成真的方式极其残忍。

② 表明人类存在的无线电信号已经在太空中飘荡了一个世纪。如果附近有人在收听，他们很快就能发现我们的存在。

人类不至于手足无措。考虑到这样做的成本其实非常低[①]，如果我们最终没有充分利用太空环境让人类免于灭绝，那可真是一次巨大的疏忽。事实上，一个可持续发展的太空环境不仅能让人类逃离灾难，甚至能帮助人类阻止灾难的发生。我们之所以能够生存至今，恰恰就是因为地球周边的行星给我们提供了大量的研究样本。比如，通过研究金星上闷热的二氧化碳层，人类意识到了温室效应失控的危险；通过研究火星上的沙尘暴，人类意识到了处于冷战中的地球可能会迎来核冬天，这也为人们在面临"相互保证毁灭"威胁时提供了一个各退一步的理由。如果我们正考虑利用地球上天然的生态系统来对抗日益严峻的气候变化问题，那么在此之前先研究一下临近行星上的案例不是更好吗？

让人类在地球上繁衍生存下去，当然要比在其他星球上开辟殖民地重要得多。不过，人类航天工程并不会阻碍这一目标，反而会促进这一目标的实现。可以说，航天工程本身就是一个技术驱动力，因为历史上有很多发明创造都是在不经意间实现的。比如抗生素，它的发现其实始于亚历山大·弗莱明的一次小小失误——他让本应处于灭菌环境中的培养基上面长出了菌落。再比如微波炉，它其实是工程师不小心用雷达装置融化了巧克力棒之后才被发明出来的。前沿领域的任何投资，必然会带来很多技术副产品，而航天领域面临的多学科挑战让创新变得尤其容易。航天工程给人类带来的新科技包括但不限于：空中交通管制技术、炸弹探测设备、防弹背心、拍照手机、无线技术、数字电脑、防火服、胰岛素监测仪、笔记本电脑、生命支持技术、轻合金技术、医用扫描技术、远程控制技术、防划镜片、太阳能电池板、

① 许多人认为 NASA 的预算和军方的预算相当，但其实前者只占后者的 2.5%（占整个联邦预算的 0.5%）。

远程医疗技术、水质过滤系统、天气预报技术和无线开关技术。[①] 虽然科学家们在使用哈勃空间望远镜寻找黑洞时并没有想要开发医疗产品，但最终天体摄谱仪被证明对黑洞分类和肿瘤分类同样有效。这时，科学家们才意识到，他们误打误撞地发明了乳腺癌诊断技术。

既然科技在不断发展进步，我们最终会不会有机会实现真正的太空旅行？简单来说就两个字——不会。虽然说自 20 世纪 60 年代以来，我们在计算机领域取得了瞩目的成果，但在航天领域却几乎没有什么实质性的进步，因为我们一直没能突破技术极限。如果我们只是守株待兔，那么技术突破是不会自己送上门的。技术是根据目标而来的，反过来不可能成立。除非我们充分利用目前的科学技术，竭尽所能去发明创新，否则别说曲速引擎了，哪怕是超级推进技术，我们也研发不出来。哥伦布之所以会驾驶着不堪风雨的小船航行到美洲，是因为在当时大型远洋轮船还没被发明出来——如果没有航海家志在四海的雄心，那么远洋轮船永远不会被发明出来。只有不断突破可能性的边界，才能保证持续不断进步。

由于地球人口不断增长，自然资源不断减少，我们面临着巨大的生存压力。但资源短缺从根本上讲只是技术问题。每小时，地球都会接收到数目庞大的太阳能，其总和足够让全人类用上一整年。所以说，我们人类其实正畅游在取之不竭的能量海洋当中。既然如此，我们为什么还会“口渴”呢？想要持续不断地提高每个人的生活水平，科技是最佳的——也许是唯一的——解决方案。殖民太空所需的科技创新，其实和拯救地球所需的科技创新别无二致，只不过前者的需求更加迫切。像便携式滤水器、高效率的小型食物生产设备、太阳能捕获及存

① 和大家普遍认为的情况相反，NASA 并没有发明菓珍、特氟龙、魔术贴，不过 NASA 的确让这些东西变得更为普及了。NASA 官网上列举了详尽的航空技术副产品。

储技术、定制化 3D 打印技术等，它们对于生活在地球上的人类而言，缓一缓再研究也没什么关系。但是如果我们想要在太空中生存，这些技术却是迫在眉睫的。

作为一个富有探索精神的物种，太空旅行为人类提供了看待事物的全新视角。从太空轨道来看，地球上繁杂的琐事看起来是如此渺小，如此微不足道。太空航行让保护地球的重要性显得尤为突出，人类意识到地球是目前唯一的绿洲。这种意识同时也促进了环保运动的发展。当然，1968 年绕月飞行器阿波罗 8 号拍下的壮丽照片《地出》也起到了一定的促进作用。作为一种合作性事业，太空航行把世界各地的人都会聚到一起。设想一下，假如人类真的实现太空移民，那么他们会发展出怎样与众不同的三观？他们会解决哪些问题？他们能够教给我们什么？

一个富有活力的社会形态，一定是对外开放型的。一次次的探索，将人类过剩的精力导向一次次的生产建设。我们的生活绝不能只为了满足基本的生存需求。太空旅行给人们带来了对未来美好生活的期望，也带来了每天清晨起床的理由。移民太空的伟大目标，如今正促使年轻人全力学习各种新科学、新技术，以便能够亲身参与这个时代最伟大的冒险。我们已经在历史中多次面对这种类似的挑战，它正是我们人类最本质的内在核心。人类祖先只能在非洲大平原上冒险、游猎，而如今的我们已经踏遍地球上每一块土地。尽管深知宇宙这片大海永远不会被彻底征服，我们仍旧站在岸边摩拳擦掌，跃跃欲试。随着科技的发展，世界正变得越来越小，我们不得不扬帆起航，驶向广袤无垠、无边无际的宇宙深处。

第 21 章　火星任务

太空离我们真的很近。如果你的汽车能笔直地开向天空，不出一小时你就能到达太空边界。尽管我们在地球上描述距离时经常使用“几千英里”，但对于 90% 以上的地球人来说，国际空间站上的宇航员其实只有数百英里远。① 比起空间站，太空边界甚至离我们更近，它就在我们头上 62 英里的地方。如果你站在太空边缘的平台上往下跳，你会落回到地球上。② 那为什么航天器不会掉下来？其实，航天器也会掉下来。如果太空中的物体速度不够快，那么它们的行进轨道便会穿越地球的大气层，在压缩稀薄大气的同时发生燃烧。物体能够在太空轨道平稳运行的唯一原因，就是它们的横向运行速度真的很快，快到可以瞬间穿越大气层。想要待在太空轨道上，你的运动速度至少要达到子弹的 10 倍，也就是每秒 5 英里左右。

把物体送进太空轨道几乎已经超出人类的能力范围。火箭运行的

---

① 国际空间站的轨道高度大约为 250 英里，轨道倾角为 51.6 度。这意味着它会从居住在南北纬 51.6 度之内的所有人的头顶上飞过，大约 90% 的地球人都住在这个区域。

② 2012 年，菲利克斯·鲍姆加特纳从一个飞至离地 24 英里的氦气球上一跃而下。凭借这一壮举，他成为第一个不借助引擎就突破音障的人。

数学方程表明，即使是人类最先进的火箭，也仅仅能够把它身上很小的一部分送进轨道，而这全仰赖火箭分级脱落技术。此外，我们人类能够刚好勉强进入太空的原因，似乎更像是一个天文巧合。如果我们生活在火星这种引力只有地球 38% 的星球上，那么太空旅行将会变得容易得多。而如果我们生活在木星这种引力高达地球 253% 的星球上，那么进入太空就成了一件几乎不可能做到的事。[①] 从太阳系之外来看（比如距太阳 39.6 光年的地方），TRAPPIST-1 星系中至少有三颗行星处于生命宜居带。它们的引力比地球低一些，这意味着从上面发射的火箭可能只有地球火箭的一半大小。此外，这些行星上的生命（如果有）恐怕永远都不会去想什么太空移民，因为他们的空中阴森森地挂着好几个和月亮一样大的宜居星球。

尽管自 1969 年以来人类已经取得巨大的科技进步，但登上月球仍然不是一件容易的事。计算机正变得越来越小，越来越快，但其实它们只占航天器质量很小的一部分。对于火箭来说，它们占的比重更低。就行动力而言，我们的航天能力其实一直在退步。土星 5 号曾是史上动力最强的火箭，不过它上一次发射已经是 1973 年的事了。此后人类则把航天计划的重点放在了航天飞机和国际空间站上面，这主要是因为政治因素和预算缩减不允许我们规划更宏大的蓝图。没有哪位总统或哪个国会愿意扼杀美国的太空计划，但也没人愿意在被认为是奢侈项目的航天计划上花费更多。NASA 仅仅依靠 0.5% 的联邦预算维持生计，长期缺少有执行力的领导者更是让 NASA 的日子雪上加霜，半个世纪以来，整个机构都处在一种半死不活的状态。

航天工程如此乏善可陈，部分原因是对航天飞机运营和发展的过

① 当然，木星是一颗气态巨行星，它没有地表。最大的岩质行星质量是地球质量的 10 倍，但只有木星质量的 1/30。

分强调。航天飞机的主要缺陷之一就是它把货物和航天员放在一起的混合设计，这使得在每次发射卫星时，我们都必须让航天员一起上天。你当然不希望日常货物运输这种任务还要搭上人命的风险，也不希望为不必要的乘客承担额外费用。反过来说，为了提升有效载荷，航天飞机装了一个超大的货舱，但这样一来却加重了载人舱的负担。起初人们只是想为美国所有的太空任务提供一个一体化的发射器，但为了满足军方于冷战期间部署监视卫星的需求，航天飞机变成了一个更复杂的东西。不过军方始终都对航天飞机的各项能力和安全性不太满意，最后他们放弃了这个计划，把目光转向了传统火箭。这样一来，航天飞机最终变成了一个过于昂贵又极度复杂的载具。想要无所不能的航天飞机，最后却近乎一事无成。

与土星 5 号月球火箭形成鲜明对比的是，航天飞机是有史以来运行效率最低的发射工具。计算总成本的方法有很多种，比如每次飞行任务的开销、飞行项目总成本、一段时间内的平均成本等。但不论如何计算，航天飞机的成本都不低。以美元目前的价值计算，土星 5 号每次飞行任务的开销仅为 10 多亿美元。即便加上数亿美元的组装、发射费用，在总重 125 吨、低地球轨道的条件下，每磅物体的飞行成本也才不到 4200 美元。而航天飞机的单次飞行成本大约为 4.5 亿美元，在轨道载重仅有 25 吨的情况下，每磅物体的飞行成本高达 8200 美元，几乎是土星 5 号的两倍。如果把开发成本也算在内，那航天飞机的单次飞行成本其实应该是最低的，因为那些一次性费用被均摊到数目众多的飞行任务当中（航天飞机共执行了 135 次飞行任务，而土星 5 号只执行了 13 次）。不过事实上航天飞机的设计成本和飞行成本一样高得可怕，以至于土星 5 号的单次飞行成本还是比航天飞机少了约 1/3。[①]

航天飞机的确执行了一些富有成效的科学任务，并将 500 多位宇航员送入太空。但是，航天成绩不能仅靠运送的宇航员的数量来衡量。事实上，发射次数的不断增加已经对公众舆论产生负面影响，让太空旅行变成一件平常而无趣的事情。次数更少、影响力更大的航天任务反而能以更低的成本换来更高的效用。人类的航天工程需要连贯的计划和明晰的目的才能更有效地运作。幸运的是，越来越广泛的共识正在逐渐形成，那就是人类航天计划是时候离开低地球轨道了。这一次，我们的目的地是火星。

有人说火星任务将会是当年月球竞赛的一次重演，这其实不太现实。如果我们根据科学探索目标来制定政治决策，那么 NASA 的预算恐怕将与军方媲美，而且我们不仅会在海洋中拥有巨型核舰队，也会在太空中做出同样部署。美国人之所以愿意为月球竞赛买单，原因就在于冷战时期意识形态的冲突。肯尼迪曾在 1961 年国会讲话中明确指出——就是“将人类送上月球，并使其安全返回地球”之前的那两段——整个月球计划其实就相当于一场公关运动，为的是把公众的注意力从苏联身上移开。[②]肯尼迪被暗杀以后，该计划成为他的遗愿，而且对于是否要实现这位领导人的遗愿，政界并没有达成一致意见，以至于也没人知道相关资金是否会持续充足地供给。

世界有可能会出现另一个“阿波罗时刻”。中国目前已经牢牢占据世界第二大经济体的位置，在太空领域也取得了稳定的发展与进步。

---

① 虽然土星 5 号只是一个发射器，而航天飞机既可以修理卫星又可以回收卫星，但是航天飞机的这项功能几乎很少被使用，主要是因为制造一个全新的卫星更便宜。

② 肯尼迪演讲中与本文相关的内容为：“最后，如果我们要赢得目前正在世界各地进行的自由与专制之间的斗争，那么最近几周在太空中所取得的巨大成就应该会让我们所有人明白……这次探险对全球所有正在决定到底该走哪条道路的人都产生了巨大冲击。”

中国已经成功将十几位宇航员送进太空，还建立了一个空间站，甚至还在月球上布置了两辆探测车（其中一辆在月球背面），并且计划在未来的20年内建立一个永久性的月球基地。此外，俄罗斯、欧洲、日本等国家或地区也都各自拥有非常强力的太空计划。就连印度也加入了太空竞赛，目前正计划向火星发射探测器，其成本甚至比拍摄一部相同主题的好莱坞电影还要低。[①] 此外，印度还计划在接下来的几年中首次把自己的宇航员送进太空。从历史上来看，美国不仅表现出了卓越创新的趋势，还表现出了无论何事都要做到首屈一指的野心。如果现在出现了一个足以和美国匹敌、正在凭借其第一次登陆其他星球的计划压制美国登月成就，并成功吸引了全世界目光的国家，那么美国人会做何反应？

从长远的角度来看，太空投资需要自负盈亏，但政府在交通新技术上进行大量投资也是一种正常现象，而并非例外。轮船、铁路、飞机虽然都是由个人发明的，但它们都靠政府支持才取得了商业上的成功。正如我们所见，哥伦布的伟大冒险是由政府资助的。达·伽马、麦哲伦、哈得孙、库克以及历史上几乎每一位探险家，他们的航行也都是由政府资助的。大多数海外定居点也是由政府投资设立的。大发现时代遍布全球各地的前哨站，其背后也都是西班牙、葡萄牙、英国、荷兰等国的政府全部或部分出资。即便是像弗吉尼亚公司、东印度公司、哈得孙湾公司这样表面上像是个人投资的企业，背后如果没有王室的保护和支持，也根本不可能幸存下来。

政府的主要作用之一，就是在私营部门的投资视野之外，采取措施促进社会的长期繁荣。不过，政府相对而言不受财政问责制度的约

---

① 印度是第一个在首次星际探测任务中就尝试进入火星轨道的国家。此任务包括发射在内的总成本只有7300万美元，这着实令人震惊。

束，而这也正是政府部门往往效率低下的原因。私营企业能够以更加灵活快速的方式应对市场环境变化，并采取一定的激励措施，在成本最小化的同时让收益最大化。在一个理想的世界中，政府会负责建设铁路，私营企业则会想出从中营利的办法。就航天领域而言，政府的支持能够促进科技快速进步，从而带动相关私营领域的稳健发展。

除了将卫星送入轨道之外（这是总价值 2500 亿美元的产业的一部分），私营公司还可以从太空旅游项目中获取收入。2001—2009 年，有 7 位富豪分别支付了 2000 万至 4000 万美元的费用搭乘俄罗斯火箭飞往国际空间站。毕格罗宇航公司已经造出几个充气式居住舱模块的原型，其中的毕格罗可扩展活动模块（BEAM）已于 2016 年被送进空间站。至少在 2020 年之前，毕格罗可扩展活动模块将一直保持连接状态。在此期间，该模块的漏气速率、温度、辐射曝光等数据都将受到监控。由此可见，为了迎合超级富豪们的需求，未来豪华太空酒店一定会被建造出来。对于这种昂贵的太空旅游，多数地球人只能望洋兴叹，不过目前亚太空轨道快速旅行的价格是几十万美元，比前者便宜多了。[①]（你只需成为百万富翁，而不是亿万富翁！）

目前最成功的私营太空公司是由 PayPal（贝宝）联合创始人埃隆·马斯克于 2002 年建立的 SpaceX。这家公司的目标十分明确，即全力发展前往火星的交通系统。SpaceX 是史上第一家成功将液体燃料火箭送入太空轨道的私营公司（2008 年发射的猎鹰 1 号），也是第一家成功发射、入轨并回收航天器的公司（2010 年发射的龙飞船），还是第一家将载货航天器运送到空间站的公司（2012 年）。凭借着定期往返空间站和运输补给的能力，SpaceX 的龙飞船成为将太空中的科研物

① 设想发射一颗沿着连续弧线运动的炮弹。亚轨道飞行就像这颗炮弹一样飞进太空，然后再回落到地球上。作为美国的第一位航天员，艾伦·谢泼德于 1961 年成功实现了亚轨道飞行。

品运回地球的唯一途径。[①] 截至 2019 年 1 月，SpaceX 已经成功完成了 60 多次发射任务，并且打算和 NASA 签下商业合同，承担将宇航员送入太空的任务。2018 年 2 月，SpaceX 发射了世界上最大的运载火箭（重型猎鹰），成功将埃隆·马斯克的樱桃色特斯拉跑车和一个被称为 Starman 的假人送进飞往火星的轨道。同时被送往太空的还有一块写有 SpaceX 所有员工名字的牌子，我的名字也忝列其中。[②]（重型猎鹰并不像猎鹰 9 号一样使用了配有 9 个发动机的单体助推器，而是使用了 3 个共计配有 27 个发动机的强大助推器。）

SpaceX 取得的最重要的成就是，它在历史上第一次实现了火箭回收。大多数火箭在耗尽燃料以后，都会以近乎自由落体的方式落向地球，最终要么是在与大气层摩擦的过程中四分五裂，要么是在与地面猛烈撞击的过程中粉身碎骨。[③] 乍一看这似乎是很合理的行为，毕竟火箭发射的最终目的是将目标物体送进太空，而且过程中需要大量的燃料。那么到底需要多少燃料呢？由于燃料的重量占火箭总重量的 90% 以上，所以本质上火箭就是一个飞行的燃料箱，而一个内部放空的火箭其实非常轻。此外，由于目前的火箭大多数都是多级火箭，一旦上级火箭和所载物品与底层火箭分离而进入太空轨道，那么帮助它们脱离地面的底层“助推器”就失去了全部载重，只剩下它自己。这意味着，这个空空如也的助推器安全返回地球所需的燃料其实微乎其微，远少于爬升至太空边缘所耗掉的数目。将助推器回收至海上舰艇或岸

---

① 俄罗斯的联盟号宇宙飞船只运回了宇航员，没能运回大型货物。其他大多数补给飞船都在大气层中烧毁了，里面的东西通常也没什么价值。

② 上面还有很多其他彩蛋，比如电动车仪表盘的控制面板上显示着“不要惊慌！”的标语（致敬《银河系漫游指南》），上面还摆了这辆车和 Starman 的微型模型；火箭上还放了一份电子版的艾萨克·阿西莫夫“基地系列”小说，音响中不断播放着戴维·鲍威的经典歌曲《火星生活》。

③ 火箭发射地点位于海边，因为火箭需要在海洋上空发射（对于俄罗斯和中国来说，发射地点通常位于荒野之中）。

边着陆点，只需使用火箭整体性能的一小部分而已。

考虑到火箭的一级助推器占了火箭全部成本的80%，对助推器回收再利用将是一笔非常可观的节省。不过从技术角度来说，回收其他部件其实也是可行的，比如其他层级的助推器和空气动力学火箭头部保护装置（所谓的“整流罩”），相关技术可能会在不久的未来实现。目前，SpaceX的整流罩已经装备上降落伞，以便能够落入由一艘被称为“史蒂文先生”的船所撒下的巨网当中。正如埃隆·马斯克所说：“如果有一个装满600万美元的托盘从天而降，你难道不会努力接住它吗？”

就这样一步一步地，SpaceX的火箭的可重复利用性正变得越来越高。火箭的绝大部分成本都来自建造过程（燃料成本连0.5%都不到），所以重复利用成为节省太空任务成本的有效方法。[①] 我们的最终目标就是让火箭像飞机一样，降落机场，乘客离机，例行检查，补充燃料，新客登机，再次起航。其实飞机造价和火箭造价差不多。想象一下，如果我们每次坐完飞机都要扔掉一架，那将是多么昂贵的旅程！

可重复利用的过程应该形成一个良性循环，以使航天飞行在变得更普遍的同时，也更加便宜可靠，就像航空从早期的草率鲁莽逐渐进化为现代商业飞行一样。在可重复使用的火箭的帮助下，我们可以设想，未来人类不仅可以飞越地球，还可以乘坐商业火箭在世界各地旅行。利用亚轨道飞行，火箭应该可以在一小时之内把乘客送到地球任意一个角落。以前从纽约到上海需要经历15个小时的痛苦航程，现在有了火箭，乘客只需39分钟便可完成相同距离的旅程。以前从欧洲坐船去大洋洲要花上好几个月，不久之后，这段旅程可能会被缩短至十

① 航天飞机的某些部分可以重复利用，但需要大量的维护工作。此外，可重复使用的轨道飞行器非常重，削减了该系统的有效负载。

几分钟。届时，前往太空港将变成地球上最长的旅程。通过各种方式，可重复利用的火箭不仅可以直接改善那些前往太空的人的生活，还可以改善那些选择留在地球上的人的生活。

其他公司也正致力于火箭的可重复利用。2015 年，由杰夫·贝佐斯创立的蓝色起源航天公司成功把新雪帕德火箭通过亚轨道送入太空边缘（100 千米的高空），并成功实现火箭回收。新雪帕德火箭的设计初衷是把旅客快速送至太空边缘，不过蓝色起源公司目前正在设计一种轨道范围更广的、可重复利用的新型运载火箭。所以世界上的确可能会出现各式各样的太空竞赛。与此同时，NASA 自己的载人航天器（猎户座飞船）已经进入最终开发阶段，对新式超大型运载火箭“太空发射系统”的设计也即将完成（太空发射系统能够承受高达 720 万磅的推力，仅比土星 5 号稍低一点）。在猎户座飞船和太空发射系统的帮助下，NASA 终于在 1972 年以后第一次获得了载人航天的能力。目前来看，人类已经准备好再一次探索茫茫宇宙了。不过这片海洋是如此之大，我们该去哪儿呢？

在我们生活的太阳系中有很多潜在的目的地，不过只有一小部分处于我们的能力范围之内。让宇航员花上十几年的时间前往冥王星（只是单程）显然超出了我们的容忍度，更别提耗费 8 万年的时间去另一颗恒星了。因此，尽管把我们的涉足范围提升至太阳系以外的确是一个很有价值的目标，但我们还是得从更近的地方开始太空之旅。随着各个太空基地在地球之外被建立起来，我们有充足的动力改善技术、减少成本。设立太空定居点等商业举措将会一步一步地使航天工程变得更便宜、更简单。终有一天，航天飞行会变得和今天的空中旅程一样，不再让人望而生畏。

那么，地球周边最佳目的地到底是哪里呢？名单上最靠前的两个候选项便是月球和火星。其中月球虽然离地球更近，但它的长期潜力要逊色很多。虽然到月球只需几天的时间，到火星也不过几个月，但是火星和地球有很多相似之处，而月球相对而言则显得死气沉沉。月球基地的主要优势是供给方便，出了突发事件也更容易营救。月球上还可以进行一些比较实用的科学实验——阿波罗工程探索的面积只占月球表面很小的一部分，全部 6 个任务加在一起，在月表停留的时间也只有 24 小时。我们还可以在月球背面建造高灵敏度的射电望远镜，以便躲开人类生活所产生的射电干扰。人们之所以想要去月球，一个常见的原因就是人们可以利用月球冰层沉淀物合成出火箭推进剂，从而让月球变成一个巨型加油站。虽然这个想法有一定的可取之处，但月球不会凭空变成一个燃料仓库。人类发现的大多数冰层都处于难以接近的位置（比如月球极点），而且相关的加油和发射工作即便是在地球上操作，也难如登天，想要在缺乏基础设备的月球上做到这些更是天方夜谭。[①]

在考虑目的地时，我们必须自问一个很重要的问题：我们想要实现什么目标？太空工程的目的不仅仅是到达太空边界，更是要穿越太空。除非是搞旅游业，否则仅仅为了在太空中飘浮就把人类送进轨道没有任何意义。我们建造船只，是为了穿越大海并传输人员、货物和思想。太空飞船也理应如此。既然月亮被当成了一个加油站，就说明我们只是把它看成一块垫脚石。不过，踩上这块石头之后，我们要去哪儿呢？

答案显而易见：既要符合距离地球较近的要求，又要储存有各

① 在我看来，月球相对火星的主要优势，仅仅源于它在地球人的视野当中更为清晰这个事实。不可否认，抬起头来感慨“人们就住在那儿”，可以极大地鼓舞人心（当然，我们也可以移民火星，但是火星和大量恒星混在一起，很难被人发现，晚上凝望夜空时也就更难发出类似的感慨。不过，只要让宣传团队给火星营造一种和月球一样，甚至超越月球的惊奇感，我们就可以大踏步地在火星上建立一个类地生存环境）。

种资源以便人类能够永久生存下去，这样来看就只能是火星。从长远来看，我们当然更想前往其他星球，不过火星是检验人类是否能够成功实现地外生存的一个绝佳实验场所。火星是距离太阳第四近的行星，不过仍比地球到太阳的距离远上约 50%，处于宜居带的外边缘。火星赤道温度介于 68 华氏度至零下94 华氏度，虽然看上去很冷，但也没有冷到夸张，人们仍然可想办法住在可加热的建筑中，并穿上增压服进行探险工作。在赤道地区，火星受到的太阳辐射大约像斯堪的纳维亚半岛南部或阿拉斯加州受到的太阳辐射一样多。不过火星上大气极其稀薄，这意味着在同样的温度下，火星上流失的辐射量要远远小于地球。这种效应和冰与水对温度的影响很像：假如泰坦尼克号的乘客们掉入的是冷空气而不是冰水当中，他们的生存时间将会从几分钟变成几小时或几天。你可以穿着太空服在火星上惬意地走来走去，或许有一天——当火星被彻底“地球化”以后——太空服可以换成日常便服。与火星相比，月球没有大气层，引力也只有火星的一半（引力对人类的身体健康至关重要）①，拥有的资源数量也少得多。

火星的陆地面积几乎和地球一样大。②像地球一样，火星也会经历不同的季节，而一个火星年的长度大约是一个地球年的两倍。此外，火星的季节也比地球显著一些，因为火星的轴向倾斜度为 25 度，而地球的轴向倾斜度只有 23.5 度。一个火星日的长度只比一个地球日长一点点，约为 24 小时零 39 分钟，而这一点格外重要。因为这意味着，我们可以在火星温室中利用自然光种植植物。相比之下，月球上的植物会在长达 14 天的夜晚中死去（月球的昼夜循环长度为 28 个地球日）。火星大气的主要成分为二氧化碳，这对于植物的生长很重要，而且这

① 月球引力约为地球的 17%，火星引力约为地球的 38%。

② 刨去海洋不算，地球的陆地面积仅比火星的陆地面积多 11%。

些二氧化碳也可以被转换成氧气和甲烷成为火箭燃料。在火星丰富的资源当中，最值得关注的是它拥有丰富的水源。尽管在火星低温和低压的条件下，液态水很难长时间存于地表，但我们的探测器已经探测到，在火星地下也存在一定的水源。在未来的某一天，火星可能会变得和当年一样，布满了大大小小的湖泊和海洋。凭借着丰富的水源和种类繁多的自然元素，火星可以支撑起整个人类文明。

前往火星的技术工程手段至少有三种。第一，我们可以发射多枚火箭，在地球轨道上组装一个或多个航天器，这些航天器将为往返火星任务提供全部补给。不过轨道组装技术存在很多问题。由于所有硬件设备都是在地球上历经多年才被设计建造出来的，一旦某一次发射失败，那么整个任务的时间表将被彻底打乱。此外，硬件设备在太空中停留过久也会引发很多问题，比如零件的可靠性会受到影响，火箭推进剂会因为沸腾或凝冻而白白损失。当年 NASA 的登月计划一开始也打算采用在地球轨道上组装大型飞行器的方式，不过这个方案很快就被“月球轨道交会”（凭借单枚土星 5 号火箭把所有硬件设备直接一起送上月球）取代了。考虑到阿波罗计划已经遭遇时间逾期和成本超支的影响，如果 NASA 在 20 世纪 60 年代还醉心于超大规模的轨道建设项目，那么肯尼迪总统绝不会把 1970 年设为前途难料的阿波罗计划的最后期限。尽管在轨道上组装巨型飞船前往火星的计划的确存在一定的可能性，但这种方法或许并不是最有效的。

前往火星的第二种方案是一种极简主义法。一开始，我们需要向这颗火红的星球发射一系列尽可能小的火箭，并在火星上合成以供返程所需的甲烷–氧气燃料。[①] 在极简主义法中，我们希望能够在火星上

① 如果想要更详细地了解“火星直航”计划，可以参阅罗伯特·祖布林所著的《赶往火星》。

生产尽可能多的物资，其中包括水、氧气、燃料等很多数目庞大的消耗品。火星上的“风化层”（火星土壤）既可以用作房屋表面的防辐射涂料，也可以制成砖块。基础模块将会预先在地球上建造完成，随后可以利用火星上的各种材料或者像熔岩管洞穴等现成的地质结构进行扩展。极简主义法很关键的一点就是利用一次或多次发射，在宇航员前往火星之前就预先放置好各种模块和补给品（无论对于哪种前往火星的方案来说，这都是一个很好的主意）。一旦储备充足的火星基地建设完毕，定居者就可以满怀信心地前往火星。因为他们知道，那些生活必需品已经在火星表面上等着他们了。

第三种方案是建造一个超大型火箭，该火箭可以在单次发射任务中携带一个大型星际航天器。为了把航天器的质量限制到切实可行的水平，我们可能有必要在航天器前往火星之前，先在地球轨道安排一次燃料补给。这样一来，我们就拥有了在地球和火星之间运载大量人员与物资的能力。此外，本方案也会在理想情况下采用极简主义方案的某些要素，比如在火星上生产甲烷–氧气燃料。2016 年 9 月，埃隆 · 马斯克凭借星际运输系统揭示了该方法的基本架构。该系统由各种星际运输设备和依托于超大型火箭运载的加油机组成，每个部分都具备了可重复利用性（2018 年 11 月，该系统中的航天器被命名为“星际飞船”，运载火箭则被命名为“超级重型”）。该系统计划于 2019 年进行小规模实验，而且从一开始就能实现大规模的火星定居。在这些科技发展的帮助下，我们可以想象在接下来的几十年中，人类为了实现殖民火星的目标会付出不懈的努力。

第 22 章　宇宙旅行

我们的未来有两种可能：一是我们一直留在地球上，直到最终彻底灭绝；二是我们下决心成为太空旅行者。如果人类的文明成功传播到太空各地，那么我们不仅可以免受灭绝之苦，更可以通过技术和思想的交流，从多种多样的星际文化中受益。虽然时间和细节还有待商榷，但只要我们想要生存下去，就不可避免地向太空进军。太空旅行自古以来就是人类梦想的巅峰，早在 2000 多年前，罗马小说家琉善就曾在其作品中描绘过外星生命和飞向外太空世界的扁舟。不过这些科幻小说中经常会忽略一个很重要的中间步骤——如果我们决心展开太空旅行，那我们就必须先想办法走出太阳系。

我们的太阳系其实很大。大多数人都熟悉太阳系各行星的名字，甚至可能会对冥王星到底属不属于太阳系这件事有自己的看法。[①] 然而，就算是对这些能说出太阳周边都有哪些主要星体的人来说，太阳

① 我认为属不属于太阳系并不重要。冥王星就是冥王星：一个位于海王星之外的中等大小的冰疙瘩。将其归类于“矮行星”是一个很好的折中方案，因为这样一来谷神星、妊神星、阋神星都可以被归进太阳系，整个大家庭就得到了拓展。

系仍然是一个很模糊的概念。很少有人清楚这些行星到底离我们有多远，它们长什么样子，它们和附近的星体都有怎样的相互作用。即便他们能够接受这样一个观点，即人类为了应对地球上不断恶化的生存环境，“最终”将不得不在那些更坚实的星球上建立太空定居点，他们也会认为这是另外一个时代的议题，跟我们这代人没有什么关系。

对于这些人，我只想说：探索精神是一种刻在我们骨子里，且不断以共同目标激励我们的一种东西，而且人类移居太空真的没有什么坏处。纵观历史，扩张常常会给原住民或当地环境带来伤害和破坏，但进军太空非但不会产生这种代价，反而会带来意想不到的好处。跟太阳系某些星球相比，地球表面其实是一个资源相对匮乏的地方。所有人类开采出来的铂和金，其实都是在其形成很久以后才落到地球上的。像铁和镍这种金属，在地壳中的含量微乎其微，但在小行星中的含量却非常高，其中就包括某些曾经和地球相撞的小行星。[①]一颗直径一英里的铁镍小行星所拥有的金属量，比整个人类史中所开采的总量还要多。目前这样的小行星数以千计，正等待着人类前去探索。

进军太空可以给地球带来巨大的收益。稀土金属是磁铁、智能手机、计算机、发动机、医学成像设备、核反应堆、风力涡轮机、太阳能电池板和电池的重要原料。虽然叫作“稀土”，但这些金属其实并不罕见，只不过在地球上的含量的确很少。再加上每提取一点点就要加工处理掉数以吨计的岩石，稀土的提纯成本极其高昂，而且会破坏环境。既然如此，与其在地表大面积开采，还不如从小行星上收集。小行星上的稀土储量足够满足人类几百万年的需求。

---

① 人类于 3000 年前学会了炼铁，但在此之前已经零星出现一些由陨铁制成的铁制武器。亚瑟王的石中剑这类传说，可能正是来自古代一把“从天而降的神秘宝剑”。

那些危险和脏乱的制造工作可以转移到由机器人操控的空间站上，甚至粮食生产也可以放到轨道上。比如，想象一下，由于没有昼夜交替的限制，也没有大气层对能量的阻碍，一个依靠太阳能驱动的水耕农场的效率要比地球上的农场高好几倍。随着制造业、采矿业和农业向太空转移，地球上的大部分地区将恢复至原始状态。

我们的地球是一个拥挤的地方，不过人口过剩问题从根本上讲其实只是技术问题。太阳系拥有充足的物质和能量，能够养活的人数要比当今地球上的人数高上万亿倍。在当下，大多数资源的太空提取成本都高得令人咋舌。不过随着我们在太阳系各处建立遥远的定居点，各种激励措施和技术进步将改变这一状况。虽然说水源、氧气、火箭燃料和其他消耗品的生产将是至关重要的第一步，但这些资源其实并不特殊。除了金星以外，太阳系中所有的星球都拥有水源，只不过以固态存在。许多卫星、小行星、彗星上的冰块都比岩石多，这些冰块是水、甲烷、二氧化碳以及氨等氮化物的混合物，它们全部被冻在了一起。还有些星球，比如木卫二，上面的水源远比地球丰富。更不用说那些从古代地下化石中提取出来的石油了——土卫六上的碳氢化合物是地球的数百倍，遍布于湖泊和海洋之中。

我们之所以会认为太空旅行非常困难，主要是因为脱离地心引力所带来的高昂的能源成本。如果是从太空中出发，太空旅行将会变得既便宜又简单。我们不再被限制于依靠巨型火箭发射的小小太空舱，小行星基地之间的商业活动甚至可以依靠星际巡航舰，其耗费的燃料仅仅是在地球周边运行所需燃料的零头。实际上，离开一颗小行星非常容易，你甚至只需要在蹦床上跳一跳，就能跳到另一颗小行星上面。在火星和月球之间旅行，要比从地球到月球的旅程容易两倍以上（指燃料消耗）。[①] 那如何能把资源运送回地球？假如这些资源可以在地球轨道上采集，或者可以在下降时承受大气层带来的烈焰，那么这将会是一件很容易的事。对于地球来说，返程要比去程容易得多。

当我们不再因引力问题而苦恼时，面前就会涌现出很多新机遇。我们已经成功地让机器人降落在小行星和彗星上——对于利用航天器把小行星撞击到地球轨道上（这样一来人们就可以很方便地将其收集储备起来）的目标来说，这是很重要的一步。不过，考虑到大块岩石坠入大气层会给地球带来灾害，我们必须谨慎行事。这同时也是我们必须进军太空的另一个原因。我们的地球就像处在一个射击场，随时可能被致命的小行星和彗星击中。平均来说，每 100 年我们都会被一颗足以毁灭城市的超大小行星撞击一次。我们还有遭受更猛烈撞击的极小概率，这样的撞击甚至足以摧毁整个人类文明。为了避免类似的惨剧而做出某些努力，这难道不算是一件好事吗？如果恐龙也拥有太空工程，那么它们可能现在还活得好好的。

有好几家公司已经开始涉足小行星采矿业务。比如由 XPRIZE 基金会的彼得·戴曼迪斯、电影导演詹姆斯·卡梅隆以及谷歌的拉里·佩奇等投资人于 2012 年共同创立的行星资源公司，目前已经开始建造用于探矿的太空望远镜，还在筹划建造用于采矿的太空船。他们的目标是将采集而来的金属在地球上售卖，同时实现对水源、氧气、氢气的开采，以支持现有太空项目的运行。另一家成立于 2013 年、名为“深空工业”的公司，也有类似的目标。太空采矿的初期成本十分高昂，

---

① 这可能会让人感到奇怪，因为对于我们来说，月球要比火星近得多（前者需要三天到达，后者需要好几个月）。不过别忘了，太空中没有阻力，距离并不是一件很重要的事，唯一的关键在于引力。

不过潜在的投资回报也十分巨大。即便是一颗只有几百英尺宽的越地小行星——需要在人类重定向技术的能力范围之内——也可能携带价值数十亿美元的金属，其利润之高足以和16世纪的香料贸易媲美（当年葡萄牙航海家通过跨洋航行可以赚取上百倍的利润）。一些大型小行星的价值甚至高达全球GDP总合的好几倍。[①] 如果你正在寻求财富，那么不妨抬头望望天空。

一旦人类成功在太阳系各处建立定居点，它们就会形成一个综合性的太空经济体。在引力较低的太空环境中，各种材料可以非常简单地通过电磁炮被射入太空。我们甚至可以在月球上建造一个大型弹弓，把各种货物直接弹射回地球上。在火星的奥林匹斯山上也可以建立一个类似的轨道系统。由于奥林匹斯山的高度是珠穆朗玛峰的三倍，该轨道系统将高于火星98%的大气层，因此可以无视那些射向太空的物体所受到的阻力。将货物运向轨道的另一种较廉价的办法是太空电梯（一种从地表直通太空站的系留缆绳系统）。利用电机，平台可以直接通过电缆抵达轨道（所以这种办法被称为太空电梯）。理论上来说，太空电梯可以在地球赤道某一点和位于地球静止轨道上的空间站之间建立。对于火星或月球这种引力较低的星球来说，太空电梯的建造可以变得更容易。

在太空移民项目中，我们有充足的理由和动机实现可持续发展。在国际空间站上，宇航员的尿液和汗液都会被回收，过滤掉其中的污物之后，剩下的水分可以用来给食物补充水分、淋浴甚至饮用。水耕法和气耕法（直接在水或雾中种植植物）将变得格外实用。初期的耕种重点将放在莴苣、西红柿、豌豆、豆荚、胡萝卜、水萝卜、草莓等

---

① 灵神星是已知最大的铁镍小行星，以人类目前消耗资源的速率来算，它可以为整个地球供应数百万年的金属。

园林作物上，这些食物可以作为散装干燥食品的补充，提振太空士气。就单位面积所提供的卡路里而言，安迪·威尔在《火星救援》中提到的马铃薯是效率最高的食物。所以对于太空生活来说，马铃薯和名列健康食物榜单的甘薯都是非常不错的选择。其实，以牛奶和土豆为主要食物的饮食方法（也被称为爱尔兰饮食）几乎能够提供一切人体所必需的营养物质。这种饮食所缺少的关键成分大概是钼元素，不过也被爱尔兰人用燕麦片给补充上了。对于太空航行来说，牛奶可以以奶粉的形式运输，同时也别忘了在货舱中放几罐燕麦片。不过，一种食物想要晋升为宇航食物，通常需要同时满足宇航员的饮食偏好和营养需求。对于漂流在外、思念家乡的太空居民来说，新鲜的食物能够让他们回忆起地球上的味道。

在太空航行的初级阶段我们并不会携带动物，因此我们需要减少对肉制品的消耗，转而食用螺旋藻（一种富含蛋白质的蓝藻）一类的替代品。[①] 蘑菇也可以提供人体必需的维生素 B，而且不需要任何光照。虽然这么说可能会冒犯到某些敏感的北美人，不过昆虫确实也是一个绝佳的饮食选项，它们很容易在狭小的空间中饲养，生长速度很快，还能吃掉人类活动产生的废物，产出效率也名列前茅。同为饲养动物，蟋蟀的产出效率是牛群的 12 倍（这里的产出效率是指动物的蛋白质产出占其食物及水分消耗量的比重），而且其肉质中 ω-3 和 ω-6 脂肪酸的含量非常高，更具营养。[②] 全世界有 2/3 的地区、数十亿的人口都会食用昆虫，其种类多达数千种。虽然西方人面对龙虾、螃蟹可以狼吞虎咽，但面对昆虫却选择避而远之，这真是一件怪事。

---

① 在早期太空项目（以肉和土豆为主食的时代）当中，NASA 研究了携带哪种哺乳动物才能给宇航员提供充足的肉类供应，结果小老鼠名列榜首。

② 想要了解和“在太空中食用昆虫和土豆”相关的更多信息，可以观看我在 YouTube 上传的系列节目“Cooking on Mars”。

要想在太空生存，我们就需要尽可能地实现本地化生产，包括种植大麻、竹子，以及其他能够快速生长并产生氧气的天然纤维。[①] 塑料是另外一种万能的选项。科学家们已经证明植物肥料可以用来合成生物塑料，而利用大气中的二氧化碳和从水中电解出来的氢气，我们可以在火星或者其他星球上生产乙烯。乙烯是大多数常见塑料的基本原料，其中就包括聚乙烯、聚丙烯、聚碳酸酯。其中聚碳酸酯可以用来制造透明窗户。至于陶瓷和玻璃，它们可以由常见的黏土和二氧化硅制成。最重要的一点也许是，3D 打印应该具备制造任何东西的能力。这样一来我们就不用运输关键部件，只需要以光速传输设计规格就足够了。从长远角度来看，我们所需要的一切都可以利用太阳系随处可见的材料来生产。

定居太空所需的能源将来自高效的太阳能（不受夜晚和大气层的影响），离太阳较远的居民则可以使用核能。从长远来看，核聚变反应堆可以以氦-3 为燃料生产大量的能源，而且不会产生任何放射性副产品。这种氦的同位素在地球上相当罕见，不过在太空中应该常见得多，尤其是在月球的风化层（月球土壤）和气态巨行星的云层中。科学实验已经证明氦-3 反应的有效性，但尚不清楚这种反应是否可以扩大规模，也不知道氦-3 是否能够廉价地提取——尤其是能不能从气态巨行星中廉价提取，因为这不仅需要建立一个庞大的浮力基站网络，还需要能够飞行于大气层中的采集车辆。

水星离太阳更近，定居水星是一个令人着迷的选择。水星两极附近应该会有冰层（尤其是在火山口附近的阴影当中）和沐浴在永恒日照下的山峰。在这些山峰上，太阳能电池板可以收集大量的太阳能

① 大麻可以用来制造绳索、布料、纸张、绝缘材料、轻质砖、生物燃料等。竹子是木头的最佳替代品，可以用来制作家具，也可以用作结构性支撑。这两种植物身上都有可食用的部分。

（由于月球的轴向倾斜度也很低，它也拥有类似的沐浴在永恒日照下的山峰）。金星是太阳系中最热的行星，看上去不太可能成为人类的家园。而且金星上的气压是地球的 90 多倍，足以让人窒息而死（其压强甚至比北极熊在邮票上跳舞的压强还大），上面的硫酸雨对人类也很不友好。不过，金星云层中仍旧有一个人类可以接受的海拔高度，这个高度的大气压和地球海平面的大气压一模一样。在这里，可呼吸的氮氧气体会像气球一样飘浮于金星稠密的二氧化碳大气中，因此我们可以把整个城市建在飘浮的云层当中。[①] 在云层的高度，金星可以说是一个宜居的天堂，你只需要穿一件短袖衬衫，戴一个防毒面具就可以出门了。

人们希望能够在外太阳系定居，不过太阳系越靠外的地方冰块越多，岩石越少。虽然我们可以从中获取充足的水源和火箭燃料，但是像金属一类的重元素可能不得不从小行星上运载过来。加油站可以建立在太阳系各处的战略要地上面，比如坐落于火星与木星之间的小行星带，身为一个大冰块、直径长达 300 英里的矮行星——谷神星。建在谷神星上的基地将被大量的小行星环绕，因此可以很轻松地获取大量原材料，尽管此区域中的小行星其实并不像我们想象的那样密集。虽然至少有 100 万颗小行星的直径都超过一英里，但由于它们分布在 13 万亿立方英里[②] 的巨大空间中，因此平均而言，它们之间的距离比地月间距还要远。

木星的四个“伽利略卫星”[③] 都具有较好的冰块岩石比例，甚至还有微量由氧气和二氧化碳构成的大气（木卫一的大气成分则主要为二

---

① 这就像《星球大战 5：帝国反击战》中的云城一样（说实话，我根本不知道建造这种飘浮城市的意义在哪里）。

② 1 立方英里≈ 4.2 立方千米。

③ 四颗伽利略卫星分别为“艾奥”、“欧罗巴”、“盖尼米德”和“卡里斯托”。1610 年，伽利略发现它们围绕木星运转，证明了地球并不是宇宙中心。

氧化硫，经火山羽流降落在卫星地表上）。由于距离木星的强引力区域和辐射带都比较远，旅途变得更轻松更安全，木卫三和木卫四格外引人瞩目。木星之外的气态巨行星也有很多卫星，它们也可以供人类定居。不过这些地方离太阳实在太远，核能发电可能是人类唯一可利用的供能方式了。然而大多数潜在的太阳系定居点比这还要远得多。海王星以外的柯伊伯带可能拥有超过10万颗被冰雪包裹的星球，它们的直径都在62英里以上。其中最突出的两颗是大小相仿的阋神星和冥王星。与此同时，我们还在不断发现更多的“海王星外天体”，黑暗中甚至有可能潜伏着一颗巨大的行星。更远处还有更加神秘的奥尔特云，其中布满了上万亿颗彗星，它们距太阳的距离要比地日距离远上万倍。由此可见，我们的太阳系的确是一片广阔的区域，拥有充足的资源和生活空间，足以支撑上千亿的太空人口。

最吸引人的太空定居地非土卫六莫属。身为太阳系第二大卫星[①]，土卫六在很多方面都和地球很像。比如，土卫六是除地球外唯一一颗具有地表液态水的星球。土卫六被大大小小的、由甲烷和乙烷等碳氢化合物组成的湖泊覆盖，其天然气储量是地球的几百倍。此外，土卫六的大气也是太阳系中最像地球的，主要由氮气和甲烷组成，地表气压仅比地球大气压高一点点。这意味着人类不用穿太空服就可以在土卫六上面惬意地行走，不过这些人会在零下290华氏度的严寒下迅速冻僵。更糟的是，在同等气温的情况下，土卫六上热量流失的速率比地球上严重得多，如何保暖也因此成为建筑和保暖服的头号难题。如果人类能够克服严寒，那么土卫六上各种丰富的资源都在向我们招手，上面的水和碳化合物都比地球多很多。有趣的是，土卫六低重力和高

① 木卫三比土卫六大2%，不过如果算上大气厚度，那么土卫六完胜。土卫六比月球大50%，甚至比水星还要大一点儿。

气压这两个特点结合在一起，意味着人们可以给自己装上翅膀，然后挥一挥胳膊就能飞起来。从空中降落也不需要降落伞，因为下落速度最快也不会超过 15 英里每小时。空中飞车将变得轻而易举，飘浮在云端的城市也可以被轻易建造。

归根结底，我们进入太空的一个主要原因就是改造太空环境，让一个或多个星球“地球化”，使其更适合人类居住。对于包括金星和月球在内的许多星球来说，这都是切实可行的，不过“最佳候选人”是火星。让火星“地球化”，其实就是让它变回几十亿年前海洋还没消失、大气仍然厚重时的样子。在青年时期，地球和火星都是温暖湿润的星球，都能够维持生命的发展。不过后来地球实现了蓬勃发展，而火星却变成了一片寒冷、干燥的沙漠，气温太低，空气太稀薄，以至于液态水无法存在于地表。[①] 火星为什么会失去大气？在地球上，地质变迁和火山活动可以不断地补充大气，但火星地质要稳定得多。此外，火星较弱的引力也难以约束大气中的气体，而较弱的磁场又使得太阳高能质子可以轻易剥离火星大气，这让整个局面雪上加霜。

想要让火星“地球化”，我们就必须提高火星温度，补充大气，以扭转这些效应。我们想在火星上做的事刚好和想在地球上做的事相反：创造一个强大的温室效应。火星极地地区拥有大量储存于冰盖中的干冰。提高火星的温度会使这些干冰融化，向大气中释放大量二氧化碳，如此一来太阳的热量便可以留住，火星的温度也会因此升高。火星极地冰盖和永久冻土中都含有大量的冷冻水。随着温度和气压的升高，液态水会出现于火星地表，最终形成湖泊和海洋。一旦大气压成功增强 20 倍（略低于珠穆朗玛峰峰顶的气压），人们就可以脱掉太空

① 事实上，目前火星环境支持地表水的存在，只不过其温度范围必须处于 32~50 华氏度之间。低于这个温度范围，地表水会冻结；高于这个温度范围，地表水会沸腾。

服在火星上惬意地走动。耐寒的微生物和植物可以在尚未完成改造的火星上生存，持续不断地输出氧气，最终让火星拥有可供呼吸的空气（事实上，对于某些地球细菌来说，它们现在就可能拥有生存于火星的能力）。

那么，我们该如何完成这些工作呢？可以让火星“地球化”永久进行下去的办法，就是阻止火星大气的流失。具体来讲，我们可以制造一个人工磁场[①]或者在太空中建立电磁屏蔽，以保护火星免受太阳风的干扰。不过，这些工程恐怕不是很有必要。火星是在长达数十亿年的时间中逐渐失去大气的，这是一个相当缓慢的过程。目前火星大气的流失速度大约为每秒一磅，如果我们能够以更快的速度为火星补充大气，就可以扭转火星沦为荒芜雪原的趋势。使火星“地球化”的潜在手段有很多，比如在轨道上布置镜面反射装置，把阳光反射到极地冰盖上；或者在冰面上撒大量的吸热材料以增加对热量的吸收；还可以人工制造核爆炸，甚至利用基因改造过的微生物合成甲烷。不过最简单的办法我们或许早已在地球上掌握了：向大气中释放大量高效的温室气体。氟氯化碳的效能是二氧化碳的上千倍，如果全球各地的工厂都开始生产氟氯化碳，那么用不了多久我们就可以启动火星“地球化”的进程了。

改造火星需要多长时间？在透明加压穹顶的帮助下，我们可以非常快速地完成较小区域的改造工程，从而为人类提供居所，为农作物提供和地球类似的生长环境。至于对整个星球的改造，时间就很难说了，而且这完全取决于人类的奉献精神。随着改造工程的进行，我们肯定会发明出更好的解决方案。科学技术一向如此。200 年前，人类

① 可以建造一个环绕整个行星的超导网络来达成目的。

完全不知道该如何制造一个比空气重很多的飞行器。一代代智力卓群的人在苦心研究之后才终于实现了当初的目标。然而火星改造和我们面临的其他挑战有所不同，它并不需要重大科学突破：这只是一个关乎时间、投资和意志力的问题。尽管火星改造可能会成为一个规模空前浩大的工程项目，不过我们很确定它是切实可行的。一旦我们完成对火星的改造，其他星球的相关改造可能也会随之而来。将来某一天，我们的太阳系可能会成为一个包含不同人类、不同文化、不同文明的多样化世界，而每个世界中的生命都将是地球的子孙后代。

第 23 章　星际移民的先驱者

如果以在高速公路上的速度行驶，你需要 5000 万年才能到达离地球最近的恒星比邻星。① 但是，假定你可以猛踩油门，把时速提高至 38000 英里，所需时长会有什么变化呢？在太空中跑得最远的人造物体是旅行者 1 号，目前正以难以想象的速度飞向太空深处。不过，即使旅行者 1 号能够瞄准最正确的方向（当然事实上并没有），也难以在 75000 年之内到达比邻星。人类制造过的最快的物体是帕克太阳探测器，目前正在以越来越快的速度朝着太阳冲刺，最终时速将达到惊人的 43 万英里，比疾驰的子弹还要快几百倍。不过，即便是这个让人难以置信的速度，也仅仅是光速的 0.064%。以这个速度前往比邻星，所需时间也超过 6500 年。

一道由物理学构成的高墙牢牢地挡在面前，让人类很难在自己的生命周期中前往另一颗恒星。物体的动能和速度的平方成正比②，因此

---

① 当然，它是除太阳之外最近的恒星。比邻星是一颗距地球 4.2 光年的红矮星（非常暗，肉眼很难看到），每 55 万年绕南门二旋转一圈。2016 年，人们发现比邻星至少存在一颗支持生命存在的行星。

② 忽略推力的影响和相对论效应。

如果我们想要达到比帕克太阳探测器还快1000倍的速度——即便不考虑加速和减速过程，也需6年半的时间才能到达比邻星——就需要多100万倍的能量。想要让航天器在50年之内到达另一颗恒星，所需要的能量比全美国一整年消耗掉的能量还多，而且还得想办法把这些能量塞进航天器的油箱。所以，这不仅仅是增加燃料的问题。我们必须承载着这些燃料的全部质量，增加上行时所需的推力，而且不断减少的燃料最终会导致返程时出现致命的螺旋飞行。常规火箭的性能之所以会受到限制，是因为它们通过化学键获取能量，而油箱的燃料容量是有限的。如果想要在一个合理的时长内抵达另一颗恒星，我们必须采取全新的推进形式。

那么，可用的推进形式都有哪些？离子引擎可以利用电场将带电的推进剂粒子提升到极高的速度。许多星际航天器都配备了离子引擎，它们的效率极高，可以实现长时间（通常为数天至数周）的推进工作，同时不会消耗很多燃料。不过离子引擎也有一些缺点。它们的推力非常低（相当于在一张纸上呼吸），还会耗费大量电力，在星际旅行当中仍然会受到资源供给的限制。此外，核热引擎也具有可行性，它可以把推进剂在热核反应堆中加热到极高温度，然后通过火箭喷嘴把这些推进剂以极高的速度喷射出去。核热引擎从未投入实际应用，不过科学家们已经在20世纪50年代至70年代初期之间进行了几次测试，甚至曾计划将其用于成功登月的土星5号火箭的变体身上。[①]

火箭对牛顿第三定律的应用——相互作用的两个物体之间的作用力和反作用力总是大小相等，方向相反——从根本上讲和枪支的后坐

① 由于大家担心核热引擎一旦失败会向大片区域散布放射性碎片，这个计划被取消了。然而事实上该引擎使用的核燃料（非爆炸性的）相对来说并不多，而且封装于一个从海上发射的坚固核心当中，风险其实非常低。

力没有什么不同，这就像向后划水向前游泳一样。不过太空中没有什么东西可以向后推，所以我们只好以向后喷射推进剂的方式推动火箭前行。化学火箭会喷射出大量的推进剂，产生很大的推力。而离子引擎和核热引擎会以较高的速度喷射较少的推进剂，虽然由此产生的推力较小，但随着时间的推移，其效率会逐渐达到最大化。不过，这两个引擎也会受到油箱尺寸的限制。因此，尽管它们非常适合在太阳系巡游，但并不适用于前往另一颗恒星这样的航天任务。总而言之，现有的火箭没有任何办法携带充足的燃料。

我们能不能彻底抛弃引擎呢？在 1610 年一封写给伽利略的信中，开普勒提到，一颗彗星的尾巴并没有背离其运动方向，而是背离太阳的方向。这说明太阳会制造某种“神风”，可以帮助人类在虚无的空间中航行。[①] 没错，这的确是人类能够加以利用的一个物理现象。即使是没有帆的航天器也能感受到来自太阳光的压力，以至于我们在规划航天器轨道时必须考虑这种效应的影响。可是这种力实在过于微小，一平方英里大小的太阳帆所接收到的光压加在一起还不到一磅。因此我们在制作太阳帆的时候采用了跟头发丝一样细的薄膜材料，使其质量最小化。一个大型的太阳帆能够在几年的时间内将飞行器送往木星。不过，太阳帆必须安全抵达轨道，之后还要通过机械手段展开，这两点已经超出人类目前的技术能力。

理论上来说，我们可以利用金属锂（最轻的固体元素）制造一个超薄太阳帆，其厚度仅有现有太阳帆的 10%（一张纸厚度的 1/5000）。利用这样的太阳帆，航天器可以在一两年之内抵达冥王星。但是对于星际航行来说，这里存在一个问题：随着航天器朝着太空深处飞去，

---

① 开普勒对伽利略说：“鉴于已经有某些帆船能驾驭这股来自天堂的气息，世上必将有勇士敢于扬帆直面那虚无的天际。”

它接收到的光照量也会迅速变少，甚至连离开太阳系都是一个问题。既然如此，我们能不能自己创造一个“风”替代太阳？利用一束聚焦于太空深处的激光，即便太阳光消失了，我们也可以让航天器继续前进。这个激光发射装置必须很小，而且需要大量的能量才能聚焦至太空当中。在最理想的情况下，我们可以让一颗非常小的探测器在 50 年之内到达比邻星，但是这需要我们制造出一张直径 62 英里的帆布，还需要一个耗能 2600000000000（一共 12 个 0）瓦特的激光发射器，这大约是地球全部发电量的两倍。

目前只有一种技术手段能够在较为合理的时长内把人类送到另一颗恒星，不过乍一听会感到有些古怪。早在 20 世纪 50 年代，科学家们就研究了使用核弹推动航天器的可能性。这个项目被称为“猎户座计划”，其原理非常简单：人们乘坐一个经过特殊设计的推进平台，并在身后引爆大量核弹，利用爆炸产生的冲击波前行。这个方案的优点就是加速所需的能量并不来自化学键，而是直接来自核反应，后者释放的能量是前者的几百万倍。而且依靠核动力前行的航天器不会受到设计尺寸的限制，因为更大的航天器能携带更多的核炸弹，抗冲击能力也会更强。根据从事“猎户座计划”的科学家的设想，行星飞船最终将进化为星际飞船，其尺寸将和城市相仿。可惜 1963 年出台的一项法案，禁止了各国在太空中引爆核武器的念想，这个计划也因此早早夭折。当然还有可能是因为其成本过于夸张，就连阿波罗计划都已经让美国不堪重负，更别提再建造一个城市大小的核动力飞船所需的开销了。不过不管怎么说，这个计划的基本原理是靠谱的，这样一艘核动力飞船能够达到光速的 5%，在 100 年之内就能到达另一颗恒星：这个时间仍不算短，但多多少少也就顶多是人一辈子的时光。当然我们还有一种听上去就危险万分的办法，即向太空发射大量小型高能核武器。虽然这种推进方式在技术上是可行的，但很难想象世界上的政治家们很快就能同意这一设想。

假设我们就是不愿意利用核弹前往其他恒星，那还有其他办法吗？核聚变反应所产生的能量可以达到普通化学反应的几千万倍。理论上来说，核聚变可以持续不断地提供清洁能源，彻底解决地球上所有的能源问题。唯一的问题就在于，我们还没有完全掌握这项技术。至少我们还做不到让反应所产生的能量大于该反应必需的启动能量，这是一项至少需要 20 年才能实现的技术。不过，如果我们真的掌握了核聚变技术，那我们就可以把它应用到火箭身上。根据反应堆类型的不同，核聚变火箭既可以为高效的离子引擎提供充足的能源，也可以直接把反应堆产生的废料通过火箭尾部排出以驱动火箭前进。总会有一天，核聚变火箭能够载着我们前往另一颗恒星，不过这趟旅程仍然会花上几十年的时光，并且必须携带数千吨的氢燃料：其重量和一艘小型海军军舰相当，足以让当前全球各国完成一整年的发射任务。

既然如此，我们为什么不干脆放弃用随船携带的氢气给核聚变反应堆供能，转而利用沿途收集的氢气呢？尽管太空中没什么东西，但它并不完全是空的。在星际空间当中，平均每立方厘米就会有一颗原子。虽然这个密度比大气密度的 $1/10^{18}$ 还要小，但只要能够造一个大型勺状物，我们就能沿途收集氢原子，把它们用作核聚变反应堆的燃料。1960 年，物理学家罗伯特·巴萨德提出了“巴萨德冲压发动机”①的概念：利用一个绵延数千米的磁场把飘荡在宇宙中的氢原子收集起来，放到火箭巨大的“胃”里。尽管这项技术从理论上来讲是可行的，

---

① 冲压发动机（通常会用于某些飞机上）可以一边向前运动，一边压缩迎面而来的空气，这意味着它只能在高速运动下使用，并不能在静止状态下直接启动。

但我们不清楚深空之中是否有足够的氢原子维持核聚变反应堆的正常工作，也不知道这个冲压发动机是否能够抵住来自目标恒星的风。总而言之，核聚变火箭的可行性是“很可能行”，而星际核聚变冲压发动机的可行性只是“有可能行”。

反物质能够产生比核聚变反应高 1000 倍的能量。当反物质和正物质发生反应时，其能量将达到质能转换的极限（爱因斯坦提出的 $E=mc^2$）。虽然听上去很奇怪，不过每个粒子都有与之对应的“反物质”。二者质量相当，但量子数相反。这些幽灵般的反物质会在自然界中偶发性出现，不过持续时间不长。因为只要正物质和反物质一相遇就会立刻发生湮灭反应，释放出猛烈的能量。就像核聚变反应一样，我们也可以利用反物质的能量驱动引擎。但要想让效率最大化，我们就必须找到一种办法，让反应产生的能量从火箭尾部喷射出去以产生推力。[①] 由于湮灭反应会以相对论性速度释放出能量，所以火箭速度也可以非常接近光速。这样一来，前往另一颗恒星只需要几年的时间，前提是我们解决了生产、控制、致命的伽马射线等一系列问题。以目前的科技水平，我们只能制造出几颗反物质原子，而且它们刚一问世就会和遇到的任何东西湮灭掉，因为除了它们自己是反物质，环境中全都是正物质。反物质是当前世界中最贵的东西。据 NASA 估计，生产 1 克反物质的成本高达 60 万亿美元，而我们需要的数量可比 1 克要多得多。

难道就没有办法让我们前往另一颗恒星的速度变得更快吗？以人类目前所掌握的物理定律来说，的确没办法，但是这并不意味着我

① 《星际迷航》中有很多星舰都会使用反物质，但它们主要是用它为曲速引擎提供动力，并不直接用它作为推力。罗慕伦星舰使用人工引力奇点，也就是黑洞作为动力。这两种能量来源都有一个缺陷，那就是一旦失控就会发生剧烈爆炸（或者发生内爆，就像罗慕伦星舰一样）。

们永远都无能为力。这个问题涉及一个很棘手的定律，即没有任何物质的速度能够超过光速。但我们可以想办法躲开这个定律，比如让星际飞船保持静止，然后扭曲它周边的空间。这正是《星际迷航》中所采用的办法。虽然小说中的描述很模糊，但这个办法的确和宇宙的一个特性相符合：宇宙的年龄“只有”138 亿岁，但它的可见直径却高达 930 亿光年。这似乎暗示着宇宙的各个部分之间以某种莫名的方式，实现了超越光速的移动速度。实际上，这只意味着空间本身在逐渐扩展，而且不是以某个点为中心向外扩展，而是多个（可能是无限个）不同的位置同时向外扩展（想象一个由葡萄干和面团构成的“星系”。当你烘烤面团的时候，它会逐渐伸展开来，带动着“星系”朝着四面八方扩散）。既然空间可以被扩展和压缩，那我们是不是可以放弃超光速旅行，然后坐进一个气泡中，以压缩前方的空间、扩展身后的空间的方式前行？

1994 年，墨西哥物理学家米格尔·阿库别瑞提出，我们可以生成一个能量密度比真空还要低的空间来创造一个“曲速泡”飞船。理论上来说，这确实可行，不过要依赖大量的负能量或者负物质，而这些东西可能根本不存在。[①] 除此之外，这一设想还面临着更多的难题，比如由于信息无法穿越气泡壁，我们无法操纵飞船，也无法让飞船停下，而且黑洞辐射会消灭飞船内的所有东西。[②] 就连提出这个设想的米格尔·阿库别瑞本人，现在也觉得该方案根本不可行。尽管我们无法断言这些难题是不可克服的，但就算有一天我们在实验室当中创造出了“曲速泡”，这离最终可以实际运行的太空运输系统仍然相去甚远。因

① 负物质和反物质并不是一种东西。反物质已经在实验室中被成功制造出来，但人们从未观测到过负物质。尽管人们成功激发过负能量，但规模非常非常小。

② 黑洞辐射是一种即使光无法逃逸，黑洞也能发出辐射的效应。

此，目前“曲速引擎”只能被归在“可能会在某一天实现，也可能永远都不会实现”的类别当中。

把速度提高至星际航行所需的数字需要多长时间？如果我们能够维持一个和地球引力（1G）一样大的恒定加速度，那么大约一年（354 天）后就可以达到光速。[①] 不过这种加速度实在太温和了，连火箭发射时的加速度的 1/5 都不到。不过，如果这个加速度真的能维持很长一段时间，那么星际航行将变成现实。我们的银河系非常广阔，它由 4000 亿颗分布于 10 万光年的空间中的恒星组成。不过，就算我们永远也达不到光速，人类最终也能穿越整个银河系。以光速 5% 的速度前行，我们可以在 200 万年之内踏遍整个银河系：一段漫长的时光，但并不比人类存在的时间长多少。以人类至今能够达到的最快速度前行，我们可以在几亿年内穿越整个银河系：这还不到地球年龄的 10%，只是比哺乳动物在地球上居住的时间稍长一些。但从人类寿命的角度来看，这仍是一段很长的时间。

即便航行速度离光速还很远，星际旅行当中也存在很多问题。随着星舰加速至极速（对应着较高的能级），就算是一个小小的原子也会对星舰构成致命威胁。没错，哪怕是每秒几英里的轨道速度，那些小碎片也能撕裂金属板（国际空间站的窗户上划痕累累，是因为小颗粒划伤了玻璃。有时宇航员会报告说听到了“噼噼啪啪”的声音，是因为像子弹一样的碎片击穿了太阳能电池板）。因此，为了实现相对论性速度的航行，我们需要想办法避开星际中那些零零散散的原子。[②] 比如，我们可以使用某种激光电离那些原子，然后用一个磁场屏蔽掉它

---

① 如果我们的地板正对着火箭后方，那么这种加速度的感觉就和站在地球上一模一样（和站在上升电梯中身体有下坠感的原理类似）。当然，我们不可能将速度一直提高到光速，但这个例子可以说明，如果能一直加速，那么最终的速度可以变得很快。

② 《星际迷航》中经常会用“护盾”解决这一问题，却从未解释过其工作原理。

们，或者用“巴萨德冲压发动机”方案中提到的方法改变这些原子的航向。星际航行的另一个问题是，人类定居其他星球之后和母星的交流将变得异常困难，因为无线电信号的衰减和距离的平方成正比。我们必须建立一座200英尺宽的无线电天线（这属于NASA“深空网络”工程的一部分），才能和刚刚飞过冥王星的“新地平线号探测器”进行通信。比邻星比这个探测器还要远几千倍，这意味着无线电信号会衰减几百万倍。为了应对严重的信号丢失，我们可以利用超高功率的激光通信，或者干脆把信息放进存储设备中，再用小型航天器送回来，但是这样传输信息需要好几年的时间，而且还得沿着原路把回信寄过去。

前往另一颗恒星需要许多年，甚至可能是上百年。这期间我们如何保证宇航员的存活呢？一个可行的办法是发射一艘“世代飞船”，最终只有出发者的曾孙或曾孙女能够活着抵达目的地。为此，我们需要建造一艘巨大的星际飞船，或者干脆利用星际彗星搭个顺风车，沿途利用彗星上的各种资源建造建筑，维持生命，最终让彗星把我们派出去的殖民小队带到其他恒星上。或者，我们也可以在飘浮于恒星之间的那些“流浪行星”上面建造大量驿站。宇宙中流浪行星的数量可能是普通行星的很多倍（仅银河系中就有数十亿颗），不过我们很难找到它们。目前为止，人类只发现了二十几颗流浪行星（其中有几颗属于高度疑似）。尽管这些流浪行星离任何像太阳一样的恒星都很遥远，但其中仍有一些拥有和木星卫星相似的卫星。这些卫星可以从主星提供的潮汐力中获取热量，以供生命所需。就像在恒星之间穿梭的流浪彗星一样，流浪行星可以充当加油站的角色，也可以被开发成一艘天然的星舰，为星际旅行提供各种资源。其实“世代旅行”的概念古来有之：那些从非洲出发、最终定居于北美的人类祖先历经几千代人的繁衍，一共花了大概 5 万年才完成这次大迁徙。

也许，我们可以把宇航员“冻存”起来？对于水熊虫[①]、某些昆虫、某些品种的乌龟、青蛙等生物来说，它们被冷冻后可以再次苏醒。目前尚不清楚人类是否拥有这种能力，但仍有数百人选择在死后把“尸体”冷冻起来，期待有一天人类掌握了新技术可以让他们安全解冻（大概是在找到一种能够保证他们不会死亡的治疗方案之后）。还有一种比“冻存”更为简单的方法，那就是让宇航员“休眠”。这种办法需要降低宇航员的体温，将新陈代谢降低至和昏迷类似的水平，然后由机器监测生命状态，利用静脉注射补充身体所需营养。许多哺乳动物和鸟类都会采取类似的手段熬过冬天，而且医院也会用“低温疗法”将心脏骤停患者的寿命延长几小时或几天。除此之外，我们还有一种替代方案——“冻存”胚胎，在到达目的地后由机器人监护、抚养。我们可以大胆设想：如果能够把这种冷冻技术和核聚变火箭（或者反物质火箭）技术结合起来，那么在 21 世纪结束之前，我们就有希望成功开启前往另一颗恒星的旅程。

如果人类想要长久地生存下去，那就不得不想办法移民到另一颗星球上。不过，在我们对物理学的研究没有重大突破的情况下，星际航行将一直面临耗时过长的难题。我们不太可能像《星际迷航》或《星球大战》中那样，直接从 颗星跳到另外 颗星，相反我们更有可能会派遣大量的星际殖民战舰，踏上一段史诗般一去不复返的深空之旅。与此同时，我们已经开始寻找太空着陆点的相关工作，并不断利用天文望远镜搜寻其他恒星身旁的行星。不久以后，我们将会向太空中发射大量机器人探测器，让人类可以虚拟体验太空飞行。想象一下，未来我们可以利

① 水熊虫就像是一种微观毛毛虫。从山顶到深海，这种生物无处不在，而且能够承受极端的温度和压强，也不惧怕致命的辐射，甚至可以在太空的真空环境中生存。

用万亿英里之外的机器人探测器发回来的数据，完美地建立一个虚拟星系，以供人类体验各种太空模拟旅行。尽管这个设想非常诱人，但我怀疑人类不会永远满足于此。总有一天，一群先驱会大胆地离开太阳温暖的怀抱，因为人类体内永远跳动着一颗不安分的心。

第 24 章　外星生命

根据开普勒太空望远镜提供的观测数据，我们的银河系当中至少存在几十亿颗类地行星，平均来说每颗恒星都至少有一颗行星。此外，宇宙中有几十亿个星系，这意味着类地行星的数量比地球上所有沙滩的沙粒加在一起还要多，总数大约为 1000000000000000000000000（10 的 24 次方）。如果把那些奇异环境（比如寒冷卫星上的海底世界）也包含进去，那么能够维持生命的世界的数量就会再扩大 10 倍。由此可见，宇宙当中肯定有很多能够让人类定居的环境。就像前文提到的，即便航行速度永远无法超越光速的 5%，人类也能在 200 万年内踏遍整个银河系。银河系的年龄大约是这个时间的 6500 倍，即 135 亿年左右，所以，如果一个太空文明在这段时间内逐渐建立起来，那他们肯定早已经占领了银河系，当然也包括地球。既然如此，为什么人类仍旧存在？为什么他们没有取代我们？

这个问题最初由意大利物理学家恩利克 · 费米提出，后来便成为著名的“费米悖论”。仔细想想，这其实相当令人费解：就算那些地外生命对太空旅行厌恶至极，我们也不至于连一点儿痕迹都探测不到吧？可以穿梭于太空的那些无线电信号都去哪儿了？为了解答这一难题，人类提出了很多理论，但没有一个令人满意。或许那些生命压根儿就没有发展出高级智慧？或许其他星球上的生命对地球不感兴趣？或许他们离我们实在太远，以至于还没来得及跨越这段距离？或许真正高智慧的生物都喜欢待在家里，用探险以外的方式自娱自乐？或许他们已经摆脱肉体的束缚，把意识都存进了计算机里？或许他们觉得人类实在太蠢，懒得搭理我们？或许他们只是还没注意到我们？毕竟宇宙是一个很大的地方，即便是天文望远镜也只能窥见银河系的一角。有人据此总结道："宇宙中没有地外生命，因为我们还没有探测到。"但尼尔·德格拉塞·泰森认为，这个总结就像我们检查一杯海水，发现没有鲸鱼，就说整片海洋中也不存在鲸鱼。

1961 年，天文学家法兰克·德雷克提出了一个依据宜居星球数量、发展出智力和科技的概率、文明的寿命长度等变量来估测"可能会与我们接触的地外文明的数量"的公式。[①] 可问题在于，我们一直都没能找到可靠的变量来填进这个公式，只能凭空猜测一些数据。这就导致公式的答案会随着猜测数据的不同而千变万化。近几年，由于人类一直在寻找太阳系外的行星，我们终于弄清了这个方程的某些变量到底是多少。每年银河系都会新生两颗恒星，其中大多数都伴有行星。大约有几百亿颗具有宜居环境。此外，生命的智慧最终似乎总是能够形成文明。公式中比较棘手的变量是出现生命并演化出智慧的概率，以及文明寿命的预期长度。根据取值的不同，德雷克公式答案的跨度非常大：从银河系中只有一个文明（人类自己），到银河系中有几百万

① 高级地外文明的数量 = 恒星形成的速率 × 拥有行星的恒星所占的比例 × 平均每颗恒星拥有的类地行星数量 × 有可能进化出生命的行星所占的比例 × 产生智慧物种的概率 × 发展出通信技术的概率 × 高智文明的预期寿命。

个文明，每个数字都有可能出现。考虑到费米悖论，德雷克公式确切答案的值可能并不会很大，但这并不必然意味着生命在宇宙中真的很罕见。

地球是一块可爱的石头，也是我们已知的最宜居的星球，不过这并不是说地球是生命俱乐部的唯一会员。人类也不是奇迹般地从天而降，发现地球刚好完美地契合人类所需。我们在这颗星球上经历了几十亿年的进化才变成如今的模样。地球之所以如此适合人类生存，恰恰是因为我们在不断地朝着适应环境的方向进化。如果人类的进化过程发生在一个沐浴着紫外辐射的星球上，那么我们可能会觉得地球上的臭氧层实在难以忍受，因为我们根本无法吸收足够的紫外线。地球生命在地球环境的影响下逐渐变化，反之亦然。我们脚下的岩石由早已灭绝的海洋生物组成。人类文明在发电厂、汽车、飞机中燃烧着古代生命的遗骸。生命刚刚出现时，地球上的氧气还很稀少。之后，大约在 24 亿年前，氧气以有毒副产物的形式被某些微生物生成出来。最终当大气中充满氧气的时候，地球上出现了新的生命形式，它们开始利用氧气进行呼吸。当生命在不断适应环境时，它们也在改变着环境。

地球的环境并不总是这样友好。在生命刚出现时，我们的星球是一个灼热的、充满放射性的、火山随时喷发的地狱，不断受到来自太空坠物的猛烈撞击。地质学家们根据希腊神话中的“冥界”，将这段时期命名为“冥古宙”。地球经历了很多个阶段，其中可能包括一个持续数亿年的“雪球期”。在此期间，海洋全部结成了冰，从太空看去地球和木星的卫星一样毫无生气。不过，生命幸存了下来。即便是现在，生命也仍在各种极端环境中蓬勃发展着。上至大气层，下至地壳深处，几乎到处都可见细菌的身影。它们能够承受强烈的辐射、高温、高压，也能在强光或无光，甚至没有水源和营养物质的环境中活下来。它们可以在滚烫的酸性水中顽强生存，以火山口喷发的化学物质为食，也能在油井深处茁壮成长，甚至可以在岩石夹缝中依靠矿物质偷生，就连南极冰盖下绵延数英里的严寒也没能杀死它们。事实上，地下生命比地上生命还要多，生活在地下的细菌总量高达 100 万亿吨。若是堆积起来，它们能在地球上形成一个厚度超过 5 英尺的外壳。

不过生命形式确实有一定的局限性。我们不会期望在恒星表面上发现生命，因为强烈的热能会让复杂大分子瞬间蒸发。[①] 据我们所知，想要形成生命，必须有一个能够让有机化合物稳定存在的环境温度，还要有某种液体充当溶剂（至少我们是这么认为的）。水是一个很理想的可以满足生命必需条件的溶剂，但它可能并不是唯一的。土卫六表面覆盖着温度比液氮还低的、由碳氢化合物构成的湖泊。我们不能否认，即便是这样严苛的环境，也可能存在某种微生物甚至具有更大形态的生命。如果真的如此，那么它们的化学属性肯定和人类不同（仍然算是生命，但不是我们所熟悉的形式）。不过，鉴于人类已知的绝对支持生命存在的环境目前只有地球，“地球上的各种环境是孕育生命的最佳条件”就成为一个看起来极有把握的推断，虽然这有些沙文主义。

在地球变得宜居之后没多久，生命就出现了。不过整个生命进化长河有 80% 的时间都被单细胞生物占据。这表明，虽然生命在宇宙中可能比较普遍，但复杂生命则要稀有得多。太空中可能有很多世界布满细菌，有很多海洋挤满藻类，但拥有鱼类、蜥蜴、树木、山羊、狮子的世界相对来说可能会非常少。然而，地球早期的生命起源可能并不如看起来那样重要，因为它可能是一次偶然的侥幸。对于科学实验

① 除非该恒星很久以前就死掉了，并一直冷却至今。不过没有任何恒星拥有充足的时间完成这一过程。通常需要万亿年的时间恒星才能让温度冷却至生命可以接受的水平，即便如此，上面巨大的引力也会把生命扼杀。

来说，只出现一次的结果本质上没有什么意义，因为我们是该实验唯一的观察者。就算我们是宇宙中唯一的生命，我们也无从知晓，因为地球外那些数不清的没有生命的世界无法提供对照性的观察结果。[①]不过，从另一方面来看，如果我们真的能够在其他地方发现生命（哪怕是在太阳系内），而且其起源模式和地球不同，那就意味着生命形式在宇宙当中是非常丰富的。

宇宙中有很多地方可以供人类寻找生命，在太阳系内至少就有10颗星球被认为具有地下液态水。[②]土卫二上的间歇泉会不断地将液体喷射至太空，随后凝结成薄雾状的小冰晶从天而降。NASA的卡西尼号航天器在土卫二的羽流中采集到了盐分，说明它的地下水分和地球上的海洋没有什么不同。如果土卫二上发展出了生命，那么这些生命很有可能是一种会随着喷泉水流被射入太空的微生物，正等着被飞过的航天器收集起来。木卫二冰盖下的含水量比地球上全部海水加起来还要多，这给生命提供了一个更为诱人的生存条件。木卫二的海洋似乎和下面的基岩直接接触，而且木星的引力场让它成为一颗被潮汐锁定的卫星，所以强烈的地质活动可以通过海底环境为火山喷发提供营养物质。在喷发出大量温暖的养分后，地球海底的火山附近形成了一个非常富饶的环境，这和古代孕育了生命的生态系统十分类似。既然如此，木卫二黑暗的海底世界中会不会已经孕育出了微生物，甚至是多细胞生物？

考虑到火星拥有地下水，而且曾经既温暖又湿润，火星以前似乎也出现过生命。既然火星用了几百万年才沦落为一片阴冷干旱的荒漠，

---

① 这就是所谓的“人择原理”。我们也可以将其扩充一下：我们无法知道物理学定律是不是出于适应生命的目的而被精准“微调”过，因为只有那些发展出了生命的宇宙才能被其中的生命观测到。

② 火星、土卫二、木卫三、木卫四、谷神星、土卫一、木卫二、土卫六、海卫一、冥王星。

那么在这段时间内，会不会有一小部分生命躲进了地下，或者干脆适应了新环境并幸存下来？这个问题目前仍没有确切答案。对火星生命我们只进行过两次探索，即1976年发射的两台海盗号火星探测器。当年，每台探测器都进行了四项天体生物学实验。最终三项实验都失败了，只有一项取得了成效。[①]探测器并没有检测到有机物（生命的重要组成部分）的存在，原因可能是环境中存在高氯酸盐（最近的火星探测任务中检测到了高浓度的高氯酸盐）。加热之后，高氯酸盐会和有机物发生反应，生成氯甲烷和二氯甲烷，这两种物质当年已被海盗号火星探测器成功检测到。综合来看，在被探测器检测到之前，这些有机物可能就已经被破坏了。科学家们曾做过一次实验，他们向阿塔卡马沙漠土壤（和火星土壤成分类似）中加入高氯酸盐，然后让海盗号火星探测器重复当年的任务，结果得到了和火星一样的检测结果。这样看来，火星上可能真的有生命存在？

就算海盗号火星探测器没有受到高氯酸盐的影响，其结果是准确的，我们也无法得出火星上根本没有生命的结论，因为这种归纳方式就像从美国得克萨斯州和俄罗斯西伯利亚各采了一捧土壤，然后就分析总结说地球上没有生命一样，禁不起推敲。实际上，人类对火星生命的搜寻工作还没有真正开始，而且每执行一次火星任务，我们都能发现更多埋藏在地下的“避难所”生态系统。此外，“避难所”似乎也不是火星上含有生命的必要条件，看看地球上生活在极端环境中的那些顽强生命你就明白了。当今地球上的某些细菌甚至有可能在火星地

① 四项科学实验分别为：（1）利用质谱仪寻找有机物；（2）利用色谱仪寻找氧气、二氧化碳和其他气体；（3）一个寻找碳固定反应的光合作用实验；（4）在营养物质中添加可追踪的碳14，寻找生命新陈代谢的痕迹。对于最后一项实验，第一次注射碳14时获得了阳性结果，但之后的每次注射都没有产生任何有效结果（由此可以推测，要么是因为第一次反应来自某种未知的化学反应，要么是因为这些生物一开始的确存在，但后来消失了）。

表环境中幸存下来，这一点尤其令人兴奋，因为在不断撞击的过程中，偶尔会有一些火星碎片被冲击力带到太空中，在地球上发现的众多陨石中就有 132 块来自火星。在这些陨石当中，会不会刚好有几颗携带火星生命，并把这些生命送到了远古时代的地球上？

生命可能会搭着各种顺风车在太空中广泛传播（所谓的“泛种论”），这种想法大大简化了生命的起源，因为生命仅需萌生一次，之后利用星际彗星在宇宙中四处传播便大功告成。难道人类真的起源于万古之前，起源于围绕着另一颗太阳旋转的另一颗行星？的确有这种可能，不过我们根本没必要用这种可能性来解释生命的起源。尽管我们并不会指望生命会突然之间从无到有，但也没证据表明生命是一种罕见的东西。有机分子和氨基酸是生命的基本组成部分，它们几乎无处不在，经常会随着各种陨石降落在地球上。而且氨基酸的合成也并不困难，就像 1952 年哈罗德·尤里和斯坦利·米勒在某次实验中所证明的那样，氨基酸会在带电环境中自发形成。当年，哈罗德·尤里和斯坦利·米勒在烧瓶中混入了水、甲烷、氨和氢，以模拟地球早期的“原始汤环境”。之后他们把这些混合物放到了用来模拟闪电的电火花当中。不到一周的时间，所有生命必需的氨基酸全部自发地出现了。

真正困难的部分是蛋白质的形成。蛋白质通常由成百上千个氨基酸组成，这个数字让它的结构尤为复杂。另外，这些氨基酸需要精确地折叠成错综复杂的三维结构，才能让蛋白质正常工作。从氨基酸转为蛋白质是一个重要的质变，天文学家弗雷德·霍伊尔[①]将这个过程形容为“龙卷风呼啸而过之后，垃圾场中的废品自发地组成了一架波音

① 弗雷德·霍伊尔提出了“大爆炸”一词，但他原本是想用这个词嘲讽大爆炸模型的。

747”。由此看来，蛋白质似乎不太可能突然之间凭空出现（这种可能性微乎其微），不过对于早期生命来说，如此大规模的蛋白质也并非必需品。只要满足能储存信息、能驱动化学反应来供能、能生育繁殖这几个条件，就能构成一个基础的生命形式。在人类细胞当中，DNA负责储存信息，蛋白质负责驱动化学反应。不过，我们的细胞还会利用一种被称为RNA（核糖核酸）的简单核酸体，在DNA和蛋白质之间充当短期信使。和DNA紧密排列的双螺旋结构不同，RNA是一条能够自发形成的单链，可以同时起到DNA和蛋白质的作用。事实上在某些原始生命（比如病毒）当中，RNA正是这样做的。因此我们可以设想，生命起源于能够自我复制的简单RNA，最终进化成能够执行复杂任务的DNA，并且拥有了生成蛋白质的能力。

在有机分子的繁殖过程中，可能会出现子孙后代逐渐变异的现象（突变），此时进化过程便可以通过自然选择完成。进化是自然界出现复杂生命体的唯一途径，它可以利用在几百万年（或几十亿年）间逐渐积累起来的微小变化，让量变形成质变。由于突变是随机的，有人就认为进化也是随机的，但事实恰恰相反。进化实际上是定向的，可以通过不断地试错找到生存下去的办法。在每一代生命当中，那些提高了生殖成功率的突变体拥有更强的传宗接代的能力，其他生命体则会被彻底抛弃（以死亡的形式）。设想一群以捕猎为生的动物，随机性的突变可能会给该物种的身体带来各种进化趋势，但只有最强壮的、奔跑速度最快的那一群体才能幸存下来。最终，整个种群将拥有更强健的肌肉、更简洁的身体线条，身体就好像是以奔跑为目的而精心设计出来的。进化会不断塑造地外生命，就像物理定律会塑造那些相隔甚远的行星、恒星、星系一样。

外星人长什么样？乍一听，好像应该和地球人有很大不同。设想一颗有一面始终朝着太阳的行星[①]，朝阳那一侧很热，而背阴那一侧很冷。如果这种行星上出现了生命，那么它们可能会分布在地平线的环带上。再设想一个像木星一样的气态巨行星，上面可能会出现一群在云层中游来游去的生物，还有一群飘浮着的细菌推动着整个生态系统的循环往复。在各种不同的环境压力和千变万化的生存条件下，自然选择无疑会产生一个绚烂多彩的生命万花筒。不过，这些生命的生物学功能可能没有什么太大区别，因为宇宙各处的物理定律都是一样的。虽然我们无法否认，生命会有不同的分子构造，比如用硅取代了碳，但我们有充足的化学证据能够解释为什么地球进化出了碳基生命，而不是硅基生命。和碳原子类似，硅原子也能和其他原子结合形成 4 个化学键，不过硅键比碳键更脆弱。尽管我们可以轻而易举地呼出二氧化碳以清理体内废物，但想要呼出一坨坨的二氧化硅固体块可就没那么容易了。

你有没有发现，所有的脊椎动物（比如鱼类、爬行动物、两栖动物、恐龙、鸟类、哺乳动物）都非常相似？尽管它们的形体、大小、颜色都大为不同，但都有头部、躯干、4 个附肢（比如手臂、大腿、翅膀、鱼鳍）、贯穿身体的消化道，以及左右对称的身体。这是因为所有的脊椎动物共享同一个祖先。大约在 5.4 亿年前，动物界主要由珊瑚、掘穴蠕虫、水母组成，除此之外几乎再无其他。后来，在“寒武纪生命大爆发”中突然（从地质学的角度来看）涌现出了让人眼花缭乱的生命形式，它们身上长着眼睛、大腿、鱼鳍，甚至是薄如羽片的鱼鳃。地球上第一次出现了以捕猎为生的、能够利用长有獠牙的颌骨把猎物撕个粉碎的食肉动物。地球上所有复杂动物的祖先都来自这个时期。

---

① 即“潮汐锁定”。潮汐锁定会造成卫星绕轴自转的周期和绕行星公转的周期有大约相同的时间，比如我们的月球。

1909 年，查尔斯 · 沃尔科特[①]在加拿大落基山脉发现了保存得最为完好的寒武纪化石。这种被称为“伯吉斯页岩”的化石不仅含有数目惊人的生物遗骸，而且保存良好：眼睛、生物组织，以及其他柔性部位的印痕清晰可见。第一次发现这种化石的时候，查尔斯 · 沃尔科特把它们和人类所知的生物进行了对比，试图将其归进某种已知的化石分类。但他最终发现，有很多奇怪的标本和当今所有已知生物都对不上。在很长一段时间内，大家都把这些化石当成是某种未曾见过的稀世珍宝。直到 20 世纪 60 年代科学家们开始全面研究这些化石给生命多样性所带来的重要意义，这个持续了半个世纪的尴尬局面才终于被打破。其实埋藏于这些化石中的某些生物，如今已经变得众所周知，比如三叶虫——早在恐龙时代，三叶虫就已经存在了，它们在海洋中漂荡了 2.7 亿年——但也有一些生物的容貌、特征实在过于离奇，科学界至今也不知道它们到底是什么。[②]

在这些奇怪的生物当中，有些长了 5 只眼睛，有些头上冒出了手臂，还有一些长出了像花一样的根茎，以便从古代海洋中汲取各种养分。此外，还有巨型食肉虾、长着大钳子的海蝎、长达几英尺的带刺蠕虫。很多动物的进化方向似乎只是一时兴起，根本没有留下任何后代。不过，在这些令人印象深刻的生物当中，还隐藏着一个小小的、毫不起眼的、长得跟鳗鱼似的皮卡虫，它是人类已知的最早拥有脊椎结构的生物，皮卡虫这种生物没有任何过人之处：它不是体型最大的

① 1916 年，查尔斯 · 沃尔科特为罗伯特 · 戈达德提供了他人生中第一笔火箭研究经费，所以查尔斯 · 沃尔科特也算是为人类的航天事业添了砖加了瓦。

② 面对种类如此丰富的生物标本，一位名叫西蒙 · 康威 · 莫里斯的调查员失声惊呼：“该死，这些生物该不会属于一个全新的‘门’吧！”“门”是生物分类中的一个术语，等级仅次于“界”。地球上一共有 34 门动物，其中你最熟悉的（哺乳动物、鸟、鱼、爬行动物）大概就是脊索动物门了。昆虫、蜘蛛、螃蟹属于节肢动物门。鱿鱼和蜗牛属于软体动物门。其余的 31 门动物尽管属于不同的生物门类，但看上去其实都是一些长得差不多的蠕虫。

生物，不是最强壮的生物，也不是数量最多的生物，然而整个种族却成为众多家喻户晓的动物的祖先，就连人类也和它们有着深厚的渊源。皮卡虫为什么进化得如此成功？这到底是个纯粹的意外，还是暗藏着什么深刻的原理？是什么让它们的身体构造优于其他生物？正如生物学家斯蒂芬·杰·古尔德所问："如果时间可以倒流，生物可以重新进化，我们还能得到同样的观测结果吗？"

利用这些问题的答案，我们可以猜想地外生命的种种。在生活环境类似的情况下，生命的进化路径是会随之相似，还是会塑造出一些前所未有的生命形式？目前我们还不知道答案，但我们可以肯定，一些关键的进化点对生物有着非常深远的影响。在众多器官当中，眼睛对地球生物进化的影响可能是最大的。眼睛这种感觉器官给予了动物狩猎、躲避天敌、搜寻食物的能力。没有感觉器官，你能做的事就只有漫无目的地乱逛，期待食物从天而降。眼睛有着各种各样的形式，比如许多微生物长有可以检测光的方向和强度的受体，而那些拥有聚焦能力的复杂眼睛，据科学家们估算，至少独立进化了 50 多次。虽然人也是一种视觉生物，但我们的眼睛绝非是最好的：夜行动物拥有更好的夜间视野，猛禽拥有更广阔的视域，甚至有些动物可以看到比人类丰富得多的颜色。[①]

地球上的动物之所以会进化出眼睛，是因为它们真的很实用。我们的太阳是一个巨大的核反应堆，每时每刻都在以光子的形式向太空中放出大量辐射。其中很多光子会传播到地球上，并在各种物质之间来回反射。"进化之神"偶然发现，这些光子中的能量会刺激到某些蛋白质，然后光信号就被转换成了电信号。而且这些蛋白质还可以吸

① 比如虾蛄有 12 种颜色受体，可以看到紫外光谱中的颜色（人类有三种颜色受体，狗有两种）。

收或反射不同波长的光，从而分辨不同的颜色。[1]考虑到大多数宜居星球都围绕着像太阳一样的恒星旋转，我们有理由认为，大多数复杂生命都会进化出眼睛。不过，恒星并非都长得一模一样。如果我们生活在昏暗的红矮星附近，那我们或许能够看到红外光谱。人类之所以可以看到地球上五颜六色的光线，是因为我们的感光器官是在地球上逐渐进化出来的，刚好可以分辨这些颜色。即便是在地球上，眼睛也有很多种类。比如新西兰大蜥蜴[2]的头上长有第三只眼，还有些动物的眼睛长在了奇怪的位置上。石鳖是一种海洋生物，它背上的壳布满了能够感光的“眼睛”。某些品种的管虫的眼睛长在摄食触角上。盒水母的 24 只眼睛分属于 4 个不同的类型，能够给它们提供 360 度的视野。

尽管我们已经发现地球上的生物种类是如此丰富多彩，并据此推测其他星球上的生命形式也会和地球一样让人眼花缭乱，但我们有充足的理由说明，其实智慧生物之间没有什么太大的不同。一方面，由于需要支撑着一颗较大的大脑，智慧生物的身体必须达到一定的尺寸才行。虽然昆虫是地球上进化得最为成功的生命之一，但它们却不大可能拥有高级智慧，因为它们的大小存在某种上限。昆虫通过皮肤上的小孔进行呼吸，考虑到动物体型越大，表面积和体积的比值就越低（表面积和尺寸的平方成正比，体积和尺寸的立方成正比），一个巨型昆虫会因为缺氧而死亡（昆虫尺寸增加一倍，其氧气摄入量就会相应

---

① 从某种意义上而言，物体的真实颜色和你看到的颜色正好“相反”，因为你看到的是反射光。比如，一个绿色的物体反射绿色的光，是因为它优先吸收绿色以外的光线。

② 虽然新西兰大蜥蜴长得像蜥蜴，但它们实际上源于一个比大多数恐龙还要早的独立谱系。

地减少一半）。[①] 不过人的肺部有数以百万计的肺泡，它们的表面积加在一起有网球场那么大，所以人类不存在昆虫所遇到的问题。另一方面，巨型昆虫在蜕皮时会需要更长的时间才能让外骨骼脱落，在此期间很容易被其他动物捕食（而且每次抛弃外骨骼都是对身体资源的极大浪费）。即便对于龙虾来说这都是一个难题，更别说为了获得智慧体积变得比龙虾还大很多的昆虫了。

身体构造又会如何呢？即便物种来自不同的进化方向，它们通常也都会汇聚于同一种进化方式。比如鱼类、哺乳动物、爬行动物听上去有很大不同，但鲨鱼、海豚、史前鱼龙分别以不同的进化方向得到了差不多的身体构造。在地球上，生命主要有两种对称方式：一种是两侧对称，即身体左右两部分呈现镜面对称（比如人类自己）；另一种是辐射对称，即围绕着中心点形成多个对称模块，比如海星。这些对称性非常有利于保持身体平衡，而且遗传密码也可以得到重复利用。所以我们几乎可以肯定，其他星球上的生命也会采用类似的进化方案。有一种说法是，如果进化可以重来，人类可以有五只眼睛、三只耳朵。可是，我们真的会选择这个进化方向吗？人体上有很多成对儿的东西，一方面是因为生物具有两侧对称性，另一方面是为了给身体提供一定的备份（失去了一只眼睛后，仍然可以用另一只眼睛看东西）。但是我们只有一颗心脏和一个胃，这是因为它们的创造成本很高，而且这些器官如果成对出现且同时工作，可能会把身体搞得一团糟。

由于生物体需要能量，所以它们都长着某种形式的胃和消化道，以及一个在体内输送养分和废料的循环系统。尽管某些动物的方式比

---

① 如今最大的昆虫是新西兰巨沙螽，它是一种和蟋蟀很像的怪物，身长足足有 8 英寸。不过在恐龙时代，地球上的氧气含量比今天高很多，各种巨型昆虫可以生活在当时的环境下，比如翼幅高达几英尺的巨大蜻蜓。

较另类——比如海星，为了进食它可以把胃吐出体外——但生命确实需要找到一种属于自己的进食方式。除此之外，生物体还需要在体内传递各种信号，所以中枢神经系统也是必不可少的。大多数感觉器官，比如耳朵和眼睛，都长在大脑附近，而且生长朝向非常有利于它们和世界互动。仔细想想这的确很有道理，因为只有长在高处，感觉器官才能发现机会，侦测危险；只有躲在层层包围之中，大脑的感觉系统才能得到很好的保护。综上所述，一个生命体必须拥有消化系统、循环系统、神经系统、眼睛和耳朵，以及一个位于颈部之上、被头骨保护着的大脑。

智慧物种会通过互相交流来协同行动或交换信息，而声波是一种较为便捷的交流方式。通过音高的变化，我们可以在没有视野的情况下传递各种信息。无论是在大海中还是在陆地上，生物的发声方式都经历了很多次的更新迭代。鲸鱼是发声生物中的佼佼者，它的歌声可以传播上千英里，位于地球各地的鲸鱼都可以利用这种歌声进行“口头”交流。狩猎者往往比猎物拥有更高的智力，因为前者必须规划出复杂的战术才能挣口饭吃。对于狼、海豚、虎鲸、黑猩猩这些依靠协同行动来合作捕猎的物种来说，这一点尤为明显。[①] 面对一头猛犸象，一个势单力薄的人没有任何机会取胜，但一群人可以互相合作，分散它的注意力，引诱它走入陷阱，最终将其制服。如果没有共同的语言，这些都不可能实现。掌握了技术的复杂生物会倾向于使用附属物操纵工具。反过来，对工具的使用又会在该种群中掀起一阵“军备竞赛”，

① 考虑到狩猎者群体中更容易演化出智力，而农业也可以为一个文明提供必不可少的专业技能，那么外星人会不会是杂食动物？这种可能性很高。灵活的饮食和高等智力息息相关，因为杂食动物必须学会利用各种不同种类的食物。有很多智力卓群的动物都属于杂食动物，比如猪、熊、獾、负鼠、浣熊。黑猩猩是地球上第二聪明的物种，它们也是一群杂食的、会协同合作的猎手，就像人类一样。

使大脑的尺寸和复杂度更上一个台阶，而人类正是这样的一个物种。对于陆生动物来说，四条腿可以为两侧对称的身体提供强有力的支撑。不过，假如能够用两只脚站立起来，这些生命就可以腾出两只手来操纵工具。这样看来，我们脑海中外星生命的形象变得更加清晰了：他们身上长着脑袋、躯干、眼睛、耳朵、两条胳膊、两条大腿，有高级智力，能够说话，而且祖先是狩猎动物。

果真如此吗？章鱼是一种好奇心很强的动物，而且智力颇高。它们会使用工具，会把椰子壳套在身上以保护自己，还会扔石头把水族馆的玻璃给打碎。它们的“胳膊”可以操纵物体，经过训练之后甚至还能打开罐子。它们可以逃离迷宫，识别不同的图案和形状，有时还会自娱自乐，顽皮地把玩具扔进水流后再接住它们。章鱼们还可以凭借柔软的身体在狭小的缝隙中穿梭，以便从水箱中逃生，或者偷偷爬上渔船寻找食物。此外，我们还有充足的证据可以证明，生活在水族馆中的章鱼可以利用它们的狩猎技巧在夜幕中对鲨鱼进行伏击，然后吃掉它们。此外，章鱼还长了九个大脑、三个心脏，跟我们想象中的外星人一样怪异。

大概是发觉自己的身体不够强大，章鱼才进化出了智力，掌握了灵活的策略以便追捕猎物或躲避危险。由于缺乏锋利的牙齿作为武装，章鱼会先仔细打量对手的身材，然后再决定到底是该利用环境伪装自己，还是该效仿食肉动物发起猛攻，抑或该寻找掩体保护自己，甚至干脆喷出一团墨汁然后逃之夭夭。虽然和蜗牛、鼻涕虫同属一科，但章鱼显然代表了地球上某种独一无二的进化路线。我们可以大胆想象，在一个水生的外星世界当中，一群八腕目生命可能已经掌握了合作捕猎的技巧，并在水下建立了新的文明。

事实上，我们可能根本无法预测外星生命到底会是什么样子。尽管地球上各式各样的生物给我们提供了一些线索，让我们可以推测外星生命的某些属性，但除非我们可以和它们面对面坐下来交谈，否则一切都是凭空想象。我们可以确定的是，无论它们长什么样，无论它们住在哪里，最终都要遵守同样的物理定律，都要经历几十亿年的演变才能进化成智慧物种。我们是一连串历史事件的最终产物，它们也必将如此。不过，不要以为智力是进化过程的最终目标。从最底层的细菌到食物链顶端的人类，地球上每个生物都处于令人难以置信的进化链条的尾部。由此可见，人类能够幸存至今的概率真是像中了宇宙头彩一样。不过别忘了，流感病毒也活到了现在。平均来说，历史上每 1000 个物种中只能有一种留存至今。曾经至少有 10 个不同的人属生物生活在地球上①，但只有我们活到了今天。

对于地球上的生物来说，较大的大脑几乎不会带来更好的生物适应度。大多数物种把力气花在了更大的牙齿、更大的爪子或更大的生殖器官上面。尽管某些动物表现出了相当的智力，但人类这种能够发展出科学技术的高级智力就像孔雀开屏一样，是一种非常罕见的现象。当年雨林正在不断被草原取代，而我们生活在非洲的祖先可能正是为了适应这种气候变化才逐渐进化出了智力。之后为了能够长距离行走，寻找更多的食物，能够制定更为复杂的捕猎策略，人类又被迫进化出直立行走的能力。面对瞬息万变的生存环境，大多数生物都没能存活至今，就连人类也曾差点儿翻船。为了适应环境，我们的大脑不断进化，终于掌握了制定独特策略、发明特殊工具的能力。所以，人类种族的不断优化不是为了解决某个特定的挑战，而是为了能够战胜所有的挑战。人类变成了万能的全才，而那些地外生命可能也是如此。

---

① 科学界公认的几种主要人属生物为：先驱人、直立人、匠人、佛罗勒斯人、能人、海德堡人、尼安德特人、罗德西亚人、鲁道夫人、智人（我们自己）。

智力的出现是否必然会带来先进的科学技术？在长达数百万年的时间里，石器都是世界上最先进的工具。可是有很多同为人属的生命没能发展出石器技术，因此没能熬过这段时期，整个文明就这样轻易地灭亡了。对于出现在其他世界的高级文明来说，那里的物种也必须设法熬过漫长的探索发现时期，找到养活大量人口的办法，而这正是生命追求艺术、发展工业、实施行政管理的前提。之后他们还要掌握存储、分享信息的能力，还要发明科学、数学、工程学来制造机器、驱动能量、创造载具、运输货物。他们既有好奇心又有创造力。之后他们还会凝视夜空，试图了解自己在宇宙中的位置，还会在太空中寻求更多的资源和机会，将自己的文明发扬光大。和人类一样，他们也是天生的冒险家。

那么，这些外星生命在宇宙中到底有多少呢？宇宙中可能早就挤满了高级文明，只是我们没发现；不过也可能只有人类自己。但是放眼整个历史，哥白尼原则始终颠扑不破。[①] 曾经我们以为地球就是一切，后来我们发现，地球不仅不是宇宙的中心，也不是银河系的中心，甚至都不是太阳系的中心。考虑到我们不知道宇宙中高级文明的数量到底是多如牛毛还是屈指可数，我们可以做出这样一种假设：人类在宇宙中并没什么特别之处，我们的环境也并非独一无二，因此我们并不孤单。即便是德雷克公式给出的较为保守的答案，也意味着银河系内最终会出现至少 50 种文明。当然，这些文明不会立刻就发展起来。由于进化过程通常需要几十亿年，而科学技术的发展只需要几千年，所以有些文明可能在技术上遥遥领先于人类，还有些文明已经被人类远远甩在了后面，甚至还有些文明尚未问世。

---

① 哥白尼原则假定地球在宇宙中并非处于特殊地位。

如果是第一种情况，那我们将很难发现他们的存在，因为他们较为先进的交流方式无法被人类识别。不过，如果他们的好奇心比较强，那么可能会保留了一些陈旧的无线电探测器，以防有朝一日出现像人类一样较为原始的文明，开始朝着深空不断地发射信号。由于人类的信号微弱得可怜，他们不得不使用非常先进的射电望远镜才能侦测到我们，不过这对于一个高级物种来说应该不成难题。[①] 当然，他们也可能相距太远，以至于还没发现我们。尽管人类的广播信号已经在太空中飘荡了大约一个世纪，但这段时间对于银河系来说只是一眨眼的工夫。就像气泡一样，我们的传输范围在太空中形成了一个颇具规模的区域，囊括了 500 多颗恒星——不过对于太空来说这片区域实在太小，还不到银河系的 0.0001%。如果前文提到的 50 个文明在银河系当中等距分布，那么离地球最近的文明也有几千光年之远。这意味着在相当长的一段时间内，地外文明无法接收到我们的信号。即便困难重重，某些文明也有可能已经听到地球人的声音。如果给他们足够的时间，他们或许会下定决心调查这个声音的来源。

很难想象人类和地外生命相遇时的场景会是什么样。面对地外生命，每个人、每个文化的态度都不尽相同：有人敌视，有人猜疑，有人合作，有人同情，还有人将其视为人类的榜样。[②] 纵观人类史，我们在初次接触其他较为原始的文明时表现得并不怎么友好。不过，考虑到高级智慧生命在发展科技的过程中肯定会遇到很多足以毁灭整个文明的雷区，而他们显然已经成功跨越了这一障碍，所以他们可能早就摆脱了随意消灭原始文明的冲动。这可能是费米悖论一个

---

① 人类无线电信号衰减的速度非常快，因此我们很难在一光年之外检测到自己发出的信号。

② 科幻小说中，几乎每个种族都有着固定的刻板印象。比如在《星际迷航》里，瓦肯人逻辑卓群，克林贡人残暴不仁，贝塔索人多愁善感，佛瑞吉人爱钱如命。可是没有任何人类只具备其中一个特点，由此我们可以推测，外星人的性格应该也是多种多样的。

较为合理的答案。也许外星人之所以没被人类发现，是因为他们没理由被发现。在高级智慧生命看来，我们只不过是手无寸铁没有任何威胁的低级生命，也没什么值得学习的科学技术，他们又有什么理由对人类文明动手呢？[①] 也许最终只有那些足够开明的、可以长期生存下去的物种才有资格参加星际联盟，成为太空议会的一员。祝人类好运吧。

① 这种试图解释费米悖论的理论被称为“动物园假说”。《星际迷航》中，“最高指导原则”是星际联盟（地球也是其中一员）的最根本原则。

第 25 章　终极目的地

如今，人类已经来到宇宙历史的十字路口。经历了几十亿年的物种进化，几千年的科技发展，我们终于拥有了离开地球、移民太空的能力。1964 年，天文学家尼古拉·卡尔达肖夫提出了“卡尔达肖夫指数”的概念，把宇宙文明分成三个等级：I 型文明可以利用其母星的全部能量，II 型文明可以利用其所属恒星[①]的全部能量，而 III 型文明可以利用其所属星系的全部能量。按照这种分类方式，人类文明目前的等级大约为 0.7。如果能够保持现有的发展速度，那么人类可以在一两个世纪内达到等级 I。当然这并不容易，这意味着我们需要全面完成从化石能源到可再生能源，或者核聚变能源的过渡，从而在根本上改变能源的使用方式。而且这个世界潜在的破坏力正变得越来越强，我们必须想办法生存下去，这也是一个很大的挑战。正如《星际迷航》中斯波克所言：“从宇宙历史来看，摧毁总是比创造更容易。”

---

① 我们可以在恒星周围建设一个用来提取能量的巨型“戴森球”来实现这一目标。这个概念由弗里曼·戴森于 1960 年提出，并以他的名字命名。有时天文学家会认为自己已经在太空深处发现了戴森球，可至今没有一个戴森球被科学界公认。

宇宙中可能到处散落着那些没能完成等级进化的文明的遗迹。如果人类也失败了，外星考古学家会不会在未来的某一天来到地球，寻找早已消亡多年的人类留下来的遗物？地球上会不会演化出另一种智慧生物，试图完成人类未竟的事业？即便人类没有在某次灾难事件中灭亡，我们也无法保证文明的持续发展。历史中有很多文明和科技一起倒退的例子。比如在拥有很多已经失传千余年的知识的古典时代，中国航海家曾航行至印度洋，并探索了部分非洲海岸，可下一任皇帝登基后便将这些船只和航海记录一并烧毁。在伊斯兰黄金时代，巴格达是全球的学术中心，可是几个世纪以后图书馆被焚毁，平民被屠杀，整个城市陷入一片废墟。甚至很多太空计划也在 20 世纪 60 年代之后被相继取消，土星 5 号登月火箭也被拆得七零八碎，就连设计蓝图都被毁了。如今想要重建一枚土星 5 号简直是天方夜谭。

不过，这些文明的倒退都不是永久性的。我们无法估测一个遍布整个星球的文明崩溃的概率有多大，因为人类文明是唯一的实例。人类会不会正面临一个十万火急的时间节点，以至于必须马上移民太空才能逃离灭顶之灾？还是说，我们的时间并不紧迫，可以再等一等？面对太空探险，人类会不会逐渐变得自我封闭，麻木颓废，甚至沉迷享乐？我们的社会会不会被假新闻和伪科学充斥？在美国，占星师的数量比天文学家的数量还多，而且有 1/4 的群众根本不知道这二者之间有何区别。后来有一段时间，TLC 频道[①]居然播放了大量以外星人绑架和直播抓鬼为主题的“纪录片”，也难怪社会各个阶层的人都分不清科学和伪科学了。如今，大多数人的信息都是从社交媒体上那些“传声筒”接收而来的，所以想要分清真实和虚假比以往更难了。

---

① TLC 频道最初由 NASA 和美国教育部共同创立，通过卫星在全球范围内免费播送。现在 TLC 已经被私有化，它再也不用假装自己的节目充满教育性了。

另外，虽然人类总喜欢预言文明的毁灭，但数据表明，我们的世界其实正在变得越来越好：贫困率锐减，识字率飙升，犯罪率下降，寿命在延长，战争在消失。即使是居住在美国、中国、俄罗斯乃至叙利亚等国的最危险城市中，其安全性也要比当一个史前的狩猎采集者高上几百倍。我们的大脑会对坏消息做出较为夸张的反应，而且每天都会被各种以枪击、饥荒、地震、坠机等内容为头条的新闻狂轰滥炸。事实上，每天成功降落的飞机有几千架，可这些却从来没上过报道。虽然很多人都不懂科学，但科学从业者的数量比以往任何时期都要多。即便是在古雅典的鼎盛时期，学者的数量也不超 1000 名。现在我们有数以百万计致力于改善世界的科学家和工程师，而且每个人都能获得丰厚的薪水回报。2009 年猪流感暴发时，科学家们在一天之内就成功完成了基因测序，短短几个月的时间里就有相关疫苗问世。凭借着绿色的新发明和可持续发展相关技术的提升，人类或许有能力解决气候变化问题。此外，可再生能源技术也一直在突飞猛进。在光照最强的时间段，加利福尼亚州的电能有一半以上都来自太阳能。尽管这些好消息不是我们沾沾自喜的理由，但它们的确暗示着我们会有一个较为光明的未来。

我们不知道人类是不是宇宙中唯一的智慧生命。如果是，那我们就有了更充分的理由把智慧之光传播到宇宙各处。一旦我们成功扩张到其他世界，那人类必定会分化为不同的物种。因此，就算宇宙中真的没有地外生命，《星际迷航》中的星际联盟（每个外星种族都略有不同，但隐约又有相似之处）也会成为现实。只不过与会人员都起源于人类。物种分化可以源于有目的的基因操控（也许是为了让移民能够更好地适应当地环境），也可以源于某种特定的选择过程。虽然自然选择带来的物种变化一直都是地球生命进化的主要来源，但并不是唯一的方式。比如在历史上，仅仅凭借着对优良属性的筛选，人类就成功地让狗和其他人工驯养物种的形成速度提升了1000多倍。

在火星等引力较弱的星球上，我们可以长出更轻的骨头，因此可以更节省能量；在充满辐射的世界中，我们可以利用基因工程进化出耐辐射性。我们还可以通过研究阿尔卑斯山脉种族的高山耐受性等方式，适应不同的大气和气压。自然的种族分化较为缓慢，通常需要几千年的时间，这部分是因为人们可以利用复杂的技术，削弱具有某种特征的群体的“生存优势”。一万年以前，视力不佳是一个灾难性的特征，这样的群体拥有更短的寿命，交配繁殖的概率也比较低。今天，随处可见的框架眼镜和隐形眼镜让视力差异不再那么重要，我们再也无法通过视力高低判断一个人寿命的长短。然而，即便没有生存压力的影响，生活在宇宙各地的人类也会逐渐分化开来，许多人可能会为了适应新家而逐渐改变自己。

比如，人类的寿命很有可能会被延长。更长的寿命对于个体来说显然是一种优势，对群体效率来说也是一种提升。为了养育后代，我们投入了大量的公共资源，所以让他们尽可能久地保存自己学会的社会技能非常合乎逻辑。尽管衰老已经被深深刻进我们的基因，但仍然有许多细胞具有再生能力，因此从根本上来讲永生并不存在障碍。由于从受精卵开始我们的身体就在不断生成更多的细胞，我们理应具有无限繁殖细胞的能力，可现实是我们无法做到这一点，这其实非常奇怪。像鼹鼠、鳄鱼、蛤、龙虾等动物，一辈子都不会出现衰老迹象。2017年，人们捕到了一条长寿的格陵兰睡鲨，其年龄据估高达512岁，它出生时哥伦布大概刚刚航行至美洲。虽然人类有限的寿命只是自然选择的结果，但这似乎并不能让人类长远地繁衍下去。目前人类在细胞层面的研究已经取得一些进展：通过调节小鼠身上的某些基因，我们可以控制它们衰老的速度。未来的某一天，我们或许真的能够把永生的代码植入人类的细胞。

实现永生的另一个办法就是跳出生物学的束缚，比如，我们可以把意识上传到计算机中。人类已经研发出基本的脑机接口技术，例如人工耳蜗，它可以把声波信号转换为神经信号，让听力障碍人士听到声音。又如 2014 年的世界杯，当时一位瘫痪人士依靠神经接口技术开出了第一个球。在高级神经接口的帮助下，我们可以一边躺在沙发上，一边在雨林中度假，聆听鹦鹉的歌声，感受阳光的温暖。也许我们很快就能以让神经或大脑直接控制人造肢体的方式治愈感统失调、肌肉失调等疾病。目前，科学家们已经能够将人造记忆植入小鼠体内，也可以把两只小鼠的记忆互换。如果我们可以把这类技术拓展一下，是不是就可以把记忆上传到云端服务器上？甚至上传思想，上传性格？在计算机上用数据重建人物以后，我们就可以和去世多年的家属团聚，也可以和历史名人谈笑风生。

考虑到我们根本不知道意识是如何工作的，把意识全部上传至计算机将是一项尤为困难的任务。不过，“你”其实就是你的大脑。如果我们每次向计算机输入一个神经元的数据，最终把 1000 亿神经元的数据全部上传，并把它们连接起来，那似乎有可能把整个意识都转移到计算机中。从肉体的束缚中解脱出来以后，你甚至能够以光速运动。忘记《星际迷航》中闪闪发光的身体传送器吧！如果神经元数据真的可以被提取出来，那么未来我们就可以把意识以光束的形式射向整个星系。你还可以把意识上传到机器人中，这样我们就可以免受极端温度或压强的影响，轻松惬意地探索那些地狱般的太空世界，比如金星。你还可以快速穿过气态巨行星上的云朵，亲手触摸位于鹰状星云的创生之柱。你甚至可以把身体缩小到细胞水平，畅游整个人体循环系统。

即便抛弃肉体，我们也能体验人类目前全部的感官刺激，甚至会发现某些未知的新刺激。你可能都不知道自己已经身处计算机中。

或许，人类早就生活在虚拟世界当中了？整个宇宙会不会只是一段程序，运行在文明高度发达的外星人的电脑上？这绝对有可能。人类一直在创造各种各样的模拟，而那些科技领先我们数亿年的外星人肯定比人类做得更好。一旦具有了创造虚拟宇宙的能力，你就能利用同样的技术创造几百万个。这可能会导致一个宇宙套娃，大宇宙中有小宇宙，小宇宙中还有更小的宇宙，就这样一直模拟下去。这意味着，虚拟宇宙的数量应该会远高于真实宇宙的数量。因此，从概率上来说，我们所处的宇宙更有可能是虚拟的，而不是真实的。外星人甚至没必要模拟整个宇宙，只要模拟人类身边的环境，再在遥远的地方提供一个虚假的银河系背景就够了。我们的身体和大脑可能是虚拟的，接收的感官刺激可能也是虚拟的。这是费米悖论的“软件版本”。之所以高级文明没有对人类进行模拟，要么是因为宇宙中还没有哪个文明发展到了这个阶段，要么是因为他们出于某种原因不愿意进行模拟。又或者，我们已经活在模拟当中了？

的确，我们的世界实在太真实了，看上去不像是虚拟的。拂过脸庞的微风、拍到沙滩上的海浪、清晨咖啡散发出的香气，每一样都是如此的真切。也许就像《黑客帝国》一样，生命体需要某些特殊的细节才会认为自己身处真实世界？不过，考虑到大脑意识只不过是对电信号的解读，我们似乎不太可能分辨出现实和虚拟的差异。而且既然我们从一开始就在虚拟当中，从来没有体验过“真实”，我们根本不会知道“真实”是个什么东西。辨别虚拟和现实的唯一方法就是在程序中找到漏洞，比如找到物理定律的不协调之处。事实上，我们掌握的物理定律的确很可疑。重力、电磁力以及各种核力，都由某些特定的物理常数所限制。恒星、行星、生命（当然也包括人类）都依赖于这些常数。调大或调小其中任意一个常数，所有的存在会瞬间崩溃。不过这并不意味着宇宙是被预先设计好的。宇宙之外可能还有很多平行宇宙，我们之所以恰好生存于此，是因为它是唯一能够支持人类生存的世界。或许某些未知原因导致了物理定律只能是这样。

未来到底会是什么样子？如果说人类真的从历史当中学到了某种教训，那我们就一定会明白，即便可以做出较为合理的推测，真正的未来也会和设想中的大为不同。就像“克拉克三大定律”第三条所指出的那样，任何非常先进的技术，初看都与魔法无异。① 飞机对于我们来说已是平常（甚至是平凡）事物，不过对于生活在遥远年代的祖先来说却是一个难以理解的存在。原本奇妙无比的飞行如今成为人类日常出行的交通工具，其实是一件有些悲哀的事情。要知道，在古希腊人的眼中只有神族才能完成这样的壮举。我们已经习惯于把惊奇之物视为寻常，认为只有全新事物才能让人眼前一亮。这或许意味着长生不老，以及利用长生不老变得全知全能，对人类来说其实是一个诅咒。哦！人类啊，请变回一个天生好奇、勇于质疑的孩子，再一次徜徉在那片充满未知事物的海洋吧！

不过宇宙实在是太大了，而且还在不断扩张，可以确保人类永远都有解不完的难题。考虑到没有任何人——甚至包括那些未曾谋面的外星人——能够抵达宇宙的边界，人类总会有一些新东西要学习，总有一些新的奇迹去创造。

有朝一日，我们会不会失去探索的激情，成天舒舒服服地待在家

① 克拉克三大定律：（1）如果一个年高德劭的杰出科学家说某件事情是可能的，那他几乎就是正确的；但如果他说某件事情是不可能的，那他很可能是错误的；（2）突破可能性界限的唯一方法，就是跨越这个界限，从可能跑到不可能中去；（3）任何非常先进的技术，初看都与魔法无异。

里？在智能手机、3D 电影、社交媒体等主流文化的影响下，我们会不会变得和《时空大挪移》中生活在地表的埃洛伊族一样，过着单调而又安定的生活？如果我们能够牢记生命中带点儿不适、带点儿冒险其实是一件好事，那么这个问题的答案就是否定的。毕竟生命是单向流失的，最终所有人都会死去。面对这个可怕的事实，以放弃追求为代价去寻求绝对的安全无疑是一笔赔本买卖。人类值得冒着各种各样的危险去探索发现，因为这给我们的生命带来意义。

经历了数十亿年的漫长进化之后，我们终于准备好离开地球，亲眼看一看更为广阔的宇宙。如果我们接受这一挑战，那么毫无疑问，这将成为人类历史上做过的最为重要的决定之一。相比之下，如果你生活在几个世纪以前并且想要环游世界，那么你将会踏上一艘摇摇晃晃的帆船，在狭窄、阴暗、潮湿的角落里待上好几个月。其间，你可能根本没机会登上甲板去呼吸新鲜空气。一路上你还会面临各种各样的危险：海盗、战争、风暴、沉船、营养不良以及疾病。即便是在那些拥有翔实路线图的航行中，这些危险也是家常便饭。而那些驶向未知世界的船只则面临着更为凶险的命运，很多人因此成为一去不返的壮士。面对种种风险，我们的祖先选择了勇往直前，并因此繁盛发展。

如今我们面临的挑战跟以前一样艰巨，所带来的意义也和以前同等重要。突破边界是拓展人类视野的最佳途径，也是让人类在共同目的面前团结起来的最佳口号。我们会不会对这种口号置若罔闻，并放弃对宇宙的探索？我不这么认为。毕竟，人类从不缺少敢于冒险的勇士。

后　记

2015年6月28日，星期日。这一天，大多数位于加利福尼亚州霍桑市的SpaceX员工放弃了周末休息时间，前来观看计划派往国际空间站的“龙飞船”的发射过程（我们经常这么干，即便是休息日也不例外）。通常来说，发射时间视轨道状况而定（必须将火箭发射至轨道的正确位置），而这次刚好是在清晨，来的人也比往常要多，因为每个人都想亲眼见证火箭助推器的首次回收。虽然以前的回收任务每次都只差一点点就成功了，但我们会从每次失败中吸取教训，试图纠正所有的错误。为了能够一起观看这次发射，我的朋友不仅带上了他3岁的儿子，甚至把一个由他代为照看的孩子也带上了。每个人都充满期待，每个人都激动万分。

我们当中有些人围在楼上的计算机旁，等待着数据的传入。5、4、3、2、1……第一级火箭点火了！在150万磅的推力下，猎鹰9号直入云霄。

遥感勘测数据正常，一切进展顺利。不过，就在火箭成功飞行 139 秒后，我看到监测器的画面上突然出现了一道闪光，并冒出了滚滚浓烟，之后火箭就消失了。

通常来讲，当火箭进入高层大气时，发动机尾部会向稀薄的空气中喷射蘑菇云，产生大量烟雾。如果你是第一次看到这种现象，并且观察得足够仔细，那么你可能会被吓一大跳，尤其是在晚上，因为火箭尾气会发出耀眼的光芒，周边的烟雾也在暗暗发光。有那么几秒钟，我以为我看到的就是这种正常现象。我想，没准儿只是因为摄像头在烟雾上停留的时间比往常稍微长了一点儿。然后我们隐隐意识到发生了什么，那种感觉很可怕，让人恨不得想把时光倒流回去。“我们搞砸了。”我的朋友难以置信地说道。那些观看火箭发射的孩子还太小，不知道到底发生了什么。不过从大人脸上的表情中，他们也察觉到了事情不太对。这时我的朋友突然跳了起来：“走，去吃冰激凌吧！”然后就带着孩子们来了一次说走就走的迪士尼之旅。事实证明，在消除火箭发射失利给儿童带来的负面影响这件事上，主题公园发挥了奇效。

其他人则开始以极其冷静的态度和非常专业的方式对数据进行梳理分析。任何可疑的数据都会被标记出来，不断添加进事故疑似原因的清单当中；任何能够导致事故发生的因素都会被仔细调查，追踪来源。在经过彻底的调查之后，我们终于找到了事故原因，并采取了相应的预防措施。仅仅 6 个月以后，也就是 2015 年 12 月 21 日，猎鹰 9 号就做好了再一次发射升空的准备。

这次发射任务不仅取得了圆满成功，而且在历史上首次成功完成了火箭助推器回收任务。如今，在经历了几十次飞行任务之后，回收助推器不再是昙花一现的成就，而是变成了常规项目。2017 年 3 月 30 日，一枚之前被回收的火箭再次发射升空，并再次成功回收。可重复利用的火箭代表一项技术革命，承载着人们对踏足更为广袤的太空的期望。不过，除非能够突破极限，否则我们很难再取得与火箭回收类似的重大进展。如果我们没有隔三岔五地打破常规，那就说明我们还不够努力，没有使出全力。

如果我们过分聚焦于如何避免失败，那就意味着我们没有投入足够的精力取得成功。当然，这并不是说我们应当鲁莽行事；恰恰相反，这意味着我们应当在可承受的风险之内逐渐突破技术壁垒。如果说我们真的从人类探险史中得到了某些教训，那么最大的教训就是，人类只有在逼迫自己尝试那些前所未有的挑战时，才能创造出新奇的事物。如果我们的祖先不愿意冒险，那人类就会在东非大裂谷中被困至今，成为一个虽然有趣但微不足道的物种。但他们却是一群探索者，面对不可能完成的挑战，他们勇往直前，为自己和子孙创造了美好的未来。这一切证明，只要我们敢于尝试，就一定能够成就不可思议之事。

参考文献[①]

第 1 章

The human diaspora from Africa is somewhat murky because we have only fragmentary evidence for many specimens. For example, for *Homo antecessor*, one of the first post–*Homo erectus* species to leave Africa, we have incomplete fossils from only six individuals. Some authors suggest that *Homo antecessor* was in the direct lineage of both *Homo sapiens* and *Homo Neanderthalensis* (e.g., José-Maria Bermúdez de Castro et al., “A Hominid from the Lower Pleistocene of Atapuerca, Spain: Possible Ancestor to Neanderthals and Modern Humans,” *Science* 276, no. 5317 [1997]:1392–95), but others propose that *Homo antecessor* represents a dead-end branch (e.g., Richard Klein, “Chapter 3: Hominin Dispersals in the Old World,” in *The Human Past: World Prehistory and the Development*

① 本书涉及的范围十分广泛，作者参照了大量的文献资料，为保证准确性，方便读者检索，拓展知识深度，本部分内容原版呈现。——编者注

of Human Societies, second edition, edited by Chris Scarre, [London: Thames & Hudson, 2009], 84–123). Most archaeologists agree that *Homo heidelbergensis* was an ancestor of both modern humans in Africa as well as Neanderthals in Eurasia (Luigi Luca Cavalli-Sforza and Francesco Cavalli-Sforza, *The Great Human Diasporas,* translated by Sarah Thorne [New York: Perseus Books, 1996]). For the casual reader, the Smithsonian Museum of Natural History includes a good summary on its website (www.humanorigins.si.edu/evidence/human-fossils/species/).

The Toba supervolcano eruption seventy-five thousand years ago is well substantiated (e.g., Stanley Ambrose, "Late Pleistocene Human Population Bottlenecks, Volcanic Winter, and Differentiation of Modern Humans," *Journal of Human Evolution* 34, no. 6 [1998]: 623–51), but the suggestion that it created a human population bottleneck is disputed (e.g., Christine Lane et al., "Ash from the Toba Supereruption in Lake Malawi Shows No Volcanic Winter in East Africa at 75 ka," *Proceedings of the National Academy of Sciences* 110, no. 20 [2013]: 8025–29).

The emergence of modern humans in Africa is well documented (Chris-topher S. Henshilwood et al., "A 100,000-Year-Old Ochre-Processing Workshop at Blombos Cave, South Africa," *Science* 334, no. 6053 [2011]: 219–22), as is the fact that humans share significant portions of their DNA with Neanderthals (Kay Prüfer et al., "A High-Coverage Neandertal Genome from Vindija Cave in Croatia," *Science* 358, no. 6363 [2017]: 655–58). Discoveries of rock-and-mammoth-bone settlements at Dolní Vestonice are summarized in Gene Stuart, "Ice Age Hunters: Artists in Hidden Cages," *Mysteries of the Ancient World* (Washington, DC: National Geographic Society, 1979).

第 2 章

Jared Diamond's *Guns, Germs, and Steel* (New York: W. W. Norton, 1997) touches on the development of Aboriginal fishing communities. A summary of archeological evidence can be found on the Australian Department of the Environment and Energy's website (www.environment.gov.au/heritage/places/national/budj-bim/).

Thickness of the continental ice sheets is described in Richard Foster Flint's *Glacial and Quaternary Geology* (New York: John Wiley, 1971). A history of Inuit arrival from Asia and dispersal in North America can be found in *The Cambridge History of the Native Peoples of the Americas: Volume 1*, edited by Bruce G. Trigger and Wilcomb E. Washburn (Cambridge: Cambridge University Press, 1996). Competition between the Inuit and Vikings is vividly described by Jared Diamond in *Collapse: How Societies Choose to Fail or Succeed* (New York: Viking, 2006).

Estimates of the population of the Americas before European arrival range drastically—from less than ten million to more than a hundred million. Charles C. Mann convincingly argues that it was on the higher end of this range in *1491: New Revelations of the Americas Before Columbus* (New York: Knopf, 2005). The fact that syphilis was present in the Americas before European contact is documented in Bruce Rothschild et al., "First European Exposure to Syphilis: The Dominican Republic at the Time of Columbian Contact," *Clinical Infectious Diseases* 31, no. 4 (2000): 936–41.

第3章

DNA evidence and timelines for the peopling of Polynesia are recounted in Pontus Skoglund et al., "Genomic Insights into the Peopling of the Southwest Pacific," *Nature* 538 (2016): 510–13.

A fascinating account of Polynesian navigational methods, and on Tupaia's ability to recount details about islands that he'd never visited, can be found in Joan Druett's *The Remarkable Story of Captain Cook's Polynesian Navigator* (New

Jersey: Old Salt Press, 1987). For good summaries of Polynesian navigation, also see Jared Diamond's *Collapse: How Societies Choose to Fail or Succeed* (New York: Viking, 2006) and Geoffrey Irwin's *The Prehistoric Exploration and Colonization of the Pacific* (Cambridge: Cambridge University Press, 1992).

The linguistic connection between Polynesian islands and the encounter between Tupaia and the Maori are described in Michael King's *The Penguin History of New Zealand* (Auckland: Penguin Books, 2003).

Evidence of Polynesian southward ventures toward Antarctica is documented in Atholl Anderson and Gerard O'Regan, "To the Final Shore: Prehistoric Colonisation of the Subantarctic Islands in South Polynesia,"*Australian Archaeologist: Collected Papers in Honour of Jim Allen*, editedby Atholl Anderson and Tim Murray (Canberra: Coombs Academic Publishing, Australian National University, 2000), 440–54, and on the Australian Antarctic Division website (www.antarctica.gov.au/about-antarctica /history/stations/macquarie-island).

第4章

Archeological evidence for stone tools on Crete dating back 130,000 years is summarized in Andrew Lawler, "Neandertals, Stone Age People May Have Voyaged the Mediterranean," *Science*, online edition,http://dx.doi.org/10.1126/science.aat9795 (2018).

DNA evidence for mummified baboons brought back from Punt to Egypt was presented in a podium session by Nathaniel J. Dominy et al. at the 84th Annual Meeting of the American Association of Physical Anthropologists, titled "Mummified Baboons Clarify Ancient Red Sea Trade Routes," an abstract of which can be found in the AAPA Presentation Schedule, *American Journal of Physical Anthropology* 156 (2015): 122–23. The description of *The Tale of the Shipwrecked Sailor* is based on Vejas Gabriel Liulevicius's excellent lecture series *History's*

Greatest Voyages of Exploration, "Lecture 1: The Earliest Explorers," (Chantilly, VA: The Great Courses, 2015). The case for Egyptian forays into the African interior is convincingly argued by Paul Herrmann in *The Great Age of Discovery,* translated by Arnold J. Pomerans (New York: Harper, 1958; reprinted by Whitefish, MT: Kessinger, 2007). Evidence for the Egyptian-okapi connection can be found in Captain C. H. Stigand, "The Lost Forests of Africa," *Geographical Journal* 45 (London: The Royal Geographical Society, 1915), 513–20.

The voyages of Hanno the Navigator are based on a translated account with commentary by Jona Lendering, "Hanno the Navigator," Livius, https://www.livius.org/articles/person/hanno-1-the-navigator/ (last modi-fied April 21, 2019).

The description of the Great Library of Alexandria and the scientific contributions of Eratosthenes were inspired by Carl Sagan's masterpiece televised series (*Cosmos: A Personal Voyage*, episode 1, "The Shores of the Cosmic Ocean," aired September 28, 1980, on PBS) and accompanying book (*Cosmos* [New York: Random House, 2002]).

第5章

The assertion that the Persian Empire contained almost half the people in the world is based on Rein Taagepera, "Size and Duration of Empires: Growth-Decline Curves, 600 B.C. to 600 A.D.," *Social Science History* 3, no. 3/4 (1979): 115–38. The account of the emergence of Athens and the splendor of Greek culture were partly inspired by Eric Weiner's *The Geography of Genius: Lessons from the World's Most Creative Places*(New York: Simon & Schuster, 2016), along with Carl Sagan's *Cosmos* New York: Random House, 2002). Susan Wise Bauer's *The History of the Ancient World: From the Earliest Accounts to the Fall of Rome* (New York: W. W. Norton, 2007) was an indispensable reference for details. Also see Herodotus, translated by A. D. Godley, *The Persian Wars, Volume 1: Books 1–2*, book 117 in the

Loeb Classical Library series (Cambridge, MA: Harvard University Press, 1920).

For further reading on the travels of Alexander the Great, see Philip Freeman's wonderful account *Alexander the Great* (New York: Simon & Schuster, 2011). Details of Pytheas's travels is based on Barry Cunliffe's *The Extraordinary Voyage of Pytheas the Greek: The Man Who Discovered Britain*, revised edition (New York: Walker, 2002); a good summary and the tidbit about Britons asserting the Irish were cannibals are included in Vejas Gabriel Liulevicius's *History's Greatest Voyages of Exploration*, "Lecture 2: The Scientific Voyage of Pytheas the Greek" (Chantilly, VA: The Great Courses, 2015).

The account of the Roman Empire was inspired by Mary Beard's excellent book *SPQR: A History of Ancient Rome* (New York: Liveright, 2015). The description of Roman naval technological development, in particular the reverse-engineering of a Carthaginian vessel, is described in J. F. Lazenby's *The First Punic War: A Military History* (Stanford, CA: Stanford University Press, 1996). Roman trade with India and a comparison of the Roman pepper trade with Venetian and Portuguese imports are documented in G. V. Scammell's *The World Encompassed: The First European Maritime Empires c. 800– 1650* (Berkeley and Los Angeles: University of California Press, 1981).

The theory that Roman soldiers made their way to China following the Battle of Carrhae was suggested by H. H. Dubs, "A Roman City in Ancient China," *Greece and Rome* 4, no. 2 (1957): 139–48. The idea is fascinating (and somewhat plausible), yet any theory based on a convoluted chain of events so long ago should be approached with a great deal of skepticism. For more discussion, see Erling Hoh, "Lost Legion," *Far Eastern Economic Review* (January 14, 1999): 60–62.

第6章

For a vivid and surprisingly modern-sounding account of the people and technology of pre-Roman Northern Europe, see Julius Caesar's *The Gallic Wars*, translated by W. A. McDevitte and W. S. Bohn, hosted on the Massachusetts Institute of Technology's classics website (http://classics.mit.edu/Caesar/gallic.html); the naval battle with the Veneti is described in book 3, chapter 13.

Roman military forays into Ireland and the Irish role in preserving clas-sical works are described in Vittorio Di Martino's *Roman Ireland* (Doughcloyne, Ireland: The Collins Press, 2006) and Thomas Cahill's *How the Irish Saved Civilization: The Untold Story of Ireland's Heroic Role from the Fall of Rome to the Rise of Medieval Europe* (New York: Doubleday, 1995), respectively.

The account of Irish monks and the voyages of St. Brendan are based on T. C. Lethbridge's *Herdsmen and Hermits: Celtic Seafarers in the Northern Seas* (Cambridge: Bowes & Bowes, 1950) and Vejas Gabriel Liulevicius's *History's Greatest Voyages of Exploration*, "Lecture 3: St. Brendan: The Travels of an Irish Monk" (Chantilly, VA: The Great Courses, 2015). The assertion that Columbus sailed to the Americas with a map that showed an "Island of St. Brendan" is from *The Classical Tradition and the Americas*, edited by Wolfgang Haase and Reinhold Meyer (Berlin: Walter de Gruyter, 1993).

Description of Viking society and the origin of the word "berserk" were inspired by Liulevicius's "Lecture 5: Leif Eriksson the Lucky." Viking consumption of sauerkraut, onions, and radishes as a defense against scurvy is recounted in Paul Herrmann's *The Great Age of Discovery*, translated by Arnold J. Pomerans (New York: Harper, 1958; reprinted by Whitefish, MT: Kessinger, 2007). Evidence for Viking use of a polarized mineral to focus light on cloudy days is reviewed by Albert Le Floch et al., "The Sixteenth Century Alderney Crystal: A Calcite as an Efficient Reference Optical Compass?,"*Proceedings of the Royal Society A: Mathematical, Physical and Engineering Sciences* 469, no. 2153 (2013), https://doi.org/10.1098/rspa.2012.0651.

Descriptions of Viking lifestyle and expansion owes much to Jared Diamond's *Collapse: How Societies Choose to Fail or Succeed* (New York: Viking, 2006). Details of forays into North America draw on "The Saga of Erik the Red," translated by J. Sephton in 1880, Icelandic Saga Database, sagadb.org/eiriks_saga_rauda.en (accessed April 24, 2019). Evidence for butternut found in Newfoundland is presented in Birgitta Wallace, "The Norse in Newfoundland: L'Anse aux Meadows and Vinland," special issue, *New Early Modern Newfoundland: Part 2* 19, no. 1 (2003). The eleventh-century Norwegian penny is discussed in Patricia Sutherland, "The Norse and Native Norse Americans," *Vikings: The North Atlantic Saga*, edited by William F. Fitzhugh and Elizabeth Ward (Washington, DC: Smithsonian Books, 2000). Radiocarbon dating of Greenland Viking artifacts to as late as 1450 is asserted in Jette Arneborg et al., "Change of Diet of the Greenland Vikings Deter-mined from Stable Carbon Isotope Analysis and ^{14}C Dating of Their Bones," *Radiocarbon* 41, no. 2 (1999): 157–68.

第 7 章

The case for early contacts owes much to the arguments presented in Paul Herrmann's *The Great Age of Discovery*, translated by Arnold J. Pomerans (New York: Harper, 1958; reprinted by Whitefish, MT: Kessinger, 2007); however, significant new evidence has surfaced since that book was originally published, strengthening some of the book's arguments while weakening others. In particular, evidence for contact between Polynesia and North America based on the sweet potato seems to be accumulating, based on a number of sources, including Brian Switek, "DNA Shows How the Sweet Potato Crossed the Sea," *Nature News* (2013), http://dx.doi.org/10.1038/nature.2013.12257; Caroline Roullier et al., "Historical Collections Reveal Patterns of Diffusion of Sweet Potato in Oceania Obscured by Modern Plant Movements and Recombination,"*Proceedings of the National*

Academy of Sciences 110, no. 6 (2013): 2205–10; and Álvaro Montenegro et al., "Modeling the Prehistoric Arrival of the Sweet Potato in Polynesia," *Journal of Archaeological Science* 35, no. 2 (2008): 355–67.

Evidence for pre-Columbian contact based on coconut dispersal has also been recently strengthened by Luc Baudouin et al., "The Presence of Coco-nut in Southern Panama in Pre-Columbian Times: Clearing Up the Confu-sion," *Annals of Botany* 113, no. 1 (2014): 1–5, and John L. Sorenson and Carl L. Johannessen, "Scientific Evidence for Pre-Columbian Transoceanic Voyages," *Sino-Platonic Papers* 133 (2004).

The observations by Adelbert von Chamisso on South American naval technology are recounted in Isabel Ollivier's review of *A Voyage Around theWorld with the Romazov Exploring Expedition in the Years 1815–1818 in the Brig* Rurik in *Journal of the Polynesian Society* 98, no. 1 (1989): 97–99. Discussion on pre-Columbian South American voyages and raft design draw on Jeff Emanuel, "Crown Jewel of the Fleet: Design, Construction, and Use of the Seagoing Balsas of the Pre-Columbian Andean Coast," *Proceedings of the 13th International Symposium on Boats and Ship Archaeology* (October 2012) and Thor Heyerdahl and Arne Skjölsvold, "Archaeological Evidence of Pre-Spanish Visits to the Galápagos Islands," *Memoirs of the Society for American Archaeology* 12 (1956).

For more on canoe and tool design similarities, see José-Miguel Ramírez-Aliaga, "The Polynesian-Mapuche Connection: Soft and Hard Evidence and New Ideas," *Rapa Nui Journal* 24, no. 1 (2010): 29–33, and Terry L. Jones and Kathryn A. Klar, "Diffusionism Reconsidered: Linguistic and Archaeological Evidence for Prehistoric Polynesian Contact with Southern California," *American Antiquity* 70, no. 3 (2005): 457–84. Linguistic ties are outlined in Willem F. H. Adelaar with Pieter C. Muysken, "Genetic Relations of South American Indian Languages," *Languages of the Andes*, 41 (Cambridge: Cambridge University Press, 2004), and Simon

Greenhill et al., "Entries for KUMALA.1 [LO] Sweet Potato (Ipomoea),"*POLLEX-Online: The Polynesian Lexicon Project Online* (2010). The case for contact based on chicken DNA is described in Vicki A. Thompson et al., "Using Ancient DNA to Study the Origins and Dispersal of Ancestral Poly-nesian Chickens Across the Pacific," *Proceedings of the National Academy of Sciences* 111, no. 13 (2014): 4826–31.

The modern interpretation on the "white god" myth (originally recounted by Herrmann) was partly inspired by Camilla Townsend, "Burying the White Gods: New Perspectives on the Conquest of Mexico," *American Historical Review* 108, no. 3 (2003): 659–87.

第 8 章

The Portuguese forays into the Indian Ocean, along with King Manuel I's quip "It is not we who have discovered them, but they who have dis-covered us," is discussed in Anthony Pagden's *Peoples and Empires: A Short History of European Migration, Exploration, and Conquest, from Greece to the Present* (New York: Modern Library, 2001).

Details on the Majapahit Empire and Arabs sailors of the Indian Ocean are outlined in Bertold Spuler's *The Muslim World: A Historical Survey* (Brill Archive, 1981), and the embassy of Odoric of Pordenone is discussed in Georges Maspero's *The Champa Kingdom: The History of an Extinct Vietnamese Culture*, translated by E. J. Tips (Banglamung, Thailand: White Lotus Press, 2002).

The account of the travels of Ibn Battuta are based on Ross E. Dunn's *The Adventures of Ibn Battuta: A Msulim Traveler of the Fourteenth Century* (Berkeley and Los Angeles: University of California Press, 2005) and the excellent summary by Vejas Gabriel Liulevicius in *History's Greatest Voyages of Exploration*, "Lecture 7: Ibn Battuta: Never the Same Route Twice" (Chantilly, VA:

The Great Courses, 2015).

Vasco da Gama's journals from his voyage to India (*A Journal of the First Voyage of Vasco da Gama, 1497–1499,* translated by E. G. Ravenstein [New Delhi: Asian Educational Services, 1995]), are a fascinating read and include tidbits such as the fact that he brought along Jewish interpreters who tried to speak Arabic to sailors along the Swahili coast.

An analysis of the spice trade, including the relative competitiveness of Venice and Portugal and how salt and pepper came to stock our dinner tables appears in the excellent lecture series on culinary history by Ken Albala, *Food: A Cultural Culinary History* (Chantilly, VA: The Great Courses, 2013). The reference to Alaric the Goth demanding peppercorns is from *Black Pepper:* Piper nigrum, edited by P. N. Ravindram (Boca Raton, FL: CRC Press, 2000).

The discussion of Ottoman naval power and its challenge to Portuguese dominance of the Indian Ocean draws upon Giancarlo Casale's *The Ottoman Age of Exploration* (New York: Oxford University Press, 2010).

第9章

The role China played in the development of naval technology is described by Joseph Needham in *Science and Civilization in China*, volume 4, *Physics and Physical Technology* (Taipei: Caves Books, 1986), as well as by David Graff and Robin Higham in *A Military History of China* (Boulder, CO: Westview Press, 2002).

Description of the Mongol conquests and the role they played in diffusing technologies is based on the wonderful account by Jack Weatherford in *Genghis Khan and the Making of the Modern World* (New York: Crown, 2004). Recommended reading on the topic also includes S. Frederick Starr's *Lost Enlightenment: Central Asia's Golden Age from the Arab Conquest to Tamerlane* (Princeton, NJ: Princeton University Press, 2013), though the scope of this work is far broader.

The summary of Marco Polo's journey is based on Henry Hersch Hart's *Marco Polo, Venetian Adventurer* (Norman: University of Oklahoma Press, 1967), and also on Vejas Gabriel Liulevicius's *History's Greatest Voyages of Exploration*, "Lecture 6: Marco Polo and Sir John Mandeville" (Chantilly, VA: The Great Courses, 2015); he characterized Marco Polo as "the first modern secular humanist."

The contrast between China and Europe, and the fact that in 1400, Europe accounted for a mere 10 percent of the world's land surface and 15 percent of its population is based on Niall Ferguson's *Civilization: The West and the Rest* (New York: Penguin Books, 2012). Evidence for beer in ancient China is presented in Jiajing Wang et al., "Revealing a 5,000-Y-Old Beer Recipe in China," *Proceedings of the National Academy of Sciences* 113, no. 23 (2016): 6444–48.

Recommended readings on the voyages of Zheng He and the Chinese treasure fleets include Edward L. Dreyer's *Zheng He: China and the Oceans in the Early Ming, 1405–1433* (Old Tappan, NJ: Pearson Longman, 2006) and Louise Levathes's *When China Ruled the Seas: The Treasure Fleet of the Dragon Throne, 1405–1433* (New York: Oxford University Press, 1996).

第 10 章

The discussion on Portugal's founding and naming is based on Paul Herrmann's *The Great Age of Discovery*, translated by Arnold J. Pomerans (New York: Harper, 1958; reprinted by Whitefish, MT: Kessinger, 2007). Details on Henry the Navigator and the overseas expansion of Portugal draw on Bailey W. Diffie and George D. Winius's *Foundations of the Portuguese Empire, 1415–1580* (Minneapolis: University of Minnesota Press, 1977). The assertion that at least thirty shipwrecks occurred between 1790 and 1806 near Cape Bogador is found in Dean H. King's *Skeletons on the Zahara: A True Story of Survival* (New York: Little,

Brown, 2004).

The account of Vasco da Gama's voyage to India is based on his journals (*A Journal of the First Voyage of Vasco da Gama, 1497–1499,* translated by E. G. Ravenstein [New Delhi: Asian Educational Services, 1995]), Herrmann's *Great Age of Discovery*, and the excellent summary by Vejas Gabriel Liulevicius in *History's Greatest Voyages of Exploration*, "Lecture 8: Portugal's Great Leap Forward" (Chantilly, VA: The Great Courses, 2015).

Also recommended is John Jones's 1863 translation of *The Itinerary of Ludovico di Varthema of Bologna from 1502 to 1508* (New Delhi: Asian Educational Services, 1997), which gives a fascinating account of a European adventurer in Asia.

第 11 章

The summary of Columbus's life and travels draw on Paul Herrmann's *The Great Age of Discovery*, translated by Arnold J. Pomerans (New York: Harper, 1958; reprinted by Whitefish, MT: Kessinger, 2007) and Vejas Gabriel Liulevicius's *History's Greatest Voyages of Exploration* "Lecture 9: The Enigmatic Christopher Columbus" (Chantilly, VA: The Great Courses, 2015).

The discussion on the humanist efforts of Bartolomé de Las Casas and his contrast with Columbus was inspired by David M. Traboulay's *Columbus and Las Casas: The Conquest and Christianization of America, 1492–1566* (Lanham, MD: University Press of America, 1994).

Discussions on the state of Native American societies before European arrival and the conquests of the conquistadors draw from Jared Diamond's *Guns, Germs, and Steel* (New York: W. W. Norton, 1997) and Charles C. Mann's *1491: New Revelations of the Americas Before Columbus*(New York: Knopf, 2005). In *1491,* Mann convincingly argues for popula-tion estimates on the high side for Native

American societies (up to sixty million in Mexico) and suggests that twenty thousand people were sacrificed by the Aztecs every year. His *1493: Uncovering the New World Columbus Created* (New York: Knopf, 2011) is a fabulous investigation into the impacts of Columbus's voyages; this book supplied general intellectual fodder for "Plunder and Gold" and influenced other chapters, too.

第12章

The roles played by Amerigo Vespucci and Martin Waldseemüller in the naming of America are discussed in John Wilford's *The Mapmakers: The Story of the Great Pioneers in Cartography—from Antiquity to the Space Age*, revised edition, (New York: Knopf, 2000).

The summary of Magellan's voyage in this chapter draws mainly on Laurence Bergreen's gripping book *Over the Edge of the World: Magellan's Terrifying Circumnavigation of the Globe* (New York: William Morrow, 2003). A few details (e.g., the fact that many of Magellan's crew were scoured from prison) are from Paul Herrmann's *The Great Age of Discovery*, translated by Arnold J. Pomerans (New York: Harper, 1958; reprinted by Whitefish, MT: Kessinger, 2007). Vejas Gabriel Liulevicius's *History's Greatest Voyages of Exploration*, "Lecture 10: Magellan and the Advent of Globalization" (Chantilly, VA: The Great Courses, 2015) was also consulted.

For further reading on Spanish Manila and the Acapulco galleon route, see J. H. Parry's *The Spanish Seaborne Empire* (New York: Knopf, 1967) and Charles C. Mann's *1493: Uncovering the New World Columbus Created* (New York: Knopf, 2011).

第13章

The discussion in this chapter on the rise of Europe owes much to Niall

Ferguson's *Civilization: The West and the Rest* (New York: Penguin Books, 2012). The connection between the rise of Europe and exploration is examined (though mostly indirectly) in Anthony Pagden's *The Enlightenment: And Why It Still Matters* (New York: Random House, 2013). Angus Maddison's *Growth and Interaction in the World Economy: The Roots of Modernity* (Washington, DC: AEI Press, 2001) was also consulted for its description of the rise of European economic prosperity. Details on literacy rates and the influence of the printing press can be found in Robert Houston's *Literacy in Early Modern Europe: Culture and Education, 1500–1800*, second edition (Chicago: Addison-Wesley Longman, 1989) and Elizabeth L. Eisenstein's *The Printing Revolution in Early Modern Europe*, Canto Classics, second edition (Cambridge: Cambridge University Press, 2012).

For further reading on the rise of the Netherlands and its global fleet, see Jonathan Israel's *The Dutch Republic: Its Rise, Greatness and Fall, 1477–1806* (New York: Oxford University Press, 1995). The assertion that more than sixteen thousand Dutch ships plied the world's oceans by 1650 is made in Steven Mintz and Sara McNeil's "The Middle Colonies: New York," *Digital History* (http://www.digitalhistory.uh.edu/disp_textbook.cfm? smtID=2&psid=3586).

The discussion of the influence of Dutch New Amsterdam is based on Russell Shorto's excellent book *The Island at the Center of the World: The Epic Story of Dutch Manhattan and the Forgotten Colony That Shaped America* (New York: Vintage, 2005). Description of the contrast between the geographic expanse and economic prosperity of the French and English colonies was inspired by Niall Ferguson's *The Ascent of Money: A Financial History of the World* (New York: Penguin Books, 2008).

For further reading on free maroon societies in the Americas, a good starting point is Charles C. Mann's excellent account in *1493:Uncovering the New World Columbus Created* (New York: Knopf, 2011).

第 14 章

For further reading on Henry Hudson's voyage, see Doug Hunter's *God's Mercies: Rivalry, Betrayal, and the Dream of Discovery* (Toronto: Doubleday Canada, 2007). For more on Alexander Mackenzie's tracing of his eponymous river into the Arctic, see Barry Gough's *First Across the Continent: Sir Alexander Mackenzie* (Norman: University of Oklahoma Press, 1997).

The description of the Lewis and Clark expedition in this chapter draws heavily on Stephen E. Ambrose's masterpiece account of the Corps of Discovery, *Undaunted Courage: Meriwether Lewis, Thomas Jefferson, and the Opening of the American West* (New York: Simon & Schuster, 1997). Vejas Gabriel Liulevicius's *History's Greatest Voyages of Exploration*, "Lecture 16: Jefferson Dispatches Lewis and Clark" (Chantilly, VA: The Great Courses, 2015) was also consulted, contributing the tidbit about mammoths being considered as the US national animal in place of the bald eagle.

The summary of Russian expansion, and in particular the incredible voyage of Vitus Bering, was inspired by a reading of Orcutt Frost's *Bering: The Russian Discovery of America* (New Haven, CT: Yale University Press, 2003).

第 15 章

For further reading on John Harrison's method of computing longitude, see Dava Sobel's wonderful book *Longitude: The True Story of a Lone Genius Who Solved the Greatest Scientific Problem of His Time* (London: Walker, 1995). Brian Richardson's *Longitude and Empire: How Captain Cook's Voyages Changed the World* (Vancouver: University of British Columbia Press, 2005) expands on how the discovery of a method of computing longitude enabled Cook's voyages.

The descriptions of Captain Cook's voyages draw on Peter Aughton's *Endeavour: The Story of Captain Cook's First GreatEpic Voyage* (Glouchestershire,

UK: Windrush Press, 1999), Philip Edwards's *James Cook: The Journals* (London: Penguin Books, 2003), and Paul Herrmann's *The Great Age of Discovery*, translated by Arnold J. Pomerans (New York: Harper,1958; reprinted by Whitefish, MT: Kessinger, 2007).

The account of Alexander von Humboldt's travels was inspired by Andrea Wulf's *The Invention of Nature: Alexander von Humboldt's New World* (New York: Knopf, 2015). Humboldt's characterization of himself as a "universal citizen of humanity" is from Vejas Gabriel Liulevicius's *History's Greatest Voyages of Exploration*, "Lecture 15: Alexander von Humboldt: Explorer Genius" (Chantilly, VA: The Great Courses, 2015), although this was a common self-description at the time, as discussed in Anthony Pagden's *The Enlightenment: And Why It Still Matters* (New York: Random House, 2013). The brief summary of Ida Pfeiffer's travels is based on Liulevicius's "Lecture 18: Ida Pfeiffer: Victorian Extreme Traveler."

第16章

The description of Sir John Franklin's expedition in this chapter owes much to Owen Beattie and John Geiger's excellent book *Frozen in Time: The Fate of the Franklin Expedition* (London: Bloomsbury, 1987) and to a lesser extent Gillian Hutchinson's *Sir John Franklin's Erebus and Terror Expedition: Lost and Found* (London: Bloomsbury, 2017). The quote "I beg your pardon? I'm only fifty-nine," comes from Vejas Gabriel Liulevicius's summary in *History's Greatest Voyages of Exploration*, "Lecture 17: Sir John Franklin's Epic Disaster" (Chantilly, VA: The Great Courses, 2015).

For a gripping description of the arctic voyage of *Fram*, Fridtjof Nansen's personal account *Farthest North: The Incredible Three-Year Voyage to the Frozen Latitudes of the North*, which was originally published in 1897, is a great source (abridged edition; New York: Modern Library, 1999).

For further reading on Nobile's arctic airship expedition and the resulting crash and then rescue, see Wilbur Cross, *Disaster at the Pole: The Tragedy of the Airship* Italia *and the 1928 Nobile Expedition to the North Pole* (Lanham, MD: Lyons Press, 2000).

The description of the race for the South Pole in this chapter draws on Stephen R. Brown's *The Last Viking: The Life of Roald Amundsen* (Boston: Da Capo, 2012) and Roland Huntford's *Scott and Amundsen: The Last Place on Earth* (New York: Abacus, 2012). But perhaps no book on Antarctic exploration is so compelling as Alfred Lansing's epic recital of Shackleton's struggle for survival in *Endurance: Shackleton's Incredible Voyage*, second edition (New York: Carroll & Graf, 1999).

第 17 章

The summary of Amelia Earhart's life and aviation career in this chapter is based on Susan Butler's *East to the Dawn: The Life of Amelia Earhart* (Philadelphia: Da Capo, 2009) and Donald M. Goldstein and Katherine V. Dillon's *Amelia: The Centennial Biography of an Aviation Pioneer* (London: Brassey's, 1997).

Details on the search for Earhart and Noonan are mainly drawn from Randall Brink's *Lost Star: The Search for Amelia Earhart* (New York: W. W. Norton, 1994).

The International Group for Historic Aircraft Recovery has compiled evidence for various competing theories of what may have happened to Earhart and *Electra* A summary of hypotheses and supporting evidence can be found at "The Post-Loss Radio Signals," TIGHAR.org (https://tighar.org/Projects/Earhart/Overview/AEhypothesis.html).

第 18 章

This chapter's musings on how in engineering "know-how" often precedes "know-why," and also the trajectory of the Soviet and US Moon programs were greatly inspired by Professor David Mindell's course Engineering Apollo: The Moon Project as a Complex System, Massachusetts Institute of Technology, https://ocw.mit.edu/courses/sci-ence-technology-and-society/sts-471j-engineering- apollo-the-moon-project-as-a-complex-system-spring-2007/ (attended in 2006).

Other references consulted include Michael J. Neufeld's *Von Braun: Dreamer of Space, Engineer of War* (New York: Vintage Books, 2008), Annie Jacobsen's *Operation Paperclip: The Secret Intelligence Program That Brought Nazi Scientists to America* (New York: Little, Brown, 2014), and Andrew Chaikin's *A Man on the Moon: The Voyages of the Apollo Astronauts* (New York: Penguin Books, 2007).

第 19 章

For further reading on the robotic exploration of the solar system, see Chris Impey and Holly Henry's excellent book *Dreams of Other Worlds: The Amazing Story of Unmanned Space Exploration* (Princeton, NJ: Princeton University Press, 2013). Another good general reference on the topic is *Worlds Beyond: The Thrill of Planetary Exploration as told by Leading Experts*, edited by S. Alan Stern (Cambridge: Cambridge University Press, 2003).

Alan Stern and David Grinspoon's *Chasing New Horizons: Inside the Epic First Mission to Pluto* (New York: Picador, 2018) provides a fascinating account on how robotic space exploration missions are organized, designed, and carried out (in particular the title mission to Pluto). I would also be remiss if I didn't mention Carl Sagan's *Pale Blue Dot: A Vision of the Human Future in Space* (New York: Random House, 1994), which convincingly argues why space exploration is well worth the cost, and also discusses planning for Voyagers 1 and 2 "grand tour" of the solar system.

For further reading on the Viking experiments, see Paul Chambers's *Life on Mars: The Complete Story* (London: Blandford, 1999); G. V. Levin and P. A. Straat, "Viking Labeled Release Biology Experiment: Interim Results," *Science* 194, no. 4271 (1976): 1322–29; and Rafael Navarro-González et al., "Reanalysis of the Viking Results Suggests Perchlorate and Organics at Midlatitudes on Mars," *Journal of Geophysical Research*, 115, E12 (2010), https://doi.org/10.1029/2010JE003599.

第20章

Much of the discussion on artificial intelligence in this chapter was inspired by the fantastic documentary film *Do You Trust This Computer?*, directed by Chris Paine, http://doyoutrustthiscomputer.org/ (Papercut Films, 2018). Ray Kurzweil's *The Singularity Is Near: When Humans Transcend Biology* (New York: Penguin Books, 2006) was also consulted.

Additional musings on artificial intelligence and the human future draw from Michio Kaku's *The Future of Humanity: Terraforming Mars, Interstellar Travel, Immortality, and Our Destiny Beyond Earth* (New York: Doubleday, 2018), Peter Diamandis's *Abundance: The Future Is Better Than You Think* (New York: Free Press, 2012), and Carl Sagan's masterpiece works *Pale Blue Dot: A Vision of the Human Future in Space* (New York: Random House, 1994) and *Cosmos* (New York: Random House, 2002).

第21章

Musings on NASA's trajectory early in this chapter were greatly inspired by Aircraft Systems Engineering (with a focus on the Space Shuttle), a course taught by Professor Jeffrey Hoffman and Aaron Cohen (former director of NASA's Johnson

Space Center), Massachusetts Institute of Technology, https://ocw.mit.edu/courses/aeronautics-and-astro-nautics/16-885j-aircraft-systems-engineering-fall-2005/ (attended in 2005).

The estimate of just over a billion dollars per Saturn V flight is referenced in Roger E. Bilstein's *Stages to Saturn: A Technological History of the Apollo/Saturn Launch Vehicles* (Washington, DC: NASA History Office, 1997). The cost estimate of $450 million for a shuttle flight comes from Pat Duggins's *Final Countdown: NASA and the End of the Space Shuttle Program* (Gainesville: University Press of Florida, 2009).

The discussion of Mars as the best destination for humanity is heavily inspired by Robert Zubrin, who originally kindled my interest in the Red Planet with his fantastic book *The Case for Mars: The Plan to Settle the Red Planet and Why We Must* (New York: Free Press, 1996). Also consulted were Zubrin's *How to Live on Mars: A Trusty Guidebook for Surviving and Thriving on the Red Planet* (New York: Three Rivers Press, 2008) and *Mars Direct: Space Exploration, the Red Planet, and the Human Future* (New York: Jeremy P. Tarcher/Penguin, 2013).

第22章

Robert Zubrin's *The Case for Mars: The Plan to Settle the Red Planet and Why We Must* (New York: Free Press, 1996) and Peter Diamandis's *Abundance: The Future Is Better Than You Think* (New York: Free Press, 2012) inspired some of the projections in this chapter, in particular regarding energy production and resource extraction. Zubrin also presents some ideas for traveling beyond Mars in his chapter "Colonizing the Outer Solar System," in *Islands in the Sky: Bold New Ideas for Colonizing Space*, edited by Stanley Schmidt and Robert Zubrin (New York: John Wiley, 1996), 85–94.

Some specific thoughts on what a spacefaring future would be like (in particular, details related to establishing a human presence on Titan) owe their genesis to a reading of Charles Wohlfort and Amanda R. Hendrix's *Beyond Earth: Our Path to a New Home in the Planets* (New York: Pantheon, 2016). The idea of human settlement of Mercury as described in this chapter was proposed in Arthur C. Clarke's masterpiece *Rendezvous with Rama* (Orlando, FL: Harcourt Brace, 1973)—an example of science fiction inspiring science?

Chris Impey's *Beyond: Our Future in Space* (New York: W. W. Norton, 2016) was also consulted for this chapter, and the section on space food production was no doubt inspired in some way by Mary Roach's hilarious book *Packing for Mars: The Curious Science of Life in the Void* (New York: W. W. Norton, 2011).

第23章

Several authors were influential in the writing of this chapter. Chris Impey's *Beyond: Our Future in Space* (New York: W. W. Norton, 2016) gives a summary of certain forms of advanced propulsion systems, in particular the Alcubierre drive (originally proposed in Miguel Alcubierre, "The Warp Drive: Hyper-Fast Travel within General Relativity," *Classical and Quantum Gravity* 11, no. 5 [1994], https://doi.org/10.1088/0264-9381/11/5/001). Good overviews are also provided in I. A. Crawford, "The Astronomical, Astrobiological, and Planetary Science Case for Interstellar Spaceflight," *Journal of the British Interplanetary Society* 62 (2009): 415–21; Crawford, "Some Thoughts on the Implications of Faster-Than-Light Interstellar Space Travel," *Quarterly Journal of the Royal Astronomical Society* 36, no. 3 (1995): 205–18; and Geoffrey Landis, "The Ultimate Exploration: A Review of Propulsion Concepts for Interstellar Flight," *Interstellar Travel and Multi-Generation Space Ships* , edited by Yoji Kondo et al. (Burlington, Canada: Apogee Books, 2003).

The concept of using nuclear bombs to power spacecraft was, to my knowledge, first proposed in C. J. Everett and S. M. Ulam, "On a Method of Propulsion of Projectiles by Means of External Nuclear Explosions," *Los Alamos Scientific Laboratory* (August 1955), reprinted in S. M. Ulam, *Analogies Between Analogies: The Mathematical Reports of S.M. Ulam and His Los Alamos Collaborators* (Berkeley and Los Angeles: University of California Press, 1999), http://ark.cdlib.org/ark:/13030/ft9g50091s/.

For further reading on laser-powered space travel, see Geoffrey Landis, "Laser-Powered Interstellar Probe," presented at the Conference on Practical Robotic Interstellar Flight, New York University, New York, August 29 through September 1, 1994. For the feasibility of generation ships, see Adam Crowl et al., "Embryo Space Colonisation to Overcome the Interstellar Time Distance Bottleneck," *Journal of the British Interplanetary Society* 65 (2012): 283–85.

Michio Kaku's *The Future of Humanity: Terraforming Mars, Interstellar Travel, Immortality, and Our Destiny Beyond Earth* (New York: Doubleday, 2018) and Robert Zubrin's *Entering Space: Creating a Spacefaring Civilization* (New York: Penguin Putnam, 1999) were also consulted for this chapter.

第24章

For a thorough review of what we know about the prospect for life on other worlds, see *The Handbook of Astrobiology*, edited by Vera M. Kolb (Boca Raton, FL: CRC Press, 2019). Chris McKay does a good job reviewing what we know about the necessary conditions for life in "Requirements and Limits for Life in the Context of Exoplanets," *Proceedings of the National Academy of Sciences* 111 no. 35 (2014): 12628–33.

For background reading on panspermia, see Fred Hoyle and Chandra Wickramasinghe's *Evolution from Space: A Theory of Cosmic Creationism*(New York: Simon & Schuster, 1982) and Chandra Wickramasinghe, "Bacterial

Morphologies Supporting Cometary Panspermia: A Reappraisal," *International Journal of Astrobiology* 10, no. 1 (2011): 25–30. For more on the possibility of RNA bridging the gap until the advent of DNA, see Marc Neveu et al., "The 'Strong' RNA World Hypothesis: Fifty Years Old," *Astrobiology* 13, no. 4 (2013): 391–403.

Discussion on extremophiles, evolution, and the Burgess Shale in this chapter was inspired by Bill Bryson's *A Short History of Nearly Everything* (New York: Broadway Books, 2003), Michael Land and Russell Fernald's "The Evolution of Eyes," *Annual Review of Neuroscience* 15 (1992): 1–29,and, of course, Richard Dawkins's fantastic books *The Greatest Show on Earth: Evidence for Evolution* (New York: Free Press, 2009) and *The Blind Watchmaker: Why the Evidence of Evolution Reveals a Universe without Design* (New York: W. W. Norton, 1996).

第25章

For further reading on the Kardashev scale, see Nikolai S. Kardashev, "On the Inevitability and the Possible Structures of Supercivilizations,"*The Search for Extraterrestrial Life: Recent Developments, Proceedings of the 112th Symposium of the International Astronomical Union Held at Boston University, Boston, Mass., USA, June 18–21, 1984*, edited by M. D. Papagiannis (Dordrecht, Netherlands: D. Reidel, 1984), 497–501.

The assertion that almost a quarter of Americans can't tell the difference between astrology and astronomy is from Elizabeth Palermo, "1 in 5 Americans Confuse Astrology and Astronomy," *LiveScience* (www.livesci-ence.com/52135-american-science-knowledge-poll.html); it was 22 percent in the poll.

General intellectual fodder for this chapter was provided by Ray Kurzweil's *The Singularity Is Near: When Humans Transcend Biology* (New York: Penguin Books, 2006), Michio Kaku's *The Future of Humanity: Terraforming Mars,*

Interstellar Travel, Immortality, and Our Destiny Beyond Earth (New York: Doubleday, 2018), and Michael Shermer's *Heavens on Earth: The Scientific Search for the Afterlife, Immortality, and Utopia* (New York: Henry Holt, 2018).